생사학연구총서 4

자살예방과 치유

한림대학교 생사학연구소 엮음

박문사

이 저서는 2012년 정부(교육부)의 재원으로 한국연구재단의 지원을 받아
수행된 연구임(NRF-2012S1A6A3A01033504)

○○○○

    본 총서는 자살이란 어떠한 죽음인가의 문제를 학제적 연구를 통해 분석하고, 이를 자살예방이라는 정책적 과제 속에서 고찰하고자 한다. 또한 사랑하는 사람의 죽음이 가져오는 비통함의 경험을 시작으로, 죽음 이후의 애도와 치유의 과정을 논의하고 최근 새로이 모색되고 있는 마음치유의 방법들을 고찰하고자 한다.

    'OECD 건강통계 2016'에 따르면 우리나라는 OECD 회원국들 가운데 자살률이 가장 높을 뿐만 아니라 13년째 자살률 1위 국가이다. 그런 만큼 자살예방을 위한 다양한 정책들이 시행되고 연구들이 축적되고 있다. 본 총서의 1부에서는 자살의 원인에 대한 사회학적 분석, 그리고 자살예방을 위한 철학적 개입, 또한 자살예방의 방법을 살핀다. 이수인은 '자살생각에 대한 사회적 영향 요인과 심리적 영향 요인'에서 자살에 영향을 주는 요인을 분석한 선행연구들이 사회적 영향요인과 심리적 영향요인을 통합적으로 분석하지 못하고 있음을 지적하고, 사회적 차원의 영향과 심리적 차원의 요인들이 우울을 매개로 자살생각과 자살시도에 미치는 영향을 살핀다. 이 연구는 자살의 가장 중요한 요인으로 간주되어 온 우울이나 그 밖의 중

○○○○

요한 심리적 요인들을 통제하고서도 사회적 요인이 자살에 영향을 미치고 있음을 규명했다는 점에서 그 의의를 찾을 수 있다.

이수인과 정진영은 공동연구를 통해 아동기 가족경험을 중심으로 부모의 학대 경험이 성인기 우울에 영향을 미치고, 이 우울을 매개로 자살생각에 끼치는 영향을 검토한다. 이를 통해 아동학대의 발견에 치우친 아동보호정책이 치유와 장기적 추적 관리까지 포함해야 함을 제안한다. 특히 성별에 따른 신체적 학대와 정서적 학대의 영향 차이를 비교하여, 자살예방사업과 정책마련에서 성별에 따른 차별적인 접근이 필요함을 강조한다.

김성진은 '자살위기개입의 철학적 상담과 치료'에서 왜 자살 환자 상담이 철학 실천의 과제인가를 밝힌다. 김성진은 오늘날 자살의 원인에 대한 과학적 접근의 한계를 지적하고 자살행위의 주관적 측면에 초점을 맞춘다. 당사자 개인의 내면세계, 자기 자신과의 내밀한 주관적 관계, 개인의 실존적 자기인식을 전제로 자살예방에 있어서의 철학적 대화의 중요성을 밝히는 것이다. 이는 내담자가 자신의 관점에서 철학적 대화를 열고 '스스로 철학하기'를 돕는 것이 왜 필요한가를 이해하는 과정이기도 하다.

모토하시 유타카는 일본의 자살예방대책을 분석한다. 일본에서도 경제위기와 함께 자살자 수가 급증하면서 자살이 개인수준을 넘어 사회적 차원의 문제임을 인식하게 되었다. 이에 정신보건 차원의

◦◉◉◉◦

대책을 넘어 복지나 교육, 노동 등을 포함하는 국가적 차원의 종합 대책이 수립되고 있다. 모토하시는 최근 일본의 자살예방정책을 검토하여, 자살이란 내몰린 끝의 죽음이라는 인식 속에서 삶을 포괄적으로 지원하기 위한 국가와 지자체, 민간단체와 기업의 역할분담과 연대가 모색되고 있음을 소개한다.

본 총서의 2부에서는 죽음을 애도하고 그 비통함을 치유하는 방법을 모색하는 한편, 현대사회에 요청되는 마음치유의 의미를 밝힌다. 죽음, 비통함, 상실은 우리의 삶에서 피할 수 없는 주제이며, 죽음에 대한 고찰은 삶을 더욱 풍성하게 한다. 존 리드의 '슬픔의 카운슬링'은 사랑하는 이의 죽음 이후의 비통함, 그리고 그 상실을 치유하는 과정에 대한 경험적 고찰을 담고 있다. 그는 비통함(grief)이란 무엇인가를 묻고, 비통함의 다양한 표현들, 그리고 유족들의 애도과정을 어떻게 도울 수 있을지 그 상담의 방법을 안내한다.

인간이 사태를 이해하고, 파편화된 시간을 의미 있게 만들기 위해서는 개인의 경험을 의미 있게 엮어내는 서사와 이야기가 중요하다는 점이 다양한 학문분야에서 강조되고 있다. 하은하는 문학치료가 애도와 치유의 과정에 어떻게 활용될 수 있을까를 고찰한다. 그리고 원귀의 맺힌 원한을 풀어주는 과정인 신원을 중심으로 그것이 우리들의 삶 속에서 생겨난 상실을 처리하는 애도의 문제와 어떻게 관련

○○○○

될 수 있는지 고찰한다. 이 글은 우리의 대표적인 원혼 설화인 아랑 이야기를 애도라는 관점에서 해석하고, 신원 대리자의 역할과 그 의미에 대해 살핀다.

호리에 노리치카는 죽은 자와의 지속적 유대가 산 자의 치유와 회복에 중요하다고 말한다. 이런 시각에서 3.11 대지진 이후 재난지역에서 본 산 자와 죽은 자의 '지속적 유대감'을 통해 그 유대감이 지속될 수 있는 조건을 살핀다. 그리고 '친숙한 영혼'과 '낯선 영혼'이라는 죽은 자와의 유대가 개인의 차원을 넘어 공동체 구성원들 간의 친밀성 양상과 긴밀하게 연관됨을 밝힌다.

이영의는 과학기술이 인류의 삶에 결정적 역할을 하는 4차 산업혁명 시대의 삶을 그려보고, 여기에서 어떠한 치유가 요청되는가를 검토한다. 특히 미래사회에서 위력을 발휘할 것으로 보이는 기계치료를 전망하고 그와 관련된 문제점을 지적하며, 미래사회에서 요청되는 '인간다운' 치료의 지향점을 제시한다.

양정연은 인간성의 가치와 탐구라는 인문학의 지향을 인간의 삶속에 추구하려는 마음치유 활동에 주목한다. 그리고 이 실천적 방법들에서 죽음으로 인한 상실이나 깊은 좌절 속에 있는 이들을 치유할 수 있는 방향들을 모색한다. 이를 위해 철학, 종교, 문학, 예술 등 인문학의 분과 학문에서 모색되는 마음치유의 실천적 활동을 살피고, 불교 수행으로서의 마음 챙김과 마음 치유의 의미를 밝힌다.

◦◦◦◦

본 총서가 자살의 원인과 그 대책에 대한 이해의 폭을 넓혀 '자살 예방'에 대한 사회적 공감대 형성에 기여할 수 있기를 바란다. 또한 죽음을 애도하고 비통함을 치유하는 과정, 더 나아가 인문학적 마음 치유의 방법을 모색하는 데에 도움이 될 수 있기를 기대한다.

2018년 3월
한림대 생사학연구소 총서 편집위원회

목 차

머리말 / 5

제1부

자살의 원인과 자살예방

이수인
제1장 자살생각에 대한 사회적 영향 요인과   13
       심리적 영향 요인

이수인·정진영
제2장 아동기 신체적·정서적 학대가
       성인기 자살생각에 미치는 영향의 성별차이   57
       －우울의 매개효과를 중심으로－

김성진
제3장 자살위기개입의 철학적 상담과 치료   103
       －왜 자살 환자 상담이 철학 실천의 과제인가?－

모토하시 유타카
제4장 일본 자살대책의 구체적 정책과 효과   145
       －자살대책기본법과 자살종합대책의 개정을 중심으로－

제2부

죽음, 애도와 치유

존 리드
제5장 슬픔의 카운슬링   161
        -사랑하는 사람의 죽음, 그 비통함의 치유-

하은하
제6장 문학치료와 애도   203
        -아랑설화 속 신원(伸冤)을 중심으로-

호리에 노리치카
제7장 3.11 대지진 이후 재난지역의   245
        '지속적 유대감'에 대한 연구
        -공동체 사이의 차이-

이영의
제8장 4차 산업혁명 시대에서 요청되는 치유   263

양정연
제9장 불교 수행으로서의 마음 챙김과 마음 치유   289

제1부

자살의 원인과 자살예방

자살예방과 치유

제1장

자살생각에 대한 사회적 영향 요인과 심리적 영향 요인[*]

이수인(한림대생사학연구소 HK연구교수)

◦◦◦◦

Ⅰ. 자살생각에 대한 통합적 시각의 필요성

'OECD 건강통계 2015'에 따르면 우리나라는 OECD 회원국들 가운데 자살률이 가장 높은 국가이다. 우리나라의 자살 사망률은 인구 10만 명당 29.1명으로서 다른 OECD 국가들 평균 12명보다 17.1명이 더 많다. 문제의 심각성은 1985년 이후 OECD 국가들의 자살률은 줄어드는데 비해 우리나라의 자살률은 2000년 이후 급증하고 있다는 데 있다. 이는 높은 자살률을 나타냈지만 2010년 이후 자살률이 감소하고 있는 일본과도 비교된다.[1]

---

* 이 글은 『민주사회와 정책연구』 2016년 하반기 통권 30호에 게재된 논문으로서 재수록 허가를 받아 본 총서에 싣는다.
1 서한기, 「한국자살률 29.1명...OECD 단연 '최고'」, 『연합뉴스』, (2015.8.30).

이런 상황의 심각성으로 인해 2011년 정부는 자살예방과 생명존중문화 조성을 위한 법률을 제정·공포하였다. 이어서 자살예방을 위한 제도적 장치를 마련하여 자살을 예방하고 생명존중 풍토를 조성하기 위한 대책에 돌입했다. 뿐만 아니라 학계에서도 자살의 원인과 문제해결에 관심을 보여 관련 연구들이 증가하면서 다양한 논문들이 축적되고 있다.

자살에 대한 대부분의 연구들은 자살과정의 첫 단계인 자살생각을 통해 자살을 연구한다. 이것은 우선적으로는 자살에 대한 직접적인 측정 및 관련 요인 파악의 어려움에서 기인한다.[2] 자살의 실행에 성공한 사람들은 처음부터 연구대상에 포함될 수 없고, 자살시도 후 생존한 사람들은 연구대상에 포함하기 쉽지 않다. 이런 이유로 자살과 관련한 대부분의 연구들은 자살생각을 중심으로 이루어지고 있는 실정이다.

다음으로는 자살생각이 자살시도 혹은 자살완성의 전 단계[3]로 간주되는 것과 관련된다. 자살에 대해 경미하게라도 생각했던 사람들의 34%, 심각하게 고려했던 사람들의 42%가 자살을 시도했다는 연구결과가 있기 때문에 자살생각으로 자살을 측정하는 것이다. 그러나 자살생각과 자살시도가 높은 관련성이 있기는 하지만 자살과

---

2 박선애·허준수, 「노인의 우울이 자살생각에 미치는 영향에 대한 종교성의 조절효과」, 『노인복지연구』 62권 0호, 2013, 80쪽.

3 Carlson, G. A. and Cantwell, D. P., "Suicide behavior and depression in children and adolescents," *American Academy of Child Psychiatry* 21, 1982, pp.886-891; 김윤정·강현정, 「성인기 자살생각 관련 변인에 관한 연구」, 『한국가족관계학회지』 16권 3호, 2011, 46쪽 재인용.

자살 시도의 관계가 절대적이지 않다는 연구결과[4] 또한 존재한다는 점에서, 자살생각과 자살시도를 구분해 살펴보는 것이 필요해 보인다.

한편, 자살에 대해서는 인문학적 논의[5]나 사회과학의 이론적 논의들[6]이 존재하지만 선행연구의 상당 부분은 사회과학적인 경험 연구들이 차지한다. 이 가운데서도 몇 개의 질적 경험 연구들[7]을 제외하면 대부분은 양적 연구들로 이루어져 있다. 양적 연구들은 대부분 자살의 예방과 대책을 염두에 두기 때문에 자살에 영향을 주는 요인들을 다루는데 이들은 연구대상에 따라서 다시 청소년 자살연구[8], 노인 자살 연구[9], 성인기 자살 연구[10], 기타 집단별 자살 연구[11] 등으로 구분할 수 있다.

---

4 Bebbington, PE. et al., "Suicidal Ideation, self-harm and attempted suicide: Results from the British Psychiatric Morbidity Survey 2000," *European Psychiatry* 25, No.7, 2010, pp.427‐431; 모지환·배진희, 「자살행동 영향 요인」, 『보건사회연구』31권 2호, 2011, 123쪽 재인용.

5 김윤성, 2011; 송현동, 2011; 이유나, 2011; 허남결, 2013; 김종엽, 2010.

6 뒤르켐, 1997; 김명희, 「한국사회 자살현상과『자살론』의 실재론적 해석」, 『경제와 사회』통권 96호, 288-327쪽; 송재룡, 「한국사회의 자살과 뒤르케임의 자살론」, 『사회 이론』34권 0호, 2008, 123-164쪽.

7 박지영, 「노인자살 생존자의 자살경험에 관한 연구」, 『정신보건과 사회사업』27권, 2007, 295-330쪽; 박형민, 「자살행위에서의 '소통적 자살'의 개념화」, 『사회와 역사』79, 2008, 129-160쪽.

8 박영숙·권윤희, 2013, 255-263쪽; 여은경, 2008, 1-16쪽; 문동규·김영희, 2012, 59-83쪽.

9 박봉길, 2008, 969-989쪽; 박선애·허준수, 2013, 79-108쪽; 김형수·권이경, 2013, 236-245쪽.

10 김윤정·강현정, 2011, 45-61쪽; 이태용 외, 2011, 2636-2643쪽; 이소영, 2014, 1-86쪽.

11 강상경, 2010, 67-99쪽; 최윤정, 2012, 77-104쪽; 박병선, 2012, 485-521쪽.

자살의 원인 곧, 자살에 영향을 주는 요인들을 기준으로 선행연구
들을 검토해보면 대부분 연구자들의 관심에 따라 사회구조의 반영
인 사회(문화)적 차원의 영향요인들[12]에 초점을 두거나, 개인적 차원
의 의학적·심리적 영향 요인들[13]에 초점을 두는 경우들로 구별해 볼
수 있다. 의외로 사회적 영향요인과 심리적 영향요인을 동시에 통합
적으로 살펴보는 연구들은 많지 않다. 실증연구로서 양자를 통합적
으로 살펴보는 연구는 찾아보기 어려웠고, 자살에 대한 철학적·문
화적 비평서인 천정환(2013)[14]의 글이 자살을 사적 삶의 모순과 사회
적 삶의 질곡이 만나는 접점에서 발생하는 것으로 논의하고 있다.
다만 이 글은 철학적·문화적 비평서인 만큼 논리적 논증을 보여줄
뿐 자살에 대한 실증적 자료를 제시하지는 않고 있다. 따라서 자살
에 대한 실증 연구를 시도하면서 사회적 차원의 영향 요인들과 개인
차원의 심리적 영향요인들을 복합적으로 살펴보는 것은 의미 있는
일로 판단된다.

심리적 영향 요인의 대표적 요인인 우울은 청소년에서 노인층에
이르기까지 자살을 이끄는 가장 위험한 요인으로 알려져 있고[15], 사
회적 영향 요인들의 경우 뒤르켐이 지적했듯이 사회적 유대나 소외

---

12 김재원, 2013; 신동준, 2012; 신동준, 2004; 이민아 외, 2010; 최인 외, 2009; 박재연, 2009; 박형민, 2011.
13 모지환·배진희, 2011; 강상경·권태연, 2008; 김영주, 2009; 이소영, 2014; 이태용 외, 2011.
14 천정환, 『자살론』, 파주: 문학동네, 2013.
15 Forsell et al., 1997; Kendell et al., 1991; Klerman, 1987; White, 1989; 김현선·김병석, 2008, 204쪽; 여은경, 2013; 박봉길, 2008.

와 긴밀히 연결되는데 이들은 자살에 핵심적 역할을 할 뿐만 아니라 우울과도 긴밀히 연결되어 있는 것으로 보고되고 있다.[16] 뿐만 아니라 사회적 요인들이 개인수준에서 작용할 때는 개인이 느끼는 유대감이나 소외감 등 개인의 심리적 차원을 경유해 자살과 연결되고 있다. 즉, 자살의 원인이 되는 사회적 요인들이 유대감이나 소외감 등과 같은 심리적 문제들을 야기하고 이러한 심리적 문제들이 우울과 긴밀히 연관됨으로써 외견상 자살의 원인으로 사회적 요인들이 희석되거나 간과될 수 있는 것이다. 따라서 본 연구에서는 사회적 차원의 영향요인들과 심리적 차원의 영향 요인들을 동시에 검토하면서, 이러한 영향 요인들이 우울을 매개로 자살생각과 자살시도에 미치는 영향을 살펴보기로 한다.

II. 선행연구 검토 및 연구문제

1. 자살의 사회적 영향 요인

자살에 영향을 주는 사회적 영향 요인에 대한 연구는 뒤르켐에 근거한다. 뒤르켐은 개인들이 사회 집합체에 통합되어 있는 정도와 그 성격에 따라 자살을 4가지 유형으로 구분하였다. 사회통합의 정도와 특성을 기준으로 뒤르켐이 제시한 것은 사회적 유대와 사회적 규

---

16 Joiner, 2005; Van Orden et al., 2010; 김보미·유성은, 2012 재인용; Lee, 2001; 이홍직, 2011; 김정규, 2011.

제이다. 개인상호 간의 유대는 개인들을 그가 속한 집단에 결속시켜 준다. 개인들이 자신이 속한 집단이나 그것의 목표에 복속되어 있지 못한다면 그들은 심리적인 안정을 심각하게 파괴할 정도로 이기적이고 자기중심적이 된다. 이 경우에 발생하는 것이 이기적 자살이다. 이와 반대로 개인의 사회에 대한 유대가 지나치게 높을 때, 개인이 집단과 자신을 일체화한 나머지 집단의 선(good)을 위해 자살하게 되는데 이것이 이타적 자살이다. 사회적 유대와 달리 사회적 규제는 개인의 열망에 대한 사회의 통제를 의미한다. 실현할 수 없는 목표를 추구하는 개인의 욕망과 열정을 사회가 규제하지 못할 때 아노미적 자살이, 지나친 규제의 결과 미래가 냉혹하게 봉쇄되고, 억압적인 규율에 의해 열정이 심하게 질식될 때 숙명적 자살이 발생한다.[17]

그러나 통합과 규제의 개념은 뒤르켐 자신에 의해서도 만족스럽게 뚜렷이 구분되지 못한 채 개인에 대한 사회적 통제의 개념을 표현하는 중요한 독립 변수로 제시된다.[18] 개인적 자살의 수준에서 이기적 자살과 아노미적 자살은 밀접히 관련되어 있어[19], 사실상 양자의 구분이 어렵게 되는 것이다.[20] 일부 학자(Jonson)는 사회적 규제의

---

17 Turner, Jonathan H, et al., 김문조 외 옮김, 『사회학이론의 형성』, 서울: 일신사, 1995.

18 Breault, K. D. and Barkey, K., "A Comparative Analysis of Durkheim's Theory of Egoistic Suicide," *The Sociological Quarterly* 23(3), 1982, p.322.

19 Giddens, Anthony, 박노영·임영일 역, 『자본주의와 현대사회이론』, 서울: 한길, 1981(1955), 140쪽.

20 이기주의자는 사회로부터 떨어져 있어서 사회가 그를 규제하기에 충분한 지배력을 갖지 못해서 자살에 이른다(Giddens, Anthony, 『자본주의와 현대사회이론』, 140쪽).

결여를 의미하는 아노미라는 개념이 사회통합의 한 측면으로 양자는 개념 수준에서 구분되지 않는 것[21]이라고 주장하기도 한다. 뿐만 아니라 뒤르켐의 논의를 발전시킨 제도적 아노미론 경우 뒤르켐의 이기적 자살에서 나타난 사회통합이라는 요인을 아노미이론의 틀 안에 포섭하고 있다.[22] 이 이론은 경제적 성공을 지나치게 강조하는 문화, 곧 자본주의 사회의 지배적 가치 혹은 규범이 사회의 통합을 저해할 수 있다고 주장한다. 지나치게 경제적 성공을 강조하는 문화가 다른 사회제도들을 경제논리에 복속시키는 현상이 발생하여 사회제도의 규제력이 저하됨으로써 사회통합이 떨어지게 된다는 것[23]이다. 이러한 이론적 차원의 논의와 더불어 구체적인 경험현실에서 양자 간의 구분이 애매한 경우들 또한 종종 존재한다. 예컨대 인구이동이 빈번한 지역의 범죄율이 높은 것을 집단 결속감이나 유대감의 결여로 설명할 것인지 지역사회의 통제력(가치나 규범의 결핍) 부족으로 설명할 것인지 애매한 지점이 존재하는 것이다.

이러한 논의맥락에서 이 글은 사회적 결속이나 유대 결여에 따른 통합 부족에서 발생하는 이기적 자살과 사회 규제의 결핍에서 발생하는 아노미적 자살을 엄격히 구분하지 않는다. 이는 사회적 영향 요인들이 사회적 유대나 규제를 통해 사회통합을 증대시키거나 감

---

21 Giddens, Anthony, 『자본주의와 현대사회이론』, 140쪽; 신동준, 「일탈사회학과 뒤르케임의 유산」, 『사회 이론』 34호, 2008, 266쪽.

22 Messner, Steven F. and Richard Rosenfeld, *Crime and The American Dream, 4th Edition.* Belmont: Wadworth Publishing Company, 2007; 신동준, 「일탈사회학과 뒤르케임의 유산」, 277쪽.

23 신동준, 「일탈사회학과 뒤르케임의 유산」, 278쪽.

소시킴으로써 자살이 발생한 것으로 보는 것을 의미한다.[24] 달리 표현하자면 이 글에서 강조하고자 하는 점은 첫째, 자살이 개인의 정신의학적, 심리적 차원의 문제들에만 연결되어 있는 것이 아니라 사회적 차원과도 연결되어 있다는 점이다. 둘째, 자살연구나 자살관련 담론에서 사회(구조)적 차원의 영향력이 희석되면서 우울과 같은 개인의 심리적 문제들이 강조되는 경향이 있는데 그 이유가 사회(구조)적 영향력 또한 개인차원에서 작동할 때는 유대감, 아노미, 소외, 우울과 같은 개인의 인지적 혹은 심리적 상태를 거쳐 자살과 관련되기 때문이라는 점에 주목한다. 유대감의 결핍이나 아노미, 우울과 같은 심리적 문제들에만 주목할 경우, 그러한 심리적 문제들을 야기하는 중요한 사회(구조)적 영향 요인을 놓치게 된다.

자살의 영향요인으로 사회구조를 강조하는 뒤르켐의 관점을 따라 사회적 요인들을 주목하는 연구들이 가장 많이 언급하는 것은 가족 통합이다. 결혼한 사람들이 비혼 상태의 사람들보다 사회적 통합도가 높고, 자녀가 있는 사람들의 자살률이 의미 있게 낮으며, 부모의 부재나 재혼 가정에서 성장한 사람들의 자살률이 높다.[25]

뒤르켐이 가족 통합을 사회구조적 영향 요인으로 간주한 것은 그

---

24 집단의 선을 위해 자살하는 이타적 자살은 개인주의화가 첨예하게 진행된 현대사회에서 적합성이 떨어지고 숙명적 자살은 현실에서는 아주 드물게 발생하는 것으로 뒤르켐도 이 유형을 각주에서 아주 짧게 논의했다. 따라서 본 논문의 자료를 포함해 일반적인 사회조사에 포함된 자살생각이나 자살시도의 경우 역시 이기적 자살 유형과 아노미적 자살 유형에 속한다고 볼 수 있을 것이다.

25 Breault et al., 1982; Breault, 1986; Conwell et al., 2002; Hollingshaus et al., 2015; Gibbs, 2000; 강모성 외, 2008; 유정균, 2008; 신동준, 2012; 김효창, 2006; 이민아 외, 2010.

의 사회변동에 대한 견해와 관련 있다. 현대사회로 올수록 분업이
고도로 세분화됨에 따라 개인주의와 이기주의가 증대하고 경제조
직과 국가의 힘이 증대한다. 이런 거대한 사회변화를 흡수하기에 가
족은 규모와 범위가 너무 작고 역량이 부족하게 되어 더 이상 사회
통합의 기반을 제공해 줄 수 없게 된다.[26] 산업사회가 진전될수록 급
격한 사회변화 속에서 가족이 사회적 충격을 흡수하는 안전지대로
작용하기가 점점 어려워지게 되는 것이다. 이런 상황에서 국가나 사
회단위에서 보호 장치를 마련하지 않는다면 개인들은 물질적, 정서
적 어려움에 직접적으로 노출되고, 사회통합이 떨어진다. 가족이 주
던 물질적, 정서적 지원이 사라지면서 개인들은 절망감, 아노미, 소
외감에 사로잡히고 자살이 증가하게 된다. 이처럼 뒤르켐의 논의에
서 가족통합은 사회구조적 변화를 반영하는 것이다.

그러나 한국사회의 자살연구에 대한 대부분의 선행연구들에서
가족통합은 사회구조적 변화를 반영하는 변수라기보다는 미시적인
사회적 관계나 사회적 지지 요인으로서 개인의 심리에 밀착된 심리
적 요인으로 다루어지는 경향이 있다.[27] 이 문제는 다음 절에서 자
세히 다룰 것이다. 다만 이 글에서는 뒤르켐의 논의를 따라 가족
요인을 사회구조적 변화를 반영하는 요인으로 다룬다는 점을 밝혀
둔다.

이밖에 한국사회의 자살에 대한 사회구조적 영향요인에 대한 연

---

26 Turner, Jonathan H. et al.,『사회학이론의 형성』, 142쪽.

27 강모성 외, 2008; 박봉길, 2008; 이민아 외, 2010; 이인정, 2011; 최연희·김수현
2008.

구들에는 한국사회의 불평등 수준이 자살에 미치는 영향[28], 전반적인 사회구조에 대한 신뢰를 뜻하는 사회신뢰의 영향[29], 복지비용 지출비율[30], 경제제도의 반영인 경제지상주의 문화의 영향[31]등이 있다.

사회적 영향 가운데 주목해야 할 부분 중의 하나가 경제적 요인이 자살에 미치는 효과인데 이것 역시 뒤르켐에 의하여 다루어졌다. 뒤르켐은 빈곤한 직업부분에서 자살률이 높고, 경제적 위기에서는 물론 경제가 현저히 번창할 때에도 자살률이 높아진다고 주장했다. 경제적 박탈만으로는 자살률 증가를 설명할 수 없는 것이다. 급격한 경제적 상승과 하강 모두 사람들의 습관적인 기대를 교란시키고 긴장을 유발함으로써 자살률을 증가시킨다.[32] 즉, 객관적인 경제적 상황 그 자체가 자살에 직접적인 영향을 주기보다는 개인들의 주관적 심리에 영향을 미쳐 자살로 연결되는 것이다.

뒤르켐 이후 경제적 요인에 관심을 두는 연구들에서도 경제적 요인과 자살은 유의한 관계가 있는 것으로 나타나고 있다. 츄앙 외[33],

---

28 은기수, 「경제적 양극화와 자살의 상관戀 1997년 외환위기를 전후하여」, 『한국인구학』 28권 2호, 2005, 97-129쪽; 윤우석, 2011, 「실업과 소득격차가 자살에 미치는 영향검증」, 『한국공안행정학회보』 20, 2011, 152-185쪽.

29 신동준, 「자살의 사회적 원인에 대한 국가 간 비교 분석」, 『범죄와 비행』 제3권 0호, 2012, 85-103쪽.

30 이소정, 「노인 자살의 사회경제적 원인 분석」, 『사회보장연구』 11, 2010, 1-19쪽; 김기원·김한곤, 「노인자살률에 영향을 미치는 요인에 대한 거시적 분석」, 『한국인구학』 34권 3호, 2011, 31-54쪽.

31 신동준, 「자살의 사회적 원인에 대한 국가 간 비교 분석」, 85-103쪽.

32 Giddens, Anthony, 『자본주의와 현대사회이론』, 139쪽.

33 Chuang, Hwei-Lin and Wei-Chiao Huang, "Economic and Social Correlates of

거트함 외[34], 안드레스[35] 등은 자살과 실업 간에 정적인 관계가 있음을 밝혀냈고[36], 해머메쉬 외[37]나 츄앙 외(1997)[38]는 자살률과 GDP가 부적인 상관관계가 있음을 드러냈다.[39] 국내 연구의 경우 김승용(2004)[40]의 연구는 노인들의 경우 경제성장이 전년도에 비해 낮을 때 자살률이 높았고, 노용환(2007)[41]의 연구에서는 저소득층일수록 자살률이 높고, 소득이 증가할수록 자살률이 감소하였다. 그런데 경제변수와 자살률의 관계가 항상 일정한 것은 아니어서 일부의 연구들에서 소득이 높은 국가가 자살률이 높게 나오고[42], 경기침체기에 자살

Regional Suicide Rates: A Pooled Cross-Section and Time-Series Analysis," *Journal of Socio-Economics* 26, No.3, 1997, pp.277-289.

34 Gerdtham, Ulf-G and Magnus Johannesson, "A Note on the Effect of Unemployment on Mortality," *Journal of Health Economics* 22, 2003, pp.505-518.

35 Andres, Antonio Rodriguez, "Income Inequality, Unemployment and Suicide: A Panel Data Analysis of 15 European Countries," *Applied Economics* 37, No. 5, 2005, pp.439-451.

36 노용환, 「자살위험의 미시적 결정요인 분석」, 『보건경제와 정책연구』 13권 1호, 2007, 43쪽.

37 Hamermesh, D. S. and Soss, N. M., "An Economic theory of suicide," *Journal of Political Economy* 82, 1974, pp.83-98.

38 Chuang, Hwei-Lin and Wei-Chiao Huang, "Economic and Social Correlates of Regional Suicide Rates: A Pooled Cross-Section and Time-Series Analysis," pp.277-289.

39 이소정, 「노인 자살의 사회경제적 원인 분석」, 5쪽.

40 김승용, 「한국 노인 자살률 변동과 사회구조적 요인에 관한 연구」, 『사회복지정책』 19권 0호, 2004, 181-205쪽,

41 노용환, 「자살위험의 미시적 결정요인 분석」, 41-58쪽.

42 Jungeilges, Jochen and Gebhard Kirchgassner, "Economic Welfare, Civil Liberty, and Suicide: An Empirical Investigation," *Journal of Socio-Economics* 31, 2002, pp.215-231.

률이 낮게 나타나기도 한다.[43] 이것은 집합자료를 이용한 자살률 추정이 개인의 결정을 통제하기에는 적합성이 떨어지기 때문인 것으로 추정된다.[44] 이 글은 사회적 요인이 집합단위가 아닌 개인차원의 인지나 감정을 거쳐 자살에 이른다는 점을 강조하는 입장이므로 거시차원에 연결된 경제 관련 집합자료보다는 개인차원에 밀착된 자료를 사용할 것이다.

2. 자살의 심리적 영향 요인

자살의도를 가진 사람들에게서 발견되는 가장 일반적인 특징은 우울이고[45] 자살충동의 가장 강한 예측인자 또한 우울이다.[46] 청소년의 우울과 자살의 관계[47], 노인자살과 우울의 관계[48], 대학생[49]이나 장년층[50], 혹은 일반 성인층[51]을 대상으로 하는 자살연구에서 우

---

43 Neumayer, Eric, "Recessions Lower (Some) Mortality Rates: Evidence from Germany," *Social Science and Medicine* 58, No. 6. 2004, pp.1037-1047.

44 노용환, 「자살위험의 미시적 결정요인 분석」, 43쪽.

45 Rainer, J. D., "Genetic factors in depression and suicide," American journal of psychotherapy 38, No. 3, 1984, pp.329-340; Weisman, M. M, "The epidemiology of suicide attempt," *Archives of General psychiatry* 30, 1974, pp.737-746.

46 Kandell et al., 1991; Maris, 1981; Sherer, 1985; 김현순·김병석, 2008, 204쪽.

47 Kandel et al., 1991; Peter et al., 1994; 박병금, 2007; 이정숙 외, 2007; 박재연, 2009.

48 Osgood, 1992; Patricia, 2003; 김현순·김병석, 2007; 박봉길, 2008.

49 하정희·안성희, 「대학생들의 자살생각에 영향을 미치는 요인들」, 『한국심리학회지 상담 및 심리치료』 20권 4호, 2008, 1149-1171쪽.

50 강모성 외, 「기혼 중년남성의 직무 및 가족 스트레스와 자살구상」, 『한국 가족관계

울은 자살의 가장 큰 영향요인으로 밝혀져 왔다.

우울은 자신에 대한 부정적 인식의 결과이자 근심, 침울, 실패, 상실, 열등감, 무력감 및 무가치감 등을 나타내는 정서장애로서[52], 개인에게 심리적 좌절과 스트레스를 주는 생활사건이 우울을 촉발한다. 구체적으로 가족의 사망이나 심각한 질병, 가족관계의 악화, 실직이나 사업실패, 경제적 파탄과 어려움, 현저한 업무부진이나 학업부진 등의 다양한 사건이 포함된다. 새로운 부정적 생활사건이 없다하더라도 개인의 정서적 생활을 유지하는 데에 필요한 조건이 장기간 결핍되는 경우 또한 우울을 야기할 수 있다. 개인의 정서적 생활 유지에 필수적인 조건은 가족, 친한 친구, 동료와 같은 친밀한 대인관계로부터 제공되는 친밀감, 인정과 애정, 소속감, 돌봄과 보살핌, 물질적 도움과 지원 등을 포함하는 사회적 지지이다.[53] 따라서 부정적 생활사건의 발생과 사회적 지지의 결여는 우울의 발생을 촉발하는 강력한 계기가 될 수 있다. 이 글은 부정적인 생활사건의 유발요인으로서 가족 사망 등과 같은 미시차원 뿐만 아니라 거시차원(실직, 경제적 파탄 등)이 포함된다는 점에 주목한다.

한 개인이 일상생활에서 경험하게 되는 여러 외상 사건들 또한 심리적 적응에 큰 영향을 미쳐, 외상경험자들 가운데 자살이라는 극단

학회지』 13권 1호, 2008, 105-134쪽.

51 이태용 외, 「자살행동에 미치는 요인에 관한 연구」, 2636-2643쪽; 김윤정·강현정, 「성인기 자살생각 관련 변인에 관한 연구」, 45-61쪽.

52 김현미, 「해결중심 집단상담 프로그램이 저소득층 여성의 자존감과 우울에 미치는 효과」, 『정신간호학회지』 14권 1호, 2005, 6쪽

53 권석만, 『우울증: 침체와 절망의 늪』, 서울: 학지사, 2000.

적인 선택을 하는 이들이 적지 않아 사회 문제가 된다.[54] 외상경험은
외부적인 충격으로 인해 개인이 실제적이거나 위협적인 죽음, 심각
한 상해나 신체적 안녕을 위협하는 사건을 직접 경험했거나 타인에
게 일어나는 것을 목격했을 때, 그로 인해 강렬한 두려움, 무기력감,
공포 등의 감정을 경험한 것으로 정의된다[55]. 개인에게 위협을 가하
는 외부적인 충격에는 가정폭력, 사회폭력, 폭행, 재난, 교통사고, 전
쟁, 테러 등 물리적 압박이 있는 사건이나 언어폭력과 같은 압박, 영
양실조와 같은 생명과 직접 관련이 있는 영양의 문제에 이르기까지
다양하다.[56]

이러한 외상경험은 외상 후 스트레스 증상, 불안, 절망, 우울 등 부
정적 감정을 통해 자살에 이르게 하는 요인이다. 실제로 재해나 질
병, 사랑하는 사람과의 이별, 해고 등과 같은 부정적 생활사건으로
인한 외상경험이 자살을 예고해준다는 연구결과들이 많이 있다.[57]
이것은 외상 경험이 다양한 부정적 심리현상을 통해 자살과 연결되
고 있음을 뜻한다.

특히 외상경험에 대한 여러 연구들에서 외상을 경험한 사람들이

---

54 박경, 「수용, 외상 후 성장, 우울과 자살사고의 관계」, 『스트레스연구』 19권 4호, 2011, 281-292쪽.

55 Amrican Psychiatric Association, *Diagnostic and statistical manual of mental disorder(4th ed)*, Washington D. C: American Psychiatric Press, 1994; 백희진, 「외상경험 아동의 우울 및 불안완화의 미술치료 사례연구」, 영남대학교 환경보건 대학원 석사학위논문, 2010, 6쪽.

56 Furst, S., *Psychic Trauma*, New York: Basic Books, 1967.

57 Dixon et al., 1991; Dizon et al., 1992; Willburn et al., 2005; 조하·신희천, 2009, 1013쪽.

우울을 많이 느낀다는 결과들이 있다. 브리어르와 스코트(Briere and Scott, 2006)[58]는 외상을 경험한 사람들이 우울을 느낀다고 했으며, 차보경과 손정남(2006)[59], 한보람(2012)[60], 정성한·김완일(2014)[61] 등의 연구 또한 외상을 경험한 사람들이 우울을 많이 경험하고, 외상 사건 경험 빈도와 우울의 정도가 비례한다고 보고했다. 뿐만 아니라 성폭력이나 신체적 폭력과 같은 대인관계 외상은 자살과 밀접한 관련이 있는 것으로 알려지고[62], 아동기 외상을 경험한 사람들은 그렇지 않은 사람에 비해 자살을 시도할 위험이 2배~5배 높은 것으로 보고되었다.[63] 이 밖에도 자살 위험은 전쟁을 경험한 군인들[64]이나 자연 재

---

58 Briere, John, and Catherine Scott, "Principles of trauma therapy: A guide to symptoms," *Evaluation and Treatment,* California: Sage, 2006.

59 차보경·손정남, 「기혼여성의 가정폭력 경험 유무에 따른 스트레스, 분노, 분노표현 방식 및 우울」, 『정신간호학회지』 15권 2호, 2006, 187-196쪽.

60 한보람, 「경찰공무원의 외상성 사건과 PTSD 증상 및 우울의 관계」, 성신여자대학교 석사학위논문, 2012.

61 정성한·김완일, 「재수생의 외상경험이 우울에 미치는 영향」, 『청소년학연구』 21권 1호, 2014, 127-147쪽.

62 Martin, G. et al., "Sexual abuse and suicidality: gender differences in a large community sample of adolescents," *Child Abuse and Neglect* 28, 2004, pp.491-503; Stein, D. J. et al., "Cross-national analysis of the associations between traumatic events and suicidal behavior: findings from the WHO World Mental Health Surveys," *PloS one* 5, No. 5, e10574, 2010.

63 Dube, S. R. et al., "Growing up with parental alcohol abuse: Exposure to childhood abuse, neglect, and household dysfunction," *Child Abuse & Neglect* 25, 2001, pp.1627-1640; 김보미·유성은, 「대인관계 외상 경험자들의 사회적 유대감, 정서 조절과 자살 생각의 관계」, 『한국심리학회지』 임상 31권 3호, 2012, 732쪽 재인용.

64 Kang, H. K. and Bullman, T. A., "Risk of suicide among US veterans after returning from the Iraq or Afghanistan war zone," *Journal of the American Medical Association* 300, 2008, pp.652-653.

해[65]를 경험한 사람들에게서도 높게 나타났다.[66] 김보미·유성은(2012)[67]의 연구는 외상 경험자들이 좌절된 소속감, 짐이 되는 느낌, 사회적 유대감의 상실과 같은 부정적 정서를 매개해 자살생각과 연결됨을 보여주고, 박경(2011)[68]의 연구는 외상 경험이 우울을 매개해 자살생각에 영향이 있음을 입증하였다. 이처럼 외상 경험은 외상 후 스트레스, 절망, 불안 등의 감정뿐만 아니라 우울과도 연결되어 자살에 영향을 미치는 요인이라고 할 수 있다.

  그러나 자살에 대한 국내 연구에서 외상경험이 우울과 자살에 미치는 영향을 일반 성인을 대상으로 전국적 단위의 자료를 가지고 검증한 연구는 찾아보기 어렵다. 앞에서 언급한 박경(2011)[69]의 연구 경우 전국적 단위에서 일반 성인들을 대상으로 한 대규모의 연구가 아니고 서울 소재 2개 대학의 대학생들을 대상으로 한 경험 연구이다. 김보미·유성은(2012)[70]의 연구는 성폭력과 가정폭력으로 쉼터에 머무르고 있는 외상사건 경험자들을 대상으로 하였다. 그 밖의 외상 경험에 대한 연구 역시 특정 경험에 국한된 연구이거나 특정 대상에

---

65 Krug, E. G. et al., "Suicide after natural disasters," *New England Journal of Medicine* 338, 1998, pp.373-378.

66 김보미·유성은, 「대인관계 외상 경험자들의 사회적 유대감, 정서 조절과 자살 생각의 관계」, 732쪽 재인용.

67 김보미·유성은, 「대인관계 외상 경험자들의 사회적 유대감, 정서 조절과 자살 생각의 관계」, 731-748쪽.

68 박경, 「수용, 외상 후 성장, 우울과 자살사고의 관계」, 281-292쪽.

69 박경, 「수용, 외상 후 성장, 우울과 자살사고의 관계」, 281-292쪽.

70 김보미·유성은, 「대인관계 외상 경험자들의 사회적 유대감, 정서 조절과 자살 생각의 관계」, 731-748쪽.

국한되어 이루어졌다.[71] 이에 비해 본 연구는 일반 성인들을 대상으로 전국 단위의 대규모 자료를 이용해 외상경험이 우울을 거쳐 자살에 영향을 주는지 여부를 검증해 보고자 한다.

한편, 자살에 대한 심리적 접근에서 자주 사용하는 변수들 가운데 하나가 가족관련 변수이다. 심리적 접근에서 가족변수는 친밀성과 애착을 통해 가족 성원에게 결속감과 응집력을 주고, 정서적 지지를 통해 자살생각을 완화하거나[72], 스트레스와 갈등을 통해 자살을 증대시키는 역할을 한다.[73] 이러한 연구들에서 가족관련 변수는 심리적 영향 요인이거나 개인의 심리를 조절하는 미시적인 사회관계(사회적 지지 요인)로서 다루어진다. 심리적 접근의 연구들에서 가족통합과 더불어 개인의 심리에 영향을 주어 자살에 영향을 주는 것으로 자주 논의되는 것은 가까운 대인 관계이다. 가족관계를 포함해 친인척관계나 친구관계 등의 가까운 사람들에게 받는 사회적 지지는 정신건강에 긍정적 영향을 미쳐 자살생각에 부적인 영향을 미친다.[74] 이처

71 김왕배, 「'트라우마'의 치유과정에 대한 사회학적 탐색과 전망」, 『보건과 사회과학』 제37집, 2014, 5-24쪽; 백희진, 「외상경험 아동의 우울 및 불안완화의 미술치료 사례연구」; 한보람, 「경찰공무원의 외상성 사건과 PTSD 증상 및 우울의 관계: 직무스트레스의 조절효과」.

72 Conwell et al., 2002; Eckerey et al., 2001; 최연희·김수현, 2008; 최인 외, 2009; 이민아 외, 2010.

73 Richman, J., *Preventing elderly suicide,* New York: Springer Publishing Company, 1993; 박봉길, 「노인의 심리사회적 특성이 우울감과 자살생각에 미치는 조절효과에 관한 연구」, 『한국노년학』 28권 4호, 2008, 969-989쪽; 강모성 외, 「기혼 중년남성의 직무 및 가족 스트레스와 자살구상」, 105-134쪽.

74 Vanderhorst, R. K. and McLaren, S., "Social relationships as predictors of depression and suicidal ideation in older adults," *Aging and Mental Health* 9, 2005, pp.517-525; 이인정, 「노인의 우울과 자살생각의 관계에 대한 위기사건, 사회적 지지의 조절효과」, 『보건사회연구』 31권 4호, 2011, 41쪽.

럼 심리적 접근에서 가족 변수나 대인관계는 심리적 영향 요인으로 사용되거나 미시적인 사회관계, 드물게는 중간범주의 사회적 지지 요인으로 간주되어 심리사회적 요인이라는 다소 포괄적인 용어 속에서 연구되고 있다.

말하자면 한국사회의 자살연구에 대한 대부분의 선행 연구들에서 가족 요인은 미시적인 대인관계(사회관계)로서 개인의 정서나 심리에 밀착된 심리적 영향요인으로 다루어지며, 사회구조적 문제와는 별개의 문제인 것처럼 여겨진다. 이에 비해 이 글은 가족요인, 더 나아가 개인 심리에 긴밀히 연계되어 미시적이거나 중간범주로 다루어지던 사회적 지지를 뒤르켐이 사용했던 것처럼 사회구조적 변화를 반영하는 사회적 요인으로 다루어야 함을 강조하는 입장을 취한다.

이제까지의 검토를 통해 살펴보면 자살에 대한 심리적 요인을 다루는 연구에서 주로 사용되는 변수인 우울이나 외상은 재난이나 전쟁, 테러, 실직과 같은 사회적 차원의 사건은 물론 가족관계나 대인관계 등과 같은 미시적인 사회적 관계, 더 나아가 개인의 업무(성과) 부진, 폭행 등과 같은 생활 사건들이 개인의 심리작용을 통해 우울이나 기타 부정적 정서를 야기하며 자살로 이어진다는 것을 알 수 있다. 따라서 적어도 개인들을 분석수준으로 하는 실제 경험연구에서, 자살에 영향을 주는 사회적 요인과 심리적 요인의 구분이 그리 분명하게 나타나지는 않는 경향이 있다. 그러나 자살의 연구에서 사회적 요인을 방치하는 것은 상처의 근본 원인 탐구를 포기한 채 대증요법에만 치중하는 결과를 낳을 우려가 있다. 이러한 입장에서 이 글은 우울 같은 자살의 강력한 심리적 영향요인조차 사회적 요인의 효과와 긴밀히 연계되어 있다는 점을 강조하고자 한다.

3. 가설적 인과모형의 설정

이 글은 두 가지의 우선적인 관심사로부터 시작되었다. 하나는 자살에 대한 사회적 요인들의 영향력을 확인하는 것이다. 다른 하나는 심리적 영향 요인에 해당하는 일반적 외상 경험이 우울 및 자살에 미치는 영향을 살펴보는 것이다. 이러한 관심사를 토대로 이 글은 자살의 사회적 영향 요인과 심리적 영향 요인, 자살생각 사이에 아래와 같은 가설들을 설정하고, 이를 토대로 가설적 인과모형을 구성하였다.

먼저, 사회적 요인들의 영향력이 개인단위에서 작용할 때는 결속감이나 유대감, 아노미, 더 나아가 우울과 같은 개인의 인지적 혹은 심리적 상태를 거쳐 자살과 관련된다는 선행연구들에 주목하였다. 이러한 논의들을 기초로 사회적 영향 요인들이 우울을 매개변인으로 간접적으로 자살생각에 영향을 미칠 뿐만 아니라 직접적으로도 영향을 주는 것으로 가정하였다. 이 글의 분석에 포함하지 못하는 결속감, 유대감 등도 자살과 관련되기 때문에 우울을 매개하지 않고도 자살과 관련될 것으로 예상한 것이다.

다음으로, 선행연구들을 통해 외부적인 충격으로 발생하는 일반적 외상 경험 또한 우울이나 부정적 정서를 통해 자살생각에 영향을 미치는지 검토하였다. 따라서 통제변수들과 함께 외생변수인 외상

경험이 우울 및 자살생각에 직접적인 영향을 줄뿐만 아니라 우울을 거쳐 자살생각에도 영향을 줄 것으로 예상하였다.

그런데 자연재해나 사고경험을 포함하는 일반적 외상은 자연 환경은 물론 사회적 관계나 사회 문제 등과 같은 사회적 환경 속에서 발생한다. 더욱이 이 글의 자료인 설문지 문항이 질문하는 일반적 외상은 18세 이전의 성장기 경험이므로 논리적으로 사회적 영향 요인—현재 시점에서의 인지나 평가 상태 등을 점검하므로—보다 시기적으로 먼저 발생한 사건이 된다.

따라서 이 글은 최종적으로 통제변수들과 일반 외상 경험이 포함된 상태에서 사회적 영향 요인들을 투입하여 이들 변수들이 우울을 경유하여 자살에 영향을 미치는 가설적 인과 경로를 설정하였다. 즉, 앞에서 제시한 가설과 인과 경로를 토대로, 이 글은 통제변수들과 사회적 변수, 과거의 외상 경험을 외생변수로 하고 우울을 일차 내생변수이자 매개변수로, 최종 종속변수인 자살생각을 최종 내생변수로 하는 가설적 경로모형 및 연구가설을 제시하고자 한다. 이에 따른 가설적 인과모형을 <그림 1>에 표시하였다.

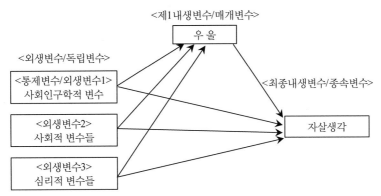

<제1내생변수/매개변수>
우울

<외생변수/독립변수>

<통제변수/외생변수1>
사회인구학적 변수

<최종내생변수/종속변수>

<외생변수2>
사회적 변수들

자살생각

<외생변수3>
심리적 변수들

*제1경로: 외생변수1, 외생변수2, 외생변수3→우울(내생변수)
*제2경로: 외생변수1, 외생변수2, 외생변수3, 우울→자살생각(최종내생변수)

〈그림 1〉 자살생각에 대한 가설적 경로모형

Ⅲ. 연구자료 및 측정도구의 구성

1. 연구자료 및 분석방법

이 글을 위해 한국종합사회조사(Korean General Social Survey, KGSS) 2012를 사용하였다.[75] KGSS 2012년 조사 자료에는 정치 및 사회의식, 일상생활, 가족과 성역할 변화, 사회적 자본 등에 관한 질문들과 더불어 특별 주제 모듈로서 '한국인의 정신건강'이 포함되어 있어 이 글의 연구 주제에 적합한 질문문항들이 다수 포함되어 있어 이를

---

75 「한국종합사회조사」 2012는 성균관대학교 서베이리서치센터(SRC)에서 실시한 공익목적 조사사업의 결과물이다. 표집과정 및 표본선정에 대한 자세한 내용은 사회과학자료원 홈페이지에 공개되어 있으므로 이에 대한 자세한 기술은 생략하기로 한다.

사용하였다. 전국적 단위의 사회조사인 까닭에 제주도를 포함한 전
국을 대상으로 만 18세 이상의 성인남녀를 대상으로 표집 되었다.
목표 사례 수는 2500명이었고 유효 표본의 수는 1396명이다. 분석
을 위해 Spss 18.0을 이용해 다중회귀 분석, 상관분석, T-검증, 신뢰
도 분석, 기술통계 등을 사용하였다.

2. 측정도구의 구성

구체적인 변수의 구성을 살펴보면, 종속변수이자 내생변수는 자살
생각이다. 시도된 이후 완성된 자살에 대해서는 자료를 수집할 수 없
기 때문에 자살생각을 통해 자살을 측정하기로 하였다. 자살은 자살
생각(suicidal ideation), 자살시도(attempted suicide), 자살행동(suicidal behavior)에
이르는 연속적 개념들로 구성된다.[76] 자살생각은 자살행위에 대한
생각을 의미하며 죽음에 대한 일반적 생각으로부터 자살하는 수단
에 대한 생각까지를 포함하는 것으로서[77], 능동적 자살욕구, 수동적
자살욕구, 자살시도 준비[78]까지를 포함한다. 이 글은 자살에 대한 막
연한 소망과 자해욕구, 자살생각과 자살 계획의 4문항으로 자살생

76 Harwood, D. and Jacoby, R., "Suicide behavior among the elderly," *The international handbook of suicide and attempted suicide,* 2006, pp.275-291.

77 박선애·허준수, 「노인의 우울이 자살생각에 미치는 영향에 대한 종교성의 조절효과」,79-108쪽.

78 최연희·김수현, 「재가노인의 우울에 따른 자살생각과 관련요인」, 『한국노년학』 28권2호, 2008, 347-348쪽; Beck, A. T. et al., "Assessment of suicidal intention: the scale for suicide ideation," *Journal of Consulting and Clinical Psychology* 47, No. 2, 1979, pp.343-352.

각을 구성하였다.

외생변수는 통제변수, 사회적 영향 변수, 심리적 영향 변수로 구성되었다. 통제 변수로는 사회인구학적 변수인 나이, 학력, 성별과 주관적 건강을 설정하였다. 여러 경험연구들에서 주관적 건강에의 인식이 심리적 안녕감이나 자살생각과 깊은 관련이 있는 것으로 나타나고 있으므로[79], 이 글에서는 주관적 건강 또한 기본적인 통제변인의 하나로 설정하였다.

사회적 영향요인으로 먼저 가구 총소득을 설정하였다. 가구의 총소득은 응답자들의 경제적 상태, 더 나아가 사회계층을 보여주는 지표로서 경제적 지위를 보여주는 변수이다. 또 우리사회 전반의 보상 체계에 대한 사람들의 인식을 보여주는 대우 공정성을 사회적 영향요인 중의 하나로 살펴보았다. 대우 공정성은 분배 공정성의 한 종류로써 사람들이 우리사회에서 실제로 받고 있는 대우에 대해 얼마나 공정하다고 느끼고 있는가를 점검하는 것이다.[80] 일에 투여되는 기술이나 노력에 비해 자신이 받는 대우의 공정성 또는 불공정성 여부를 통해 구성했다. 연구자의 관점에 따라 사회적 차원으로 간주되기도 하고 심리적 차원으로 간주되기도 하는 가족생활에 대한 만족도는 본 연구에서 사회적 통합 정도를 반영하는 사회적 차원의 변수로 사용되었다.

79 Kessier, 1997; Waern et al., 2003; Duberstein, P. R. et al., 2004; 박봉길, 2008, 4쪽; 김정우·신용석, 2015, 694쪽; 오창석, 2012; 김현순·김병석, 2007; 김수현·최연희, 2007.
80 전성표, 「배분적 정의, 과정적 정의 및 인간관계적 정의의 관점에서 본 한국인들의 공평성 인식과 평등의식」, 『한국사회학』 40집 6호, 2006, 108쪽.

자살의 주요한 심리적 영향요인인 일반적 외상은 외생변수이다. 이 변수는 18세 미만의 경험으로서 외상 후 스트레스 장애를 가져올 수 있는 사건들(9문항)로 구성하였다. 우울은 사회적 영향 요인과 외상의 영향으로 발생하며, 개인의 내적 감성이나 인지로서 매개변수로 설정되었고, 한국형 PHQ(the standardized Korean version of patient health questionnaire-9) 척도로 측정되었다.[81] 각각의 변수들에 대한 보다 자세한 사항은 <표 1>에 제시하였다.

〈표 1〉 주요 변수들과 속성

변수유형	변수	변수 속성	척도
〈통제변수〉 사회인구학적 변수 주관적 건강 변수	나이	응답자 나이	① 20대 이하 ② 20대 ③ 30대 ④ 40대 ⑤ 50대 ⑥ 60대 ⑦ 70대 이상 (평균=4.452, 최소값=1, 최대값=7)
	학력	응답자 최종 학력	① 무학 ② 초등학교 ③ 중학교 ④ 고등학교 ⑤ 전문대 ⑥ 대학교 ⑦ 대학원 이상(평균=4.012, 최소값=1, 최대값=7)
	가구 총소득	객관적인 경제상태	① 50만원 미만 ② 50~99만원 ③ 100~199만원 ④ 200~299만원 ⑤ 300~399만원 ⑥ 400~499만원 ⑦ 500~599만원 ⑧ 600만원 이상 (평균=4.484, 최소값=1, 최대값=8)
	성별	응답자의 성	남자(0), 여자(1) (평균=0.558, 최소값=0, 최대값=1)
	주관적 건강	주관적으로 인지하는 건강 상태	① 좋다 ② 좋지도 나쁘지도 않다 ③ 나쁘다(1문항, 평균=1.87, 최소값=1, 최대값=3)

---

81 김욱, 「Patient Kealth Questionnaire-9(PHQ-9)을 활용한 대학생의 우울감 및 영향요인 연구」, 『한국사회복지교육』 20권, 2012, 203-229쪽.

<외생변수> 사회적 변수 심리적 변수	가족생활 만족도	전반적인 가정생활에 대한 만족 정도	① 매우 만족 ② 다소 만족 ③ 만족도 불만족도 아님 ④ 다소 불만족 ⑤ 매우 불만족 (1문항, 평균=2.206, 최소값=1, 최대값=5
	대인관계	대인관계 기술, 친밀성 형성, 유지 경험에 대한 (부정적인) 주관적 생각과 평가	① 매우 그렇다 ② 다소 그렇다 ③ 보통이다 ④ 별로 그렇지 않다 ⑤ 전혀 그렇지 않다(5문항 합산, α=.803, 평균=3.457, 최소값=1, 최대값=5)
	대우 공정성	자기노력과 일하는 기술에 대해 받는 처우의 공정성 여부	① 매우 공정 ② 약간 공정 ③ 보통 ④ 약간 불공정 ⑤ 매우 불공정(2문항 합산, α=.785, 평균=2.939, 최소값=1, 최대값=5)
	18세 이전 외상 경험	성장기에 경험한 자연재해나, 사고, 대인관계에서 경험한 외상	① 아니다 ② 그렇다 (0, 1로 역코딩, 10문항 합산, α=.652, 평균=0.126, 최소값=0, 최대값=0.80)
제1 내생변수	우 울	정신건강의 부적 측면인 우울-자살의 제1원인-에 시달리는 정도	① 전혀 없었다 ② 일주일미만 ③ 일주일 이상 ④ 거의 매일 (9문항 합산, 센터링한 평균=0.161, 최소값=-0.50, 최대값= 2.50)
최종 내생변수	자살생각	지난 1개월 간 자살생각 부터 자살계획에 이르는 연쇄적인 자살관련 생각들	① 아니다 ② 그렇다 (0. 1로 역코딩, 4문항 합산, α=.727, 평균=0.0867, 최소값=9, 최대값=1)

Ⅳ. 분석결과

1. 조사대상자의 일반적 특징 및 상관관계의 분석

전체 연구대상자의 특징을 살펴보면 응답자의 평균 연령은 44.9세로서, 18세 이상 및 20대가 16.9%, 30대가 14.7%, 40대가 19.1%,

50대가 17.6%, 60대가 14.5%, 70대 이상이 17.2%였다. 가구 월평균 소득은 50만원 미만이 13.5%, 50만원~99만원이 8.0%, 100만원~199만원이 15%, 200~299만원 14.8%, 300~399만원 15.3%, 400~499만원 10.7%, 500~599만원 7.2%, 600만 원 이상이 15.4%였다. 교육수준은 무학 8.1%, 초등학교 졸업 15.8%, 중학교 졸업 9.9%, 고등학교 졸업 29.1%, 전문대 졸업 9.6%, 대학교 졸업 25%, 석사 졸업 이상이 2.5%였다. 남성이 617명(44.2%), 여성이 779명(55.8%)으로 2010년 인구주택총조사 시점의 성비율(남성 49.68%, 여성 50.32%)보다 여성이 조금 많이 표집 되었다.

자살생각에 대한 평균은 0.0867으로서 지난 1개월간 대부분의 사람들이 자살에 대한 생각을 하지 않았으나 자살관련 생각—죽는 것이 낫다고 생각하거나 자해하고 싶거나 자살에 대하여 생각하거나 계획을 세워보는 것—을 한 사람은 19.6%였다.

자살의 주요한 영향 요인으로서 심리적 변수이자 매개 변수로 상정된 우울은 평균 0.0161으로서 지난 2주 동안 우울 증상이 전혀 없는 사람이 22.1%, 일주일 미만으로 우울 증상이 나타난 사람들이 57.8%, 일주일 이상~거의 매일 우울이 나타난 사람들이 20.1%에 이르렀다. 또 다른 심리적 변수는 18세 이전의 11개 외상 경험들에 대한 질문들로 구성되었다. 18세 이전에 외상을 전혀 경험하지 않은 사람들이 42.8%이고 나머지 사람들은 9가지 항목들 가운데 적어도 하나 이상의 외상은 경험한 것으로 나타났다. 성장기의 외상 경험은 우울의 주요 원인이 될 수 있으므로 전반적으로 정신건강이 양호한 상태라고 보기는 어려운 것으로 볼 수 있다.

응답자들의 주관적 건강에 대한 인식 평균은 1.87로서 '좋다'는 구간에 해당하기는 하지만 '좋지도 나쁘지도 않다'에 매우 근접하고 있다. 사회적 영향 요인의 하나인 가정생활에 대한 만족도는 평균 3.11로서 다소 만족한다는 응답이 나왔다. 한국사회의 대우 공정성은 평균 2.94로서 약간 공정하다는 구간이기는 하지만 보통에 근접하고 현 정권의 국정운영에 대한 만족도는 평균 3.64로서 보통이라는 구간에 해당하지만 이것 역시 다소 잘못하고 있다는 구간에 가깝다.

개별 변수들에 대한 기술통계치 결과를 보면, 심리적 영향 요인들의 경우, 대체로 연구대상자들의 심리적 상태가 양호하다고 보기는 어려운 상태임을 보여주고 있다. 사회적 영향 요인들이 보여주는 정치적·사회적 상황에 대한 인식이나 만족도는 중간정도로써 그렇게 좋지도 나쁘지도 않은 편에 해당한다. 그러나 사회적 영향 요인들이 주로 자살의 보호 요인으로 작용할 수 있다는 점을 감안한다면, 높지도 낮지도 않은 사회적 영향 요인들의 점수는 이들이 보호 요인으로 작동하지 못하고 있을 가능성을 제기한다.

경로분석을 위해 회귀분석의 기본가정이 충족되는지 알아보고자, 다중공선성을 검사하고, 최종 내생(종속)변수인 자살생각을 중심으로 상관관계를 검토하였다. 다중공선성을 점검하는 VIF계수가 1.064~2.159에 머무르고 있어 다중공선성의 위험이 발견되지는 않았다. <표 2>에 분석에 포함된 주요 변수들 간의 상관관계를 요약하였다.

<표 2> 주요 변수들 간의 상관관계

변수	1	2	3	4	5	6	7	8	9	10
1 연령	1									
2 가구총소득	-.489**	1								
3 교육	-.662**	.565**	1							
4 주관적 건강인식	.334**	-.335	-.370**	1						
5 가족생활만족도	.153**	-.271**	-.269**	.330**	1					
6 대인관계	-.083**	.130**	.144**	-.199**	-.232**	1				
7 대우 공정성	-.029	-.044	.008	.132**	.165**	-.138**	1			
8 18세 이전 외상	.093**.	-.092**	-.063*	.102**	.054*	-.142**	.094**	1		
9 우울	.046	-.143**	-.153**	.361**	.299**	-.329**	.164**	.268**	1	
10 자살생각	.047	-.146**	-.108**	.189**	.269**	-.236**	.148**	.194**	.464**	1

자살생각은 가족총소득이나 교육, 건강, 대우 공정성과는 아주 약한 상관성을 보였으나, 가정생활만족도, 대인관계, 외상경험 등과는 분명한 상관관계를 나타냈고, 우울과는 아주 강한 상관성을 드러냈다. 전체적으로 보아 사회적 영향 요인들이나 심리적 요인인 일반외상이 자살생각과 상관성이 있으므로 이들이 영향요인으로 작용할 것임을 짐작할 수 있다. 특히 우울이 자살생각과 아주 강한 상관관계를 보이고 있어, 선행연구들이 보여주듯이 우울이 가장 강력한 자살유발 요인임을 예측할 수 있다.

2. 자살생각에 대한 관련 변인들의 영향력

제시된 연구가설에 따라 경로분석을 실행하였다. 변수 간 영향력의 크기를 비교하기 위해 표준회귀계수(베타)를 사용해 변수 간의 인과관계를 분석하였다. 분석에 따른 관련 변인들 간의 인과모형을

<그림 2>에 제시하고 자살생각에 영향을 미치는 변수들 간의 직, 간
접적 효과, 총효과는 <표 3>에 제시하였다.

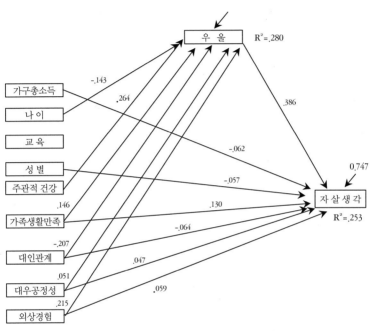

〈그림 2〉 자살생각에 대한 경로분석

<표 3> 자살생각에 대한 직접, 간접효과 및 총효과

내생변수	외생변수	직접효과	간접효과	총효과
우울	가구총소득			
	나이	-.143		
	교육			
	성별			
	주관적 건강	.246		
	가족생활만족도	.146		
	대인관계	-.207		
	대우 공정성	.051		
	일반외상	.215		
자살생각	가구총소득	-.062		-.062
	나이		-.055	-.055
	교육			
	성별	-.057		-.057
	주관적 건강		.102	.102
	가족생활만족도	.130	.056	.186
	대인관계	-.064	-.08	-.144
	대우 공정성	.047	.02	.067
	일반 외상	.059	.083	.142
	우울	.386		.386

외생변수들과 일차 내생변수인 우울이 투입되어 최종 내생변수인 자살생각에 영향을 미치는 직접적인 영향력을 보면 우울(β=.386), 가정생활에 대한 만족도(β=.130), 대인관계(β=-.064), 가구총소득(β=-.062), 외상 경험(β=.059), 성별(β=-.057), 대우 공정성(β=.047)의 순서로 영향을 미치고 있으며, 이 모형이 자살생각에 대해 28%를 설명하고 있다. 우울이 클수록, 가정생활에 대해 불만족할수록, 대인관계가 안정적이지 못할수록, 가구총소득이 적을수록, 외상 경험이 많을수록, 여성보다는 남성이 자살생각을 더했고, 대우 공정성을 나쁘게 인식할수록 자살생각이 커졌다. 선행연구에 대한 논의에서 보았듯이 우울이

가장 큰 영향 요인으로 드러났고, 외상이나 가정생활에 대한 만족도, 대인관계, 대우 공정성, 성별 요인이 우울을 매개하지 않고도 직접적으로 자살생각에 효과를 드러내, 이들이 자살생각을 야기하는 유의미한 요인임을 알 수 있다. 사회인구학적 변수들과 함께 자살에 큰 영향을 미치는 것으로 알려진 우울이나 외상, 주관적 건강 등을 통제한 상태에서도 자살생각에 대해 사회적 영향 요인들의 효과가 드러나고 있다는 점은 주목할 만하다 하겠다.

외생변수들과 일차 내생변수인 우울이 최종 내생변수인 자살생각에 미치는 상대적 영향력을 총효과를 기준으로 살펴보면, 우울(β=.386), 가정생활에 대한 만족도(β=.186), 대인관계(β=-.144), 일반 외상경험(β=.142), 주관적 건강(β=.102), 대우 공정성(β=.067), 가구총소득(β=-.062), 성(β=-.057), 나이(β=-.055) 순서로 나타났다.

이제 각 내생변수들(우울, 자살생각)을 중심으로 인과모형에 포함된 각 변수들의 직·간접적인 인과관계 및 경로를 검토해 보기로 하자. 먼저 우울을 내생변인으로 하는 회귀식을 살펴보면 주관적 건강(β=.246), 외상(β=.215), 대인관계(β=-.207), 가정생활만족도(β=.146), 나이(β=-.143), 대우 공정성(β=.051)이 효과를 드러내면서 우울의 25.3%를 설명하고 있다. 건강하지 않다고 생각하고 외상경험이 많을수록, 대인관계가 안정적이지 못하며, 가정생활에 만족하지 못할수록, 나이가 적을수록, 대우 공정성이 나쁘다고 인식할수록 우울이 커진다. 우울에 대해 주관적 건강과 외상 경험이 큰 영향을 미칠 뿐만 아니라 대인관계나 가정생활만족도와 같은 미시차원의 사회적 영향 요인이 뚜렷한 효력을 보이고 있으며, 대우 공정성 같은 거시차원을 반영하는 사회적 영향 요인들 또한 우울에 영향을 주고 있음을 알 수 있다.

자살생각을 최종 내생변수로 하고, 우울을 매개변수로 하는 다중 회귀식을 살펴보면, 성별과 가구총소득은 직접 효과만을 드러내고 있다. 객관적인 경제 상태는 우울을 경유하지 않고 직접적으로 자살 생각에 영향을 끼치는 반면에 나이와 주관적 건강인식은 간접효과 만 나타내고 있다. 자살생각에 대해 나이와 주관적 건강인식은 우울 을 경유해서만 효과가 있고 우울이 통제되지 않은 경우 그 효과가 사라졌다. 따라서 자살생각에 대한 나이와 주관적 건강 인식의 효과 에서 우울은 완전 매개변수 역할을 하는 것으로 볼 수 있다.

예상과 같이 심리적 영향 요인인 우울이 가장 크고 강력하게 자살 생각과 관계를 맺고 있고 일반 외상 경험은 우울을 매개해 자살생각 에 영향을 보일뿐만 아니라 직접적으로 자살생각에 영향을 미치며 상당히 큰 효과를 보이고 있다. 사회적 영향 요인의 경우 가정생활 만족도는 우울에 이어 두 번째, 대인관계가 세 번째의 영향력을 보 이고 있고, 대우 공정성은 주관적 건강에 이어 다섯 번째의 영향을 보이고 있다.

전체적으로 보아 기본적인 사회인구학적 변수와 주관적 건강은 물론 자살의 가장 강력한 요소로 알려진 우울이나 그와 밀접한 관련 이 있는 것으로 알려진 일반 외상 경험과 같은 주요한 심리적 영향 요인들이 통제된 상태에서도 사회적 영향요인들, -즉 가정생활 만족 도, 대인관계, 대우 공정성, 가구총소득-이 그 효과를 나타냈다는 점 이 주의를 끈다.

V. 자살생각, 사회적 요인과 외상의 중요성

이 글은 자살생각에 대해 사회적 영향 요인 및 일반외상 경험이 우울 및 자살생각에 효과를 보이는지 살펴보고 각 변수들의 상대적 영향력과 변수들 간의 관계성을 검토하였다. 앞에서 제시한 분석결과들을 토대로 몇 가지 논의점들을 살펴보기로 한다.

첫째, 자살에 대한 통제변수들의 효과를 보면 수입이 적고 나이가 적을수록, 건강에 대한 주관적 인식이 나쁠수록 자살생각이 커진다. 교육은 나이($r=-.662$)나 가구총소득($r=.565$)과 상관관계가 높은 편이어서 이들과 같이 투입했을 때 효과가 나타나지 않은 것으로 보인다. 상관분석 결과를 보면 나이는 직접적으로 자살생각이나 우울과는 관계가 없지만 수입과는 부적인 상관관계를 갖고 주관적 건강과는 정적인 상관관계를 보여준다. 수입의 감소나 주관적 건강 인식의 저하는 모두 우울 증대와 관련된다. 그러나 자살생각을 내생변수로, 우울을 매개변수로 투입한 모형-수입과 주관적 건강인식이 통제된 상태-은 나이가 들수록 우울이 적어짐으로써 자살생각이 감소되는 결과를 보여준다. 질병과 경제적 문제에서 자유롭다면 나이 듦 자체는 우울을 감소시켜 자살생각을 줄이는 효과가 있는 것이다. 다만 노년에 따른 빈곤과 건강악화 등이 노년의 삶을 힘겹게 하는 것이다. 건강하고 행복한 노년을 위한 사회적 안전망의 구축이 더욱 아쉽게 느껴지는 대목이다.

간접효과 없이 직접효과만을 드러내는 성별 변수는 우울이 통제되었을 때, 남성들이 여성보다 자살생각을 더 많이 한다는 것을 보여준다. 이러한 분석결과는 여성들이 더 우울할지라도 남성들이 자살생각이 더 높다는 선행연구[82]와 부분적으로 일치한다. 자살생각에 대한 우울의 효과를 상쇄시키는 변수 발견을 위한 연구자들의 노력이 요청되는 지점이기도 하다.

둘째, 이 글은 사회적 요인들이 우울 및 자살생각과 맺는 관계들을 검토하였다. 사회인구학적 변수나 자살생각에 큰 영향력이 있는 것으로 알려진 주관적 건강, 자살생각의 제 1의 원인으로 알려진 우울 및 그것과 밀접한 관련을 지니는 외상경험을 통제한 후에도 가정생활만족도나 대인관계, 대우공정성, 가구 총소득과 같은 사회적 영향요인들이 자살생각에 효과가 있음을 확인하였다. 이것은 자살이 우울이나 건강 등과 같은 개인적 문제뿐만 아니라 사회구조적 차원의 문제와 관련되어 있음을 보여 주는 것으로서 자살대책과 예방시스템의 구축에서 사회구조적 차원의 문제에 대한 인식과 그것의 개선노력이 뒷받침되어야 함을 말해 준다.

셋째, 사회적 영향 요인들의 자살생각에 대한 영향을 자세히 살펴보면, 가정생활만족도와 대인관계, 대우 공정성 모두가 직접효과와 간접 효과를 드러냈다. 이들 변수에 대한 우울의 매개효과를 검증하기 위해 소벨 테스트(sobel test)를 실시하였다. Sobel의 방정식은 z-value=$a \times b / \sqrt{b^2 \times SEa^2 + SEb^2}$ 인데 여기서 a는 독립변수 → 매개변수의 비표준화 계수, b는 매개변수 → 종속변수의 비표준화 계수, SEa는 경로 a의 표준오차, SEb는 경로 b의 표준오차를 의미한

---

82 강상경, 「우울이 자살을 예측하는가?: 우울과 자살태도 관계의 성별·연령 차이」, 92-93쪽.

다. 이렇게 계산된 z-value가 ±1.96보다 크면 .05수준에서 매개효과가 통계적으로 유의미하다.[83]

소벨 테스트(sobel test) 결과 가족생활만족도와 대인관계는 매개 효과가 유의했지만 대우 공정성은 매개효과가 유의하지 않았다. 가족생활만족도와 대인관계는 우울을 매개하여 자살생각에 효과를 미칠 뿐만 아니라 직접적인 효과 또한 나타내고 있으므로 이들에 대해서 우울은 부분 매개변수의 기능을 하는 것으로 볼 수 있다. 외견상 매개효과가 있는 것으로 보였지만 소벨 테스트(sobel test) 값이 유의하지 않았던 대우 공정성에 대해 우울은 매개변수라기보다는 변수의 효과를 조절하는 조절변수로서의 가능성을 점검해 볼 필요성이 있겠다.

넷째, 가족생활만족도의 경우 자살생각에 대해 전체 변수들 가운데 우울에 이어 두 번째 영향력을 보일 뿐만 아니라 우울에도 주관적 건강에 이어 두 번째의 영향력을 보였다. 그만큼 가족 통합이 우울 및 자살생각에 아주 중요한 영향을 미치고 있다. 이 글에서 가족 통합은 사회적 통합을 반영하는 지표이기도 하다. 급격한 사회변화 속에서 사회적 보호 장치가 마련되지 못한 채, 개인들이 여전히 가족에 의존하게 되는 상황에서 가족이 그러한 역할을 수행하지 못한다면 개인의 자살이 증가할 수밖에 없는 것이다. 자살생각에 대해서뿐만 아니라 우울에 대한 가족생활 효과가 큰 것은 그만큼 개인의

---

83 이유진·정은정, 「학령전기 아동의 의도적 통제의 매개효과」, 『한국심리학회지: 일반』 32권 1호, 2013, 231-249쪽; Sobel, Michael E., "Asymptotic confidence intervals for indirect effects in structural equation models," *Sociological methodology* 13, 1982, pp.290-312.

물질적, 정서적 안정에 가족생활이 우선적인 역할을 담당하고 있음을 뜻한다. 장기적 관점에서 사회적 충격 흡수를 위한 안전망의 사회적 확충이 없이는 자살 예방 대책은 미봉책에 그칠 수밖에 없음을 시사한다. 우선 시급한 자살방지 대책의 관점에서 단지 개인의 우울 증세에만 초점을 두고 관리하는 현재의 자살관리 시스템에 가족불화 등 가족문제를 포함시키고, 가족문제에서 어려움을 겪는 사람들에게 사회적 차원에서 좀 더 접근가능하고 용이한 가족통합 지원 서비스를 실시할 필요가 있다. 대우 공정성은 주관적 건강에 이어 다섯 번째의 효과를 나타내며 가구총소득 효과보다 약간 높은 효과를 드러냈다. 경제상황과 밀접한 관련을 갖는 가구총소득이 직접적인 효과만을 보이는데 이는 가구총소득이 우울이외의 부정적 정서들과도 관련되거나 우울이나 기타 변수들을 고려하고서도 독자적인 설명력을 가진다는 것으로서 가구총소득의 영향력이 폭넓게 작용하고 있음을 뜻한다. 전체적인 사회시스템 차원의 문제인 공정성이 우울에 대해서나 자살에 대해 모두 영향을 미치고 있고 가구총소득이 직접적 효과를 보인다는 점은 자살예방과 대책 마련 문제가 우리 사회 분배구조의 개선까지를 포함하는 문제라는 점을 보여준다.

다섯째, 이 글은 외상이 우울을 거쳐 자살생각에 영향을 줄뿐만 아니라 자살생각에도 영향을 주는 중요한 자살요인의 하나임을 확인하였다. 외상경험은 우울에 영향을 주고 또 우울을 매개해 자살생각에 강한 효과를 주는 요인으로 알려져 있으나 우리사회를 대상으로 그 효과를 측정한 연구는 그리 많은 편은 아니다. 한국 사회를 대상으로 한 선행연구들의 경우 매우 제한된 연구대상들이나 특정한 사건만을 대상으로 한 제한적인 연구였다. 이에 비해 이 글은 전국 단위의 성인 대상의 연구에서 외상경험이 우울을 매개로 자살생각에 영향을 미치는 요인임을 확인했으며(소벨 테스트의 z값 5.694), 우울이 완전 매개변수가 아니라 부분 매개변수로서 외상은 우울을 경유하지 않고도 자살생각에 직접적으로도 영향이 있음을 확인하였다. 그만큼 외상의 자살에 대한 효과가 크고 복합적인 것이다.

그런데 외상 경험은 가족생활 이외에 대인관계뿐만 아니라 사고나 재해 등을 포함하고 있으므로 엄밀히 말하면 개인적 차원이나 대인관계 차원에 국한된 문제가 아닌 사회적 차원의 문제와도 연결되어 있다. 여기에 사회적 변수들이 우울에 큰 영향을 미치고 우울을 통제한 후 자살생각에도 영향을 주고 있다는 점을 연결해 보면 사회적 영향 요인들의 자살생각에 대한 영향이 결코 간과될 수 없다는 것을 말해준다. 이러한 연구결과들을 토대로 이 글은 자살생각에 대한 연구, 더 나아가 자살예방 대책 마련에서 사회구조적 차원의 문제점들과 개선점들에 대해서 관심을 돌려야 함을 제안한다.

참고문헌

강모성 외, 「기혼 중년남성의 직무 및 가족 스트레스와 자살구상」, 『한국 가족관계학회지』 13권 1호, 2008, 105-134쪽.
강상경, 「우울이 자살을 예측하는가?: 우울과 자살태도 관계의 성별·연령 차이」, 『사회복지연구』 41권 2호, 2010, 67-99쪽.
권석만, 『우울증: 침체와 절망의 늪』, 서울: 학지사, 2000.
김기원·김한곤, 「노인자살률에 영향을 미치는 요인에 대한 거시적 분석」, 『한국인구학』 34권 3호, 2011, 31-54쪽.

김명희, 「한국사회 자살현상과『자살론』의 실재론적 해석- 숙명론적 자살(fatalistic suicide)을 중심으로」, 『경제와 사회』통권 96호, 2012, 288-327쪽.

김보미·유성은, 「대인관계 외상 경험자들의 사회적 유대감, 정서 조절과 자살 생각의 관계」, 『한국심리학회지』임상 31권 3호, 2012, 731-748쪽.

김수현·최연희, 「신체적 건강상태가 노인의 자살생각에 미치는 영향」, 『한국노년학』 27권 4호, 2007, 775-788쪽.

김승용, 「한국 노인 자살률 변동과 사회구조적 요인에 관한 연구」, 『사회복지정책』19 권 0호, 2004, 181-205쪽,

김영주, 「남녀별 독거노인과 동거노인의 건강습관, 스트레스, 우울, 자살생각 비교」, 『기본간호학회지』 16권 3호, 2009, 333-344쪽.

김왕배, 「'트라우마'의 치유과정에 대한 사회학적 탐색과 전망」, 『보건과 사회과학』제 37집, 2014, 5-24쪽.

김욱, 「Patient Kealth Questionnaire-9(PHQ-9)을 활용한 대학생의 우울감 및 영향요 인 연구」, 『한국사회복지교육』 20권, 2012, 203-229쪽.

김윤성, 「자살과 종교, 금기와 자유의 아포리아」, 『종교문화연구』 16권, 2011, 1-64쪽.

김윤정·강현정, 「성인기 자살생각 관련 변인에 관한 연구」, 『한국가족관계학회지』16 권 3호, 2011, 45-61쪽.

김재원·권순만, 「지역별 고용불안정이 청년 자살률에 미치는 영향」, 『사회보건연구』 30권 2호, 2014, 117-141쪽.

김정규, 「청소년 자살 생각- 사회적 유대, 일탈 행동의 가해자와 피해자의 영향」, 『현상 과 인식』통권 113호, 2011, 175-202쪽.

김정우·신용석, 「독거노인의 주관적 건강상태와 상실경험이 자살생각에 미치는 영향: 우울의 매개효과와 사회활동참여의 조절효과 검증」, 『한국노년학』35권 3 호, 2015, 689-708쪽.

김종엽, 「자살 그리고 자기 정체성을 위한 철학의 변명」, 『철학과 현상학 연구』45권, 2010, 105-137쪽.

김현미, 「해결중심 집단상담 프로그램이 저소득층 여성의 자존감과 우울에 미치는 효 과」, 『정신간호학회지』14권 1호, 2005, 5-12쪽.

김현순·김병석, 「노인과 청소년의 자살생각 비교 연구」, 『한국노년학』 28권 2호, 2008, 325-343쪽.

김현순·김병석, 「노인의 자살생각에 대한 경로분석」, 『한국심리학회지 상담 및 심리 치료』 19권 3호, 2007, 801-818쪽.

김현순·김병석, 「자살생각과 그 관련변인들 간의 구조적 관계 모형 검증」, 『한국심리 학회지: 상담 및 심리치료』 20권 2호, 2008, 201-219쪽.

김형수·권이경, 「한국 노인자살률과 사회·경제적 요인의 관련성 -1990년~2010년 변 화추이를 중심으로」, 『한국콘텐츠학회논문지』 13권 6호, 2013, 236-245 쪽.

김효창, 「성인 자살의 특성과 자살유형에 관한 연구」, 『한국심리학회지: 사회문제』제

12권 1호, 2006, 15-33쪽.

노용환, 「자살위험의 미시적 결정요인 분석」, 『보건경제와 정책연구』 13권 1호, 2007, 41-58쪽.

뒤르켐, 에밀. 『자살론/사회분업론』, 임희섭 역, 삼성출판사, 1997.

모지환·배진희, 「자살행동 영향 요인: 성별, 연령별 집단 비교를 중심으로」, 『보건사회연구』 31권 2호, 2011, 121-145쪽.

문동규·김영희, 「청소년 자살생각과 관련된 억제변인의 메타회귀분석」, 『청소년학연구』 19권 1호, 2012, 59-83쪽.

박경, 「수용, 외상 후 성장, 우울과 자살사고의 관계」, 『스트레스연구』 19권 4호, 2011, 281-292쪽.

박기묵, 「세월호 참사 희생자 부모들의 심리적 외상에 관한 기술적 접근」, 『한국콘텐츠학회논문지』 15권 9호, 2015, 134-145쪽.

박병금, 「청소년의 자살생각 관련 요인: 자아존중감과 우울의 매개효과를 중심으로」, 『한국생활과학회지』 16권 3호, 2007, 505-522쪽.

박병선, 「자살성에 영향을 미치는 스트레스와 우울의 상호적 관계에 대한 경로분석: 성별 및 연령집단별」, 『보건사회연구』 32권 3호, 2012, 485-521쪽.

박봉길, 「노인의 심리사회적 특성이 우울감과 자살생각에 미치는 조절효과에 관한 연구」, 『한국노년학』 28권 4호, 2008, 969-989쪽.

박선애·허준수, 「노인의 우울이 자살생각에 미치는 영향에 대한 종교성의 조절효과」, 『노인복지연구』 62권 0호, 2013, 79-108쪽.

박영숙·권윤희, 「청소년의 자살생각 경로모형 분석」, 『지역사회간호학회지』 24권 3호, 2013, 255-263쪽.

박재연, 「청소년 자살에 영향을 미치는 위험요인과 보호요인의 구조적 관계 검증: 보호요인으로서 자아존중감과 사회적 지지를 중심으로」, 『청소년학연구』 16권 10호, 2009, 249-272쪽.

박지영, 「노인자살 생존자의 자살경험에 관한 연구」, 『정신보건과 사회사업』 27권, 2007, 295-330쪽.

박형민, 「자살, 불안한 사회의 불편한 현실」, 『황해문화』 통권 72호, 2011, 284-299쪽.

박형민, 「자살행위에서의 '소통적 자살'의 개념화-1997년-2006년 유서분석을 통해 드러난 자살행위의 '성찰성'과 '소통지향성'」, 『사회와 역사』 79, 2008, 129-160쪽.

백희진, 「외상경험 아동의 우울 및 불안완화의 미술치료 사례연구」, 영남대학교 환경보건대학원 석사학위논문, 2010.

서한기, 「한국 자살률 29.1명, OECD 단연 '최고'」, 『연합뉴스』, http://yeslaw.org/sub_read.html?uid=6647&section=section8(2015. 8. 30).

송재룡, 「한국사회의 자살과 뒤르케임의 자살론: 가족주의 습속과 관련하여」, 『사회이론』 34권 0호, 2008, 123-164쪽.

송현동, 「한국 사회의 자살에 대한 시선 -노무현 전 대통령을 중심으로-」, 『종교문화연구』16권, 2011, 65-91쪽.

신동준, 「살인과 자살의 문화적 사회구조적 원인」, 『한국사회학』 38권 4호, 2004, 33-71쪽.

신동준, 「일탈사회학과 뒤르케임의 유산」, 『사회 이론』 34호, 2008, 259-288쪽.

신동준, 「자살의 사회적 원인에 대한 국가 간 비교 분석 -사회통합과 경제적 불평등, 그리고 경제지상주의의 효과-」, 『범죄와 비행』 제3권 0호, 2012, 85-103쪽.

엄태완, 「노인 자살 관련 요인: 무망감과 우울증이 자살생각에 미치는 영향에 대한 사회적 지지와 자아통제감의 효과를 중심으로」, 『한국사회복지학』 59권 2호, 2007, 355-379쪽.

여은경, 「청소년 자살에 관한 이론 및 연구 고찰」, 『아동가족치료연구』 제11권 0호, 2008, 1-16쪽.

오창석, 「노인의 주관적 건강 인식과 삶의 질이 우울과 자살생각에 미치는 영향」, 『보건의료산업학회지』 6권 2호, 2012, 179-191쪽.

유정·최남희, 「외상 후 성장과 내러티브 재구성」, 『한국위기관리논집』 11권 1호, 2015, 201-212쪽.

유정균, 「노인자살률의 지역별 편차-가족불안정의 영향을 중심으로, 1995-2005」, 『한국인구학』 31권 2호, 2008, 21-44쪽.

이민아 외, 「사회적 관계 내 자살경험과 가족이 자살생각 및 자살행동에 미치는 영향」, 『한국인구학』 33권 2호, 2010, 61-84쪽.

이민아·강정한, 「한국 사회 자살률의 변동과 원인-지역단위 지표를 이용한 패널 분석」, 『한국인구학』 37권 2호, 2014, 1-19쪽.

이소영, 「성인의 성별에 따른 자살생각과 우울경험 관련요인」, 『한국보건간호학회지』 28권 1호, 2014, 1-86쪽.

이소정, 「노인 자살의 사회경제적 원인 분석」, 『사회보장연구』 11, 2010, 1-19쪽.

이유진·정은정, 「학령전기 아동의 의도적 통제의 매개효과: 모의 양육태도와 학령 전 아동의 심리적 적응 간의 관계」, 『한국심리학회지: 일반』 32권 1호, 2013, 231-249쪽.

이은숙, 「남·여 청소년의 소외감, 우울과 자살생각에 관한 예측모형」, 『대한간호학회지』 37권 4호, 2007, 576-585쪽.

이인정, 「노인의 우울과 자살생각의 관계에 대한 위기사건, 사회적 지지의 조절효과」, 『보건사회연구』 31권 4호, 2011, 34-62쪽.

이정숙 외, 「청소년의 집단따돌림 피해와 우울이 자살사고에 미치는 영향」, 『정신간호학회지』 16권 1호, 2007, 32-40쪽.

이태용 외, 「자살행동에 미치는 요인에 관한 연구」, 『한국산학기술학회논문지』 12권 6호(통권72호), 2011, 2636-2643쪽.

이홍직, 「고3 청소년의 자살충동에 영향을 미치는 요인에 관한 연구: 개인적 특성요인, 유대요인, 정서적요인, 스트레스요인을 중심으로」, 『스트레스연구』 20권 3호, 2012, 139-148쪽.

전성표,「배분적 정의, 과정적 정의 및 인간관계적 정의의 관점에서 본 한국인들의 공평성 인식과 평등의식」,『한국사회학』40집 6호, 2006, 92-127쪽.

정성한·김완일,「재수생의 외상경험이 우울에 미치는 영향: 반추의 매개효과」,『청소년학연구』21권 1호, 2014, 127-147쪽.

조나단 터너 외, 김문조 외 옮김,『사회학이론의 형성』, 서울: 일신사, 1997.

조하·신희천,「생활사건 스트레스가 자살사고에 미치는 영향-삶의 의미의 매개효과와 조절효과」,『한국심리학회지: 상담 및 심리치료』21권 4호, 2011, 1011-1026쪽.

차보경·손정남,「기혼여성의 가정폭력 경험 유무에 따른 스트레스, 분노, 분노표현 방식 및 우울」,『정신간호학회지』15권 2호, 2006, 187-196쪽.

천선영,「자살의 이유를 알아야 하는 이유- 근대적 자살 이해에 대한 사회이론적 논의」,『사회와 이론』통권 제12집 1호, 2008, 293-325쪽.

천정환,『자살론-고통과 해석사이에서』, 파주: 문학동네, 2013.

최연희·김수현,「재가노인의 우울에 따른 자살생각과 관련요인」,『한국노년학』28권 2호, 2008, 345-355쪽.

최윤정,「대학생의 스트레스와 자살생각과의 관계에 작용하는 보호요인의 조절효과」,『한국청소년연구』23권 3호, 2012, 77-104쪽.

최인 외,「노인의 자살충동에 영향을 미치는 심리사회적 요인」,『보건과 사회과학』25집, 2009, 33-56쪽.

하정희·안성희,「대학생들의 자살생각에 영향을 미치는 요인들」,『한국심리학회지 상담 및 심리치료』20권 4호, 2008, 1149-1171쪽.

한보람,「경찰공무원의 외상성 사건과 PTSD 증상 및 우울의 관계: 직무스트레스의 조절효과」, 성신여자대학교 석사학위논문, 2012.

허남결,「한국사회의 자살문제와 불교생명윤리의 입장」,『불교학보』66호, 2013, 247-275쪽.

홍나미·정영순,「자살시도 청소년과 자살 비시도 청소년의 자살생각에 영향을 미치는 경로 비교분석-짐이 되는 느낌과 좌절된 소속감의 직접효과와 매개효과」,『한국아동복지학』40권 0호, 2012, 225-253쪽.

Amrican Psychiatric Association, *Diagnostic and statistical manual of mental disorder(4th ed)*, Washington D. C: American Psychiatric Press, 1994.

Andres, Antonio Rodriguez, "Income Inequality, Unemployment and Suicide: A Panel Data Analysis of 15 European Countries," *Applied Economics* 37, No.5, 2005, pp.439-451.

Bebbington, PE. et al., "Suicidal Ideation, self-harm and attempted suicide: Results from the British Psychiatric Morbidity Survey 2000," *European Psychiatry* 25, No.7, 2010, pp.427‐431.

Beck, A. T. et al., "Assessment of suicidal intention: the scale for suicide ideation," *Journal of Consulting and Clinical Psychology* 47, No.2, 1979, pp.343-352.

Breault, K. D. and Barkey, K., "A Comparative Analysis of Durkheim's Theory of Egoistic Suicide," *The Sociological Quarterly* 23(3), 1982, pp.321-331.

Breault, Kevin D., "Suicide in America: A test of Durkheim's theory of religious and family integration, 1933-1980," *American journal of Sociology* 92(3), 1986, pp.628-656.

Briere John and Diana Elliott, "Prevalence, characteristics, and long-term sequelae of natural disaster exposure in the general population," *Journal of traumatic stress* 13, No.4, 2000, pp.661-679.

Carlson, G. A. and Cantwell, D. P., "Suicide behavior and depression in children and adolescents," *American Academy of Child Psychiatry* 21, 1982, pp.886-891.

Chuang, Hwei-Lin and Wei-Chiao Huang, "Economic and Social Correlates of Regional Suicide Rates: A Pooled Cross-Section and Time-Series Analysis," *Journal of Socio-Economics* 26, No.3, 1997, pp.277-289.

Conwell, Y. et al., "Risk Factors for Suicide in later life," *Biological Psychiatry* 52, 2002, pp.193-204.

Denney, Justin T. and Jay Teachman, "Family and Household Formations and Suicide in the United States," *Journal of Marriage and Family* 72, No.1, 2010, pp.202-213.

Dixon, W. A. et al., "Problem-solving appraisal, stress, hopelessness, and suicide ideation in a college population," *Journal of Counseling Psychology* 38, No.1, 1991, pp.51-56.

Dixon, W. A. et al., "Use of different sources of stress to predict hopelessness and suicide ideation in a college population," *Journal of Counseling Pychology* 39, No.3, 1992, pp.342-349.

Dube, S. R. et al., "Growing up with parental alcohol abuse: Exposure to childhood abuse, neglect, and household dysfunction," *Child Abuse & Neglect* 25, 2001, pp.1627-1640.

Durkheim, Emile 저, 임희섭 역, 『자살론』, 서울: 삼성출판사, 1990.

Eckerey, R. and K. Dear, "Cultural Correlates of Youth Suicide," *Social science & Medicine* 55, No.11, 2001, pp.1891-1904.

Forsell, Y. et al., "Suicidal thoughts and associated factors in an elderly population," *Acta Psychiatrica Scandinavica* 95, No.2, 1997, pp.108-111.

Furst, S., *Psychic Trauma,* New York: Basic Books, 1967.

Gerdtham, Ulf-G and Magnus Johannesson, "A Note on the Effect of Unemployment on Mortality," *Journal of Health Economics* 22, 2003, pp.505-518.

Gibbs, Jack P., "Occupational, Marital, or Both?" *Social Forces* 79, No.2, 2000, pp.363-384.

Giddens, Anthony, 박노영·임영일 역, 『자본주의와 현대사회이론』, 서울: 한길, 1981(1955).

Hamermesh, D. S. and Soss, N. M., "An Economic theory of suicide," *Journal of Political Economy* 82, 1974, pp.83-98.

Harwood, D. and Jacoby, R., "Suicide behavior among the elderly," *The international handbook of suicide and attempted suicide,* 2006, pp.275-291.

Hollingshaus, Michael S. and Ken R. Smith., "Life and death in the family: Early parental death, parental remarriage, and offspring suicide risk in adulthood," *Social Science & Medicine* 131, 2015, pp.181-189.

Joiner, T. E., *Why people die by suicide,* Cambridge M. A.: Harvard University Press, 2005.

Jungeilges, Jochen and Gebhard Kirchgassner, "Economic Welfare, Civil Liberty, and Suicide: An Empirical Investigation," *Journal of Socio-Economics* 31, 2002, pp.215-231.

Kandel, D. B. et al., "Suicidal ideation in adolescence: Depression, substance use, and other risk factors," *Journal of Youth and Adolescence* 20, No.2, 1991, pp.289-309.

Kang, H. K. and Bullman, T. A., "Risk of suicide among US veterans after returning from the Iraq or Afghanistan war zone," *Journal of the American Medical Association* 300, 2008, pp.652-653.

Klerman, G. L., "Clinical epidemiology of suicide," *Journal of Clinical Psychiatry* 48, 1987, pp.33-38.

Krug, E. G. et al., "Suicide after natural disasters," *New England Journal of Medicine* 338(6), 1998, pp.373-378.

Lee, E. S., "The relationship between alienation and social supports in high school students," *Journal Korean Academic Psychiatry Mental Health Nurs* 10, No.4, 2001, pp.464-475.

Maris, R. W., *Pathways to suicide: A Survey of self-destructive behaviors,* Baltomore, MD: John Hopkins University Press, 1981.

Martin, G. et al., "Sexual abuse and suicidality: gender differences in a large community sample of adolescents," *Child Abuse and Neglect* 28, 2004, pp.491-503.

Messner, Steven F. and Richard Rosenfeld, *Crime and The American Dream, 4th Edition.* Belmont: Wadworth Publishing Company, 2007.

Neumayer, Eric, "Recessions Lower (Some) Mortality Rates: Evidence from

Germany," *Social Science and Medicine* 58, No.6. 2004, pp.1037-1047.

Osgood N., *Suicide: Handbook on treatment in the United States,* Westport: Greenwood Press, 1984.

Patricia A. H., "Evidence-based protocol: Elderly Suicide-secondary prevention," *Journal of Gerontological nursing* 29, 2003, pp.49-56.

Peter, M. L, Paul. R., and John, R. S., "Psycholsocial risk factors for future adolescent suicide attempts," *Journal of consulting and clinical Psychology* 62, No.2. 1994, pp.297-305.

Rainer, J. D., "Genetic factors in depression and suicide," American journal of psychotherapy 38, No.3, 1984, pp.329-340.

Robin E. Gearing and Dana Lizardi, "Religion and Suicide," *Journal of Religion and Health* 48, No.3, 2009, pp.332-341.

Richman, J., *Preventing elderly suicide,* New York: Springer Publishing Company, 1993.

Sherer, M., "Depression and suicidal ideation in college students," *Psychological Report* 57, 1985, pp.1061-1062.

Sobel, Michael E., "Asymptotic confidence intervals for indirect effects in structural equation models," *Sociological methodology* 13, 1982, pp.290-312.

Stein, D. J. et al., "Cross-national analysis of the associations between traumatic events and suicidal behavior: findings from the WHO World Mental Health Surveys," *PloS one* 5, No.5, e10574, 2010.

Turner, Jonathan H. et al., 김문조 외 옮김, 『사회학이론의 형성』, 서울: 일신사, 1995.

Vanderhorst, R. K. and McLaren, S., "Social relationships as predictors of depression and suicidal ideation in older adults," *Aging and Mental Health* 9, 2005, pp.517-525.

Van Orden, K. A. et al., "The interpersonal theory of suicide," *Psychological review* 117, No. 2, 2010, pp.575.

Waern, M. et al., "Predictors of suicide in the old elderly," *Gerontology* 49, No. 5, 2003, pp.328-334.

Weisman, M. M., "The epidemiology of suicide attempt," *Archives of General psychiatry* 30, 1974, pp.737-746.

Wells, Karen C. and Nicole Heilbron, "Family-based cognitive-behavioral treatments for suicidal adolescents and their integration with individual treatment," *Cognitive and Behavioral Practice* 19. No.2, 2012, pp.301-314.

White, J. L., *The troubled adolescent,* New York: Pergamon Press, 1989.

Wilburn, V. R. and Smith, D E., "Stress, self-esteem and suicidal ideation in late," *Adolescents* 40, No.157, 2005, pp.33-46.

제2장

아동기 신체적·정서적 학대가 성인기 자살생각에 미치는 영향의 성별차이[*]

우울의 매개효과를 중심으로

이수인(한림대 생사학연구소 HK연구교수)

정진영(한림대 임상역학연구소 HK연구교수)

○○○○

Ⅰ. 아동기 학대와 성인기 자살생각의 관계

우리나라는 2003년 이후 OECD국가들 가운데서 줄곧 자살률 1위를 기록하고 있다. 그런 만큼 정부에서 자살예방을 위한 법률을 제정하고 자살예방을 위한 제도적 정비를 강화해 왔으며, 학계에서

* 이 글은 『지역사회학』 18권 2호(2017년), 199~235쪽에 영어로 게재되었던 논문을 재수록 승인을 얻어 한글로 번역하고 약간의 수정을 거쳐 본 총서에 싣는 것임을 밝혀 둔다.

도 자살의 원인이나 자살예방을 위한 연구가 많이 진행되어 왔다.

자살의 가장 강력한 영향요인으로 알려진 것은 우울이다. 따라서, 우울의 자살에 대한 영향력을 규명하는 연구들이 상당히 축적되어 있을 뿐만 아니라 우울의 다양한 원인에 대한 연구들 또한 진행되어 왔다.[1] 그런데 우울과 자살의 관련성에 대해서는 청소년집단이나 노인집단, 정신관련 질환 경험자들, 아동 및 재소자들 같은 특정 집단을 대상으로 하는 연구들이 대부분이다.[2] 이런 연구경향이 나타나는데는 여러 가지 이유가 있겠지만 특히 연구자들의 연구관심이 관련되는 것으로 보인다. 달리 표현하자면, 우울이 자살의 강력한 요인으로 알려지면서 연구자들이 우울이 나타날 것으로 예상되고 그것이 자살에 큰 영향을 줄 것이라고 추정되는 집단들에 대해 주로 관심을 두었기 때문이라고 볼 수 있다.

이 글은 성인의 아동기 가족경험이 우울이나 자살에 미치는 영향에 관심을 두고자 한다. 한 개인의 아동기 경험은 인성발달이나 심리적 적응에 핵심적인 것이다.[3] 그래서 생애초기의 조건과 경험은 그 당시뿐 아니라 이후의 발달과정과 개인의 특성이나 성취에 영향을 미쳐 생애과정 동안 그 효과가 축적된다.[4] 특히 아동기에 학대나

---

1 Kandell et al., 1991; Kessler, R. C. and Magee, W. J., 1994; Qin et al., 2000; Sherer 1985; Suokas et al., 2001; 김보미·유성은, 2012; 김현순·김병석, 2008; 박경, 2011; 박병선, 2012; 이소영, 2014.

2 Forsell et al., 1997; Kandel et l., 1991; Klerman, 1987; Sarchiapone et al., 2007; 김재엽 외, 2009; 김현순·김병석, 2008: 204; 여은경, 2013; 박봉길, 2008.

3 Bowlby, J. "The role of attachment in personality development and psychopathology." S. Greenspan & G. Pollock(eds.), *The course of life: Vol.1. Infancy,* Madison CT: International Universities Press, 1989, pp.229-270.

폭력을 당한 경험은 단기적 영향에 그치지 않고 청소년기를 거쳐 성인기에 이르기까지 우울과 같은 심리적 부적응을 야기하는 것으로 보고되며,[5] 자살에도 큰 영향을 미치는 것으로 알려져 있다.[6] 주목할 점은 아동기 학대 경험의 다수가 부모에 의해 발생한다는 점이다. 중앙아동보호전문기관의 2013 조사는 아동학대의 83.1%가 부모에 의한 것임을 보고했다. 따라서 이 글은 피조사자인 일반성인들 가운데 양육자에 의한 아동기 학대 경험자를 선별하여, 그런 학대 경험이 성인기 우울에 영향을 미치고, 더 나아가 우울을 매개로 자살생각에 끼치는 영향을 검토해 보고자 한다.

아동기 학대의 유형은 신체적 학대, 정서적 학대, 성적 학대, 방임으로 구분할 수 있는데 신체적 학대와 정서적 학대가 가장 광범위하고 빈번하게 발생하고 있으므로, 이 글은 이 두 가지 학대에 초점을 맞추고자 한다.[7] 최근에는 과거 신체적 학대에 집중되었던 학대관련 연구들이 정서적 학대로 확장되고 있는 추세이기도 하다.[8] 그러나

---

4 Ferraro, K. F., Shippee, T. P. and Schafer, M. H. "Cumulative Inequality Theory for Research on Aging and the Life Course." Bengtson, V. L., Gans, D., Putney, N. and Silverstein eds., *The Hand book of Theories of Aging,* M. New York: Springer. 2009, pp.413-433.

5 S Martsolf, Donna. "Childhood maltreatment and mental and physical health in Haitian adults." *Journal of Nursing Scholarship* 36(4), 2004, pp.293-299.

6 Nilsen, W. and Conner, K., "The association between suicidal ideation and child and adult victimization", *Journal of Child Sexual Abuse,* 11(3), 2002, pp.49-62.

7 보건복지부. 2014.『2014년도 전국 아동학대 현황 보고서』보건복지부, 중앙아동보호전문기관; 문상희·서수균, 2015,「부모의 정서적 학대와 공격성의 관계에서 자기개념 명확성의 매개효과와 사회적 지지의 조절효과」,『상담학연구』, 16(6), 485-504쪽.

8 하수홍·장문선,「정서적 학대 경험과 경계선 성격특성 간의 관련성에서 거절민감

이들 두 변수의 성인기에 대한 효과를 동시에 비교하는 연구는 찾아
보기 어렵다. 이런 관점에서 아동기에 가정에서 발생하는 두 가지
학대를 구분하여 이들이 우울 및 우울에 매개되어 자살에 미치는 영
향을 비교·검토하는 것은 의미가 있다 하겠다.

그런데 일부 선행연구들은[9] 아동기의 폭력이나 학대경험에서 성
별 차이가 있으며, 우울 및 자살생각에서도 성별 차이가 존재하는
것으로 보고하고 있다. 따라서 일반 성인들 가운데 아동기 가족학대
를 경험한 사람들을 대상으로 하는 이 글은 우선, 아동기 신체적 학
대 및 정서적 학대 경험이 우울에 영향을 미치고, 더 나아가 우울을
거쳐 자살생각에 미치는 영향을 비교해본 후에 이러한 인과관계에
서의 성별 차이에도 관심을 기울이고자 한다.

II. 선행연구 검토 및 연구모형 구성

1. 양육자의 신체적·정서적 학대와 우울

아동학대는 부모나 돌보는 사람에 의해 아동에게 가해지는 심각
한 손상이고 그 상처는 우연한 사고에 의한 것이 아니라 부모나 양

성, 사회적 지지의 매개효과」, 『한국심리학회지: 상담 및 심리치료』 25(4), 2013,
833-852쪽.

9 Haatainen, et al., 2003; Sarchiapone, et al., 2007; 김혜성, 2007; 안귀여루·서경
현, 2007.

육자의 의도적인 행위 및 태만의 결과로서 신체적, 정서적, 성적 손상을 입히는 것으로 정의할 수 있다.[10]

아동복지법에 따르면 18세 미만을 아동으로 정의하며, 아동학대는 "보호자를 포함한 성인에 의하여 아동의 건강, 복지를 해치거나 정상적인 발달을 저해할 수 있는 신체적·정신적·성적 폭력 또는 가혹행위 및 아동의 보호자에 의하여 이루어지는 유기와 방임"을 뜻한다. 2014년 전국 아동학대 현황보고서에 의하면, 중복학대를 별도로 분류하지 않고 아동이 중복해서 경험한 학대를 각각의 학대 유형에 포함하여 살펴본 결과 정서적 학대가 40%(6,176건)로 가장 높은 비중을 보였다. 그 뒤를 이어 신체적 학대 36.9%(5,699건), 방임 20.3%(3,136건), 성 학대 2.7%(447건) 순으로 나타났다.[11] 따라서 이 글은 가장 흔한 학대 유형인 신체적·정서적 학대에 관심을 두고 그것의 영향을 살펴보고자 하였다.

우선 신체적 학대에 대해 살펴보면 신체적 학대는 눈에 띄는 손상과 심한 육체적 상해를 주는 것으로, 구타와 동일한 개념으로 사용되며, 가장 쉽게 외적 손상과 학대정도를 발견할 수 있는 학대 유형이기도 하다. 이런 의미로 신체적 학대를 학대의 가장 광범위한 개념으로 인식하는 경향이 있다.[12] 구체적인 예로는 심한 구타나 발길질, 높은

---

10 Kempe, C. H., Silverman, F. N., Steele, B. F., Droegemueller, W., & Silver, H. K. *The battered-child syndrome.* NY: Springer Netherlands, 2013.

11 보건복지부. 『2014년도 전국 아동학대 현황 보고서』 보건복지부, 중앙아동보호전문기관, 2014. 보건복지부; 문상희·서수균. 「부모의 정서적 학대와 공격성의 관계에서 자기개념 명확성의 매개효과와 사회적 지지의 조절효과」, 『상담학연구』 16(6), 2015, 485-504쪽.

12 서정화. 「신체적 아동학대의 실태 및 대책에 관한 연구」, 선문대학교 사회복지대

곳에서 밀어서 떨어뜨리는 행위, 구타나 폭력에 의한 멍이나 화상, 찢김, 골절, 장기파열, 기능의 손상, 충격, 관통, 열, 화학물질이나 약물과 같은 여러 가지 방법에 의해 발생된 손상 등이 포함된다.[13]

아동학대 개념이 처음 사용되기 시작했던 1970년대 초반 아동학대는 신체적 학대를 지칭했지만, 이후 아동학대 개념은 단순한 신체적 학대를 넘어 정서적 학대, 방임, 성적 학대 등을 포함하며 더 광범위하게, 세분화되어 사용되고 있다.[14] 이런 연구동향 속에서 정서적 학대에 대한 연구가 크게 고조되었는데 그것은 정서적 학대가 다른 학대 유형보다 개인에게 지속적이고 장기적인 영향을 줄 수 있으며, 정신병리의 내재화와 관련이 있다고 보고되기 때문이다.[15]

한국청소년정책연구원(2011)에 따르면 만7~18세 아동에 대한 학대 가운데 가장 빈번하게 발생하고 있는 것이 정서적 학대이다. 정서적 학대는 아동의 심리와 정서에 폭력을 가하는 것으로, 아동의 자아존중감과 정서에 손상을 주는 행위를 의미한다.[16] 부모로부터 자녀에게 전달되는 무가치감, 결점에 대한 비난, 사랑하지 않는다는 것을 나타내는 모든 메시지가 여기에 해당한다. 달리 표현하자면,

---

학원 석사학위논문, 2002.

13 강란혜·공계순··도미향·박인전·박정윤·송순·이경희·이소희·조성연·최영희. 『아동학대 전문상담』 서울: 시그마프레스, 2004.

14 이명진·조주연·최문경. 「부모의 아동학대가 청소년 비행에 미치는 영향」, 『사회연구』 14(2), 2007, 9-42쪽.

15 Hart, S. N., Brassard, M. R., Binggeli, N. J., & Davidson, H. A. "Psychological maltreatment." *The APSAC handbook on child maltreatment*(2nd ed.), 2002, pp.79-103.

16 홍수경. 「아동학대가 아동의 정서적 부적응 행동에 미치는 영향」, 대구가톨릭대학교 사회복지대학원 석사학위 청구논문, 2003.

정서적 학대에는 심리적 통제, 비판과 적개심 표출과 같은 극단적 양상의 정서적 학대와 더불어 사랑과 애정을 철회하려는 태도, 정서적인 반응에 대한 무시 등과 같은 정서적 방임이 포함된다.[17]

학대는 아동들에게 우울, 불안, 심한 위축 등과 같은 심리적 문제들이나 성격장애, 섭식장애, 부정적 자아개념, 자살행동 등과 같은 부적응 증상들을 야기한다. 뿐만 아니라 아동기 학대경험은 부모에 대한 왜곡된 개념과 자아존중감에 부정적 영향을 미쳐 일상적인 사회생활에 문제를 야기해 성인기의 성격이나 심리, 행동상의 적응에까지 영향을 미칠 수 있다.[18]

이 글의 주요 관심사 중 하나인 성인기 우울이 아동학대와 관련이 있다는 선행연구들이 상당히 존재한다. Bifulco 외는[19] 아동기 학대가 성인기 우울의 위험인자로 중요한 작용을 하며, 성인기 우울증, 공격성, 적대감, 분노, 공포, 불안 장애 및 인격 장애와 정적인 상관이 있다고 하였다. Kessler와 Magee는[20] 아동기 학대 경험이 반복되는 우울과 우울의 조기 발병에 영향을 주며, 가족으로부터 학대를 받았을 경우 가장 관련성이 크다고 하였다.[21] 특히 아동 양육에 책임

17 Glaser, D. "Emotional abuse and neglect (psychological maltreatment): A conceptual framework." *Child Abuse and Neglect,* 26, 2002, 697-714.

18 Giant and Vartanian, 2003; Marshall, et al., 2013; Norman, Byambaa, et al., 2012; 김춘경·조민류 2014, 268쪽; 김혜금 2015, 357쪽; 안형숙, 2014.

19 Bifulco, A., Moran, P. M., Baines, R., Bunn, A., and Stanford, K. "Exploring psychological abuse in childhood: II. Association with other abuse and adult clinical depression." *Bulletin of the Menninger Clinic,* 66(3), 2002, pp.241-258.

20 Kessler, Ronald C., and William J. Magee. "Childhood family violence and adult recurrent depression." *Journal of Health and Social Behavior* 35, 1994, pp.13-27.

63

이 있는 부모나 보호자에 의해 가해진 신체적, 정서적, 성적 학대 등
으로 인한 부정적인 경험은 아동기뿐만 아니라 이후의 생애동안 지
속적으로 부정적인 영향을 미친다. 예컨대 아동기에 학대 경험이 있
는 성인은 그렇지 않은 성인에 비해 심각한 우울증을 경험할 가능성
이 2.5배 높았다.[22]

신체적 학대의 경우 그것은 단순한 신체적 학대자체에 그치지 않
고 일련의 뚜렷한 신체적, 행동적, 발달적, 정서적 일탈을 가져오며
폭력의 세대 간 전승 등 사회문제의 악순환을 초래 한다.[23] 또한 신
체적 학대는 공격성이나 외현적 문제들과 관련되지만,[24] 우울에 영
향을 준다는 연구결과들도 다수 존재한다. 학대받은 아이들은 그들
부모와의 관계에서 상호보완성이 결여되고 우울 경향이 두드러졌
으며[25] 일반인을 대상으로 한 장기적 영향 조사에서도 아동기 신체

---

21 Gibb, Brandon E., Iwona Chelminski, and Mark Zimmerman. "Childhood
emotional, physical, and sexual abuse, and diagnoses of depressive and anxiety
disorders in adult psychiatric outpatients." *Depression and anxiety* 24(4), 2007,
256-263; 경미하·민정아·채정호 「우울 및 불안장애 환자에서 아동기 학대와 정
서증상 및 리질리언스와의 관계」, 『대한불안의학회지』 9(1), 2013, 68-73쪽.

22 Afifi, T. O., Boman, J., Fleisher, W., & Sareen, J. "The relationship between
child abuse, parental divorce, and lifetime mental disorders and suicidality in a
ationally representative adult sample." Child Abuse and Neglect 33(3), 2009,
pp.139-147.

23 김광일·고복자. 아동구타의 발생률 조사. 『정신건강연구』 6, 1987, 66-81쪽.

24 Arata, C. M., Langhinrichsen-Rohling, J., Bowers, D., & O'Brien, N.
"Differential correlates of multi-type maltreatment among urban youth." *Child
abuse & neglect, 31*(4), 2007, pp. 393-415; 김미경·배화옥. 「정서학대와 청소년
자살생각의 시간적 변화추이에 대한 연구」, 『생명 연구』41, 2016, 1-28쪽.

25 Wasserman, G. A., Green, A., & Allen, R. "Going beyond abuse: Maladaptive
patterns of interaction in abusing mother-infant pairs." *Journal of the American
Academy of Child Psychiatry,* 22(3), 1983, pp. 245-252.

적 학대 경험은 우울에 영향을 미친다는 결과가 보고되었다.[26]

정서적 학대의 경우, 그 자체만으로도 피학대자에게 장기적으로 심리적 기능 손상을 줄 수 있다는 주장들이[27] 제기되고 있으며, 정서적 학대를 지속적으로 경험한 아동들이 우울과[28] 같은 다양한 후유증을 경험하는 경우가 많다고 보고되었다. Spertus 외의[29] 연구는 어린 시절 경험한 신체적·정서적 학대와 외상(trauma) 사건들 중 여타 학대와 외상 경험을 통제한 이후에도 정서적 학대 경험이 성인기의 증가된 불안, 우울, 신체화 증상의 호소를 유의미하게 예언하는 유일한 변인임을 보고하였다.[30] Alloy 외(2006)는 우울이 아동기의 신체적, 성적 학대보다 정서적 학대와 더 일관되게 연관된다고 결론 내렸다.[31] 즉, 정서적 학대가 우울에 선행하고 이후의 우울을 예측한다는 것이 지속적으로 밝혀지고 있는 것이다. 따라서 아동기의 신체적

26 Wind & Silvern, 1994; 노정숙·이경숙·김보애, 2003; 김광혁, 2009; 김아진, 2006; 장정보, 2007.

27 Shaffer et al, 2009; Ferguson & Dacey, 1997; Mullen et al, 1996.

28 안동현. 『신고 된 아동에서 학대 후유증 연구. 보건복지부 시행 정책과제 연구개발사업 최종 보고서』 (HMP-99-P-0011). 서울: 보건복지부, 2000; 박덕숙. 「부모의 학대 유형과 불안, 공격성 및 학교 적응의 관계」, 동덕여자 대학교 대학원, 석사학위 논문, 2002.

29 Spertus, I. L., Yehuda, R., Wong, C. M., Halligan, S., & Seremetis, S. V. "Childhood emotional abuse and neglect as predictors of psychological and physical symptoms in women presenting to a primary care practice and physical symptoms in women presenting to a primary care practice." Child Abuse & Neglect, 27 (11), 2003, pp. 1247-1258.

30 김혜인·김민섭·김민정. 「아동기 정서적 학대 경험과 성인기 심리적 부적응간의 관계」, 『정서·행동장애연구』 28(4), 2012, 353-380쪽. 재인용.

31 김락경. 「아동기 정서적 학대와 성인기 우울증상과의 관계: 인지적 취약성과 경험회피의 연속 매개효과」, 아주대학교 심리학과 석사논문, 2017. 재인용.

학대와 더불어 정서적 학대는 성인기의 우울이나 자살생각에 영향을 주는 중요한 변수로 고려될 필요가 있겠다.

2. 양육자의 신체적·정서적 학대와 자살생각

아동기 학대는 우울뿐만 아니라 자살에도 영향을 미치는 것으로 알려져 있다. 자살은 자살생각(suicidal ideation), 자살시도(attempted suicide), 자살행위(suicidal behavior)에 이르는 연속적인 개념이다.[32] 이 가운데 자살생각은 반드시 자살시도나 자살로 이어지지는 않지만, 절박한 최초 경고 신호로서 자살시도나 자살성공의 위험을 증가시키는 것으로 알려져 있어,[33] 자살생각을 통하여 자살행동을 예측하고 예방하는 것이 가능하다.[34] 따라서 많은 연구들은 자살자에 대한 접근이 현실적으로 불가능하다는 점을 감안하여 자살생각을 통해 자살을 연구하는 경향이 있다.

아동학대를 신체적 학대와 방임, 정서적 학대, 복합적 학대 등의

32 Dubow, E. F., Kausch, D. F., Blum, M. C., Reed, J., and E. Bush. "Correlates of suicidal ideation and attempts in a community sample of junior high and high school students." *Journal of Clinical Child Psychology,* 18(2), 1989, pp.158-166.

33 Kessler, R. C., Borges, G., and E. E. Walters. "Prevalence of and risk factors for lifetime suicide attempts in the National Comorbidity Survey". *Archives of general psychiatry,* 56(7), 1999, pp.617-626; 김선영·정미영·김경나. 「한국성인의 연령계층별 자살생각 관련 요인: 국민건강영양조사 제5기 3차(2012) 자료를 이용하여」, 『보건교육건강증진학회지』 31(2), 2014, 1-14쪽. 재인용.

34 Beck, A. T., Kovacs, M., and A. Weissman. "Assessment of suicidal intention: the Scal for Suicide Ideation", *Journal of consulting and clinical psychology,* 47(2), 1979, pp.343-352; 김형숙·전경자·김윤미. 「한국 노인의 자살생각에 영향을 미치는 요인」, 『한국노년학』 33, 2013, 349-363쪽.

유형으로 세분화하여 학대와 자살사고간의 관계를 살펴본 연구에
서 각 학대유형과 자살 간에 모두 상관관계가 있는 것으로 드러났
고,[35] 신체적 학대·정서적 학대·방임의 복합적 학대 역시 우울은 물
론 자살생각에도 직접적인 영향을 주는 것으로 나타났다.[36] 국외의
선행 연구들에서도 아동기에 부모로부터 학대 경험이 있는 청소년
들은 그렇지 않은 청소년들보다 자살생각을 더 많이 하는 것으로 나
타나며, 학대경험이 있는 학생들이 그렇지 않은 학생들에 비해 자살
생각과 자살시도를 3배 이상 하는 것으로 보고되었다.[37] 청소년을
대상으로 한 국내의 연구에서도 부모나 양육자로부터의 학대 경험
은 청소년이 자살생각을 하게 만드는 직접적인 영향요인으로 나타
났고,[38] 부모의 방임·정서적 학대, 신체적 학대 모두 자살에 유의한
영향을 미쳤다.[39] 후기 청소년기 혹은 초기 성인기에 해당하는 대학
생들을 대상으로 한 연구에서도 부모나 양육자의 학대는 우울에 영
향을 미칠 뿐만 아니라 자살생각에도 직접적으로 영향을 주고 있
다.[40] 국외연구들의 경우 아동기에 성적 학대나 신체적 학대를 당한

35 박경. 「청소년의 아동기 학대경험과 자살사고간의 관계에서 문제해결과 사회적
    지지의 중재효과」, 『한국심리학회지: 학교』 2(2), 2005, 131-147쪽.

36 박병금. 「청소년의 자살생각 관련 요인」, 『한국생활과학회지』 16(3), 2007,
    505-522쪽.

37 Sandin et al, 1998; Berenson et al., 2001; Perkins & Jones, 2004; 김한나 외, 2011,
    118쪽.

38 김미경·배화옥. 2016; 박경, 2005; 박병금, 2007; 김한나 외, 2011: 118.

39 김재엽·남석인·최선아. 2009. 「기혼 직장여성의 스트레스 우울, 자살생각의 관
    계」, 『한국사회복지조사연구』 22: 275-308. 김재엽 외, 2013.

40 김한나·김혜련·최윤신. 「부모로부터의 학대 경험과 부모의 알코올 중독이 대학생
    자녀의 자살생각에 미치는 영향」, 『보건교육·건강증진학회지』 28(5), 2011, 17-129.

경험이 있는 사람들이 더 많이 자살시도와 자살생각에 관련되고,[41] 정서적·신체적·성적 학대는 물론 약물남용, 감금(incarceration), 가정 폭력이나 이혼 등과 같은 부정적인 아동기 경험과 성인기 자살시도 간에도 밀접한 관련성이 있었다. 또 우울증 환자들을 대상으로 한 연구의 경우 역시 아동 학대 경험이 더 많은 자살시도와 관련되었 다.[42] 이 글은 이러한 선행연구들을 토대로 일반 성인들 가운데 아동 기 학대 경험자들을 선별한 후, 아동기의 신체적 학대와 정서적 학 대가 우울에 미치는 영향과 우울을 매개하여 자살생각에 미치는 영 향을 살펴보고, 이들의 상대적 영향력을 비교해 보고자 한다.

3. 아동기의 신체적·정서적 학대, 우울, 자살생각에서의 성별 차이

아동기의 신체적 학대나 정서적 학대경험이 우울이나 심리적 문제 에 미치는 영향에서의 성별 차이를 보면 일반적으로 학대 경험은 남 성이 더 많을지라도 그것의 영향력은 여성에게서 더 큰 것으로 나타 났다.[43] 국내연구의 경우 일반 성인을 대상으로 아동기 학대가 성인기 의 우울 및 자살생각에 미치는 영향을 검토하는 연구가 많지 않은 형

41 Mina, Elaine E. Santa, and Ruth M. Gallop. "Childhood sexual and physical abuse and adult self-harm and suicidal behaviour: a literature review." *The Canadian Journal of Psychiatry* 43.8 (1998): 793-800.

42 Brodsky, B. S., Oquendo, M., Ellis, S. P., Haas, G. L., Malone, K. M., & Mann, J. J. 2001. The relationship of childhood abuse to impulsivity and suicidal behavior in adults with major depression. *American Journal of Psychiatry,* 158(11), 1871-1877.

43 Haatainen, et al. 2003; Sarchiapone, et al. 2007.

편이므로 그것의 성별 차이를 살피는 연구는 찾아보기 어려웠다. 반면에 대학생들이나 청소년들을 대상으로 한 연구들 가운데 성별에 따라 아동기 학대가 미치는 영향의 차이를 다루는 것들이 있어, 이들을 통해 아동기 학대가 성인기에 미치는 영향을 가늠해 보고자 한다.

아동기 학대가 청소년기의 우울이나 불안 등과 같은 심리적 적응에 문제를 야기한다는 연구들과[44] 함께 아동기 학대가 남성들에게는 외재적 행동의 문제를 야기하나 여성들에게는 내재적인 문제를 일으킨다는 연구,[45] 부친의 신체적 학대가 남성에게만 부정적 양상을 드러냈다는 연구 등[46] 성별에 따른 영향의 상이성이 보고되고 있다.

우리나라 2011년 국민건강통계에 따르면 남성의 자살생각률이 9.9%인데 비해 여성의 자살생각률은 16.9%로 여성의 자살생각률이 상당히 높다. 청소년들의 경우 역시 여자 청소년들이 자살생각이나 자살사고 경험이 높은 것으로 나타나고 있다. 그러나 국가별 통계를 보면 많은 나라들에서 남자 청소년들이 여자청소년보다 자살률이 높은 것으로 보고되며,[47] 일반 성인을 대상으로 하는 연구들에서도 대개 자살사망률은 남자가 높지만 자살생각이나 치명적이지 않은 자살시도는 여자가 더 높다.[48]

---

44 안혜진. 2016. 「부모의 학대 및 방임이 청소년의 우울과 학교적응 간의 종단연구 분석」, 『학습자중심교과교육연구』16: 475-493.

45 김혜성. 2007. 「성별 차이에서 본 학대 경험이 자살사고에 미치는 영향에 관한 연구」, 『한국사회복지학회 학술대회 자료집』pp. 333-337.

46 안귀여루·서경현, 「성장기 가정 내 폭력 경험이 성인 초기 적응에 미치는 영향」, 『한국심리학회지:문화 및 사회문제』13(4): 2007, 83-100쪽.

47 한국청소년상담원. 『청소년 자살관련 실태조사』, 2007.

48 Canetto, S. S., and I. Sakinofsky. "The gender paradox in suicide", *Suicide and*

아동기 학대와 자살의 관계에 대해서도 남학생들이 아동기에 학대를 더 많이 인식했음에도 불구하고 학대경험 청소년들 가운데 여학생들이 더 많이 자살생각을 한다는 연구결과가[49] 존재한다. 그런 한편, 아동기의 신체적 학대가 청소년들의 자살생각이나 시도에 영향을 주지만 남녀 간에 차이는 없다는 연구결과가[50] 존재하기도 한다. 따라서 아동기 신체적·정서적 학대경험이 우울 및 자살생각에 미치는 영향의 성별차이는 더 많은 연구들을 통해 그 원인과 결과들에 대한 논의들이 축적되어야 할 것으로 보인다.

이제까지의 선행연구들을 토대로 이 글은 18세 미만의 아동기 동안에 부모나 양육자로부터 발생한 신체적·정서적 학대의 영향력이 성인기까지 지속된다고 본다. 그리고 그러한 학대 경험이 성인기 우울 및 우울을 매개한 자살생각에 미치는 영향을 비교해 보고, 영향력의 인과연쇄에서 성별 차이가 발생하는지를 살펴보고자 한다.

4. 주요 변수들과 가설적 인과모형의 구성

이 글은 일반성인들 가운데 18세 이전 아동기 학대 경험이 있는 사람들을 대상으로 주양육자에 의한 신체적 학대와 정서적 학대가

Life-Threatening Behavior, 28(1), 1998, pp.1-23.

49 김재엽·남석인·최선아. 「기혼 직장여성의 스트레스 우울, 자살생각의 관계」, 『한국사회복지조사연구』 22, 2009, 275-308쪽; 김재엽·장용언·이승준. 「부모로부터의 방임·정서학대 및 신체학대 경험이 청소년의 자살행동에 미치는 영향」, 『학교사회복지』 25, 2013, 157-183쪽.

50 김혜성. 「성별 차이에서 본 학대경험이 자살사고에 미치는 영향에 관한 연구」, 『한국사회복지학회 학술대회 자료집』, 2007, pp. 333-337쪽.

성인기 우울 및 우울을 거쳐 자살생각에 미치는 영향을 비교해 보고, 이러한 분석과정에서 성별 차이가 발생하는지 검토하고 있다. 구체적인 인과연쇄의 분석을 위해 사회인구학적 요인인 나이·학력·가구총소득을 통제변수로, 신체적 학대 및 정서적 학대를 독립변수이자 외생변수로 설정한 후에 우울을 제1 내생변수로, 자살생각을 제2 내생변수이자 최종 종속변수로 하는 인과모형을 검토하였다.

신체적 학대와 정서적 학대는 18세 미만의 아동기에 발생한 사건들이므로 이미 주어진 외생변수가 된다. 많은 자살연구에서 기본변인으로 상정되는 사회인구학적 변수들인 나이와 가구총소득은 주어진 사회환경적 조건으로서 우울이나 자살생각에 영향을 주는 변수로 알려져 있으므로 통제변수로 설정하였다.[51] 교육수준 역시 우울 및 자살에 영향을 주는 사회인구학적 변수이지만, 모형의 검토단계에서 나이와 높은 상관성을 보이고($r=-.755$), 다중공선성이 발생하여 분석에서 제외하였다.

결과적으로 사회인구학적 요인인 나이와 총소득을 통제변수로, 아동기 신체적 학대와 정서적 학대는 외생변수로 하여 이 변수들이 우울에 직접적으로 영향을 주고, 우울을 매개변수로 하여 자살생각에 간접적으로 영향을 미칠 뿐만 아니라 직접적으로도 영향을 미칠 것이라는 가설적 경로를 구성하였다(<그림 1>에 제시). 이렇게 형성된 가설적 인과경로에서 신체적 학대와 정서적 학대가 미치는 영향을 비교해보고, 성별에 따라 인과적 영향력에서 차이가 발생하는지 살펴보기로 한다.

---

51 김선영·정미영·김경나 2014; 강상경 2010; 노용환, 2007; 박병선, 2012; 이수인 2016.

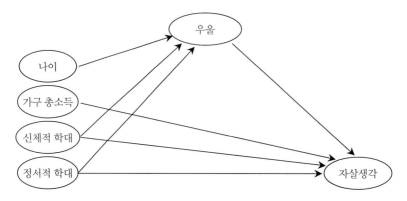

〈그림 1〉 자살생각에 대한 관련 변수들의 가설적 인과모형

Ⅲ. 연구 자료와 변수의 측정

1. 연구자료 및 분석방법

이 글은 2012년에 실시된 한국종합사회조사(Korean General Social Survey, KGSS)의 조사결과를 사용하였다. 「한국종합사회조사」 2012는 성균관대학교 서베이리서치센터(SRC)에서 실시한 공익목적 조사사업의 결과물로서 표집과정 및 표본선정에 대한 자세한 내용은 사회과학자료원 홈페이지에 공개되어 있다. 따라서 이에 대한 자세한 기술은 생략하기로 한다.

KGSS 2012년 조사 자료에는 특별 주제 모듈로서 '한국인의 정신건강'이 포함되어 있다. 따라서 이 글의 연구주제에 적합한 질문문항들, 곧 18세 이전에 발생한 신체적 학대와 정서적인 학대, 우울증상, 자살관련 문항이 포함되어 있어 이를 사용하였다. 전국적으로 실시된 사회조사이기 때문에 제주도를 포함한 전국의 만 18세 이상의 성인남녀가 비교적 고르게 표집 되어 있다. 수집된 전체 표본 수는 2500명이었고 이 가운데 유효 표본의 수는 1396명이었다. 이 글의 관심이 아동기에 겪은 부모나 주양육자로부터의 학대 경험이기 때문에 학대의 가해자가 부모와 조부모인 사례들만을 선별하여 분석하였다. 여기에 해당하는 사례는 모두 408(남성 160명, 여성 248명)사례였다. 분석을 위해 SPSS 18.0을 사용해 기술통계, 신뢰도 분석, T-검정, χ^2검정, 상관분석, 다중회귀 분석을 통한 경로분석, 소벨 검정(sobel test)을 사용하였다.

2. 변수의 구성과 측정

이 글의 독립변수이자 외생변수는 신체적 학대와 정서적 학대이다. 이 변수들은 브렘너 외가[52] 개발한 18세 이전 아동청소년들의 신체적, 정서적 외상 경험 척도를 전홍진 외가[53] 수정한 것이다. 신체적 학대 척도의 경우 Straus(1980)의 '갈등해결척도'를 수정·보완하여 사용한 국내 연구들의[54] 아동학대 척도와도 상당한 유사성을 갖

---

52 Bremner, J. D., Vermettern, E. and C. M. Mazure. "Development and Preliminary Psychometric Properties of an Instrument for the Measurement of Childhood Trauma" *Depression and Anxiety* 12(1), 2000, pp.1-12.

53 Jeon, J. R., Lee, E. H., Lee, S. W., Jeong, E. G., Kim, J. H., Lee, D., and Jeon, H. J. "The early trauma inventory self report-short form." *Psychiatry investigation,* 9(3), 2012, pp.229-235.

54 한지숙. 「피학대아동의 가정복귀 후 심리행동적 적응에 영향을 미치는 요인」, 『아

고 있다. 이 척도는 다음과 같은 질문들, 즉 "손바닥으로 얼굴을 맞은 적이 있다", "징벌로써 뜨거운 물, 담배 또는 무언가에 화상을 입은 적이 있다", "주먹으로 맞거나 발에 차인 적이 있다", "징벌로써 누군가가 나에게 던진 물건에 맞은 적이 있다", "징벌로써 다른 사람에 의해 심하게 밀리거나 밀쳐진 적이 있다"의 5문항으로 구성되어 있다. 각 질문에 대해 경험이 없으면 0, 있으면 1점을 부여하였고 각 질문문항들을 합산한 후, 평균값을 사용하였다. 5문항들 간의 신뢰계수는 0.718이었다.

이 글의 정서적 학대 척도 역시 전홍진 외가[55] 구성한 것으로서 그동안 국내에서 사용되어 온 Bernstein과 Fink의[56] 아동기 외상 질문지(Childhood Trauma Questionnaire, CTQ)의 번안 척도와[57] 많은 유사성을 지닌다. 인정받지 못하고 무시 받으며 멸시와 무가치함을 느끼게 만드는 언어 및 태도에 의한 정서상 학대를 점검하는 3가지 질문들로 구성되었다. 구체적 질문내용은 "종종 멸시나 비웃음을 당한 적이 있다", "종종 무시를 당하거나 인정받지 못한다는 느낌을 받은 적이 있다", "종종 쓸모없다는 말을 들은 적이 있다" 는 것이다. 각 질문에 대해 경험이 없으면 0, 있으면 1점을 부여하였고 각 질문문항들

동학회지』 26(1), 2005, 123-135쪽; 주소영. 「아동학대와 탄력성의 관계에서 인지기능과 사회적 지지의 매개효과」, 성균관대학교 아동학과 석사학위논문, 2008.

55 Jeon et al, 2009; Jeon et al, 2012.

56 Bernstein, David P., and Laura Fink. Childhood trauma questionnaire: *A retrospective self-report: Manual.* Harcourt Brace and Company, 1998.

57 이유경. 「여대생의 아동기 외상경험이 심리적 증상과 대인관계문제에 미치는 영향」, 이화여자대학교 석사학위논문, 2006.

을 합산한 후 평균을 낸 값을 사용하였다. 각 문항들 간의 신뢰계수
는 0.673이었다.

1차 내생변수는 우울이다. 우울은 한국형 PHQ-9(the standardized
Korean version of the patient health questionnaire-9) 척도로 측정되었다. 이 척도
는 Kroenke 외에[58] 의해 정신질환의 인지와 진단을 촉진하기 위해
개발된 것을 수정한 것으로서, 모두 9문항으로 구성되었다.[59] 9개 항
목은 ① 잠들기 어렵고 자꾸 깨어남, ② 피곤감과 기력 저하, ③ 식욕
저하나 과식 ④ 일을 하는 것에 대한 흥미나 재미가 없음 ⑤ 가라앉
은 느낌, 우울감, 절망감 ⑥ 자신이 나쁜 사람이라는 느낌이나 실패
자라는 느낌 ⑦ 신문이나 TV볼 때 집중하기 어려움 ⑧ 거동이나 말
이 느려지거나 너무 초조하고 안절부절함 ⑨ 차라리 죽는 것이 낫겠
다는 생각과 스스로에게 상처 주는 생각들을 함 등의 9문항으로 구
성되었다. 각 질문에 대해 "1) 전혀 없었다"부터 "4) 거의 매일"이라
는 4범주가 제시되었고, 각 문항들을 합산한 후, 평균값을 사용하였
다. 문항들 간 신뢰계수는 0.818이었다.

2차 내생변수이자 최종변수는 자살생각이다. 자살생각은 자살에
대한 생각의 존재여부·자살에 대한 바람(소극적 자살욕구)·적극적인 자
살욕구를 통해 자살생각을 측정하였다. 구체적으로 지난 1개월간
"자살에 대해 생각한 적이 있었다."(자살생각 존재 여부) "죽는 것이 낫다

---

58 Kroenke, K., Robert L. Spitzer, and J. B. Williams. "The Phq 9." *Journal of
general internal medicine* 16(9), 2001, pp.606-613.

59 김욱. 「Patient Health Questionnaire-9 (PHQ-9)을 활용한 대학생의 우울감 및 영
향 요인 연구」, 『한국사회복지교육』 20, 2012, 203-229쪽.

고 생각하든지, 죽었으면 하고 바란 적이 있다."는 문항(자살에 대한 막연한 바람 혹은 소극적 자살 욕구)과 "자해하고 싶은 생각을 한 적이 있었다."(적극적 자살 욕구) 라는 3문항을 합하여 구성했다. 각 질문에 대해 경험이 없으면 0, 있으면 1점을 부여하였고 3문항들을 합산한 후 평균을 낸 값을 사용하였다. 각 문항들 간의 신뢰계수는 0.675이다.

이 글에서 사회인구학적 변수들은 우울 및 자살생각에 영향을 미치는 변수들로서 통제변수가 된다. 선행연구들에 따르면 나이나[60] 교육수준,[61] 소득수준과[62] 같은 사회인구학적 변수들이 우울이나 자살생각에 영향을 주는 것으로 나타나므로 본 연구 역시 이들을 통제변수로 사용하였다. 다만 교육은 나이 및 가구총소득과 준극단적 상관관계를 보이고 다중공선성을 야기하므로, 분석단계에서 제외하였다. 나이는 20대 이하부터 70대 이상까지의 7범주로 구분하였고 교육수준은 무학, 초등학교, 중학교, 고등학교, 전문대, 대학교, 대학원 이상의 7범주, 가구소득은 ① 50만원 미만 ② 50~99만원 ③ 100~199만원 ④ 200~299만원 ⑤ 300~399만원 ⑥ 400~499만원 ⑦ 500~599만원 ⑧ 600만원 이상의 8범주로 구성하였다.

---

60 김선영·정미영·김경나. 「한국성인의 연령계층별 자살생각 관련 요인」, 『보건교육건강증진학회지』 31(2), 2014, 1-14쪽; 강상경. 「우울이 자살을 예측하는가?」, 『사회복지연구』 41(2), 2010, 67-99쪽.

61 강상경, 2010; 박재규·이정림. 「한국 성인 남녀의 우울증 변화에 영향을 미치는 요인 분석」, 『보건과 사회과학』 29, 2011, 99-128쪽.

62 노용환. 「자살위험의 미시적 결정요인 분석」, 『보건경제와 정책연구』 13(1), 2007, 41-58쪽; 뉴스젤리 팀, 2016, http://contents.newsjel.ly/issue/tableau_suicide/(2016.1.12. 검색)

IV. 분석결과

1. 연구대상자의 일반적 특성과 T검정

<표 1>은 분석된 변수들에 대한 평균과 표준편차를 보여준다. 여기서는 자살생각 및 신체적 학대, 정서적 학대, 우울에서 성별 차이가 있는지를 알아보기 위해 T검정을 실시하여 평균과 표준편차를 살펴보았다.

〈표 1〉 응답자의 일반적 특성과 자살생각 관련 변수들의 성별 차이(T검정 결과)

변수	남성 집단			여성 집단			T검정 값
	사례 수	평균	표준편차	사례 수	평균	표준편차	
자살생각	160	.1313	.26723	248	.1062	.23792	.965
우울	160	1.5500	.53640	248	1.6053	.50327	-1.056
나이	160	4.3688	1.69951	248	4.5524	1.76024	-1.051
교육	160	4.2750	1.47495	248	3.6463	1.73820	3.908***
가구 총소득	160	4.4938	2.1834	248	4.2298	2.27101	1.173
신체적 학대	160	.3550	.30257	248	.1484	.21801	7.476***
정서적 학대	160	.1688	.29907	248	.1317	.25030	1.350

Note: $p<0.1$ *, $p<0.05$ **, $p<0.01$, *** $p<0.001$,

자료 분석 결과, 이 글의 독립변수이자 외생변수인 신체적 학대는 남성 집단 평균 0.3550, 여성 집단 평균 0.1484로 남성들의 경험이 많았고, 이는 통계적으로 유의했다. 또 다른 독립변수이자 외생변수인 정서적 학대는 남성 집단 평균 0.1688, 여성 집단 평균 0.1317로서 집단 간 차이가 통계적으로 유의하지 않았다. 본 연구의 T검정 결과는 성장기 동안 부모나 조부모에 의해 이루어지는 신체적 학대 경험은 남성들이 높지만 정서적 학대 경험은 남녀가 유사한 것으로 나타났다. 나이는 여성 집단이 평균 45.5세로서 남성 집단 43.7세보다 높지만 통계적으로 유의하지는 않았다. 가구총소득 역시 남성평균 4.4938, 여성평균 4.2298로서 역시 집단 간 차이가 유의하지 않았고, 교육수준은 남성평균 4.2750, 여성평균 3.6463으로 남성이 여성보다 유의미하게 높았다.

이 글의 제 1 내생변수이자 매개변수에 해당하는 우울에서 뚜렷한 성차이가 나타나지 않았다. 남성 집단의 우울값은 0.052, 여성 집단은 0.0917로서 여성들의 우울점수가 높게 나타났지만 집단 간 차이는 유의하지 않았다. 종속변수인 자살생각에 대해서 남성 집단 평균은 0.1313, 여성 집단 평균은 0.05으로 나타났고 집단 간 차이는 유의미하지 않았다. 자살생각에서 성별 차이가 나타나지 않은 점에 대해서는 논의 및 맺음말 부분에서 다시 검토하기로 한다.

2. 신체적 학대, 정서적 학대, 우울과 자살생각 간의 성별 경로 분석 결과

이 글은 일반성인들 가운데 아동학대를 경험한 사람들을 대상으로 아동기의 신체적 학대·정서적 학대, 우울, 자살생각 간에 직·간접적인 인과 경로를 설정하고, 신체적 학대와 정서적 학대의 효과를 비교하면서 인과연쇄에서 성별 차이가 존재하는지 검토한다. 이를 위해 다중회귀분석을 토대로 경로분석을 실시했다. 분석에 앞서 변수들 간의 기초관계를 탐색하고 다중공선성을 점검하기 위해 상관분석을 하였다. 여성 집단에서 사회인구학적 변수 가운데 교육변수의 상관관계가 나이와는 r=-.780, 수입과는 r=.642를 나타냈다. 다중공선성이 의심되어 중회귀분석에서 다중공선성을 점검한 결과 VIF(variance inflation factor; 분산팽창인자)가 교육 2.983, 나이 2.862로서 교육과 나이의 VIF계수가 2.5를 넘어 다중공선성이 발생하였다. 이에 교육변수를 제외하고 분석모형을 구성하였다. 이렇게 확정된 남성 집단의 변수들 간 상관계수는 -.175∼.484 사이였고 여성 집단은 -.128∼.463였으며 VIF계수는 각각 1.193∼1.330, 1.139∼1.673으로서 다중공선성 문제가 해소되었다. 회귀분석을 위한 기본가정이 충족되어 회귀분석을 하여 경로계수를 확인하면서 <그림 2>, <그림 3>과 같이 성별로 인과모형을 구성하였다. 이어서 자살생각에 영향을 미치는 변수들 간의 직·간접적 효과, 총효과를 산출하고 <표 2>에 제시하였다.

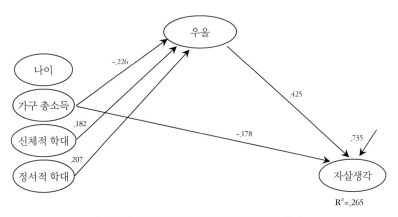

〈그림 2〉 자살생각에 대한 경로분석(남성 집단)

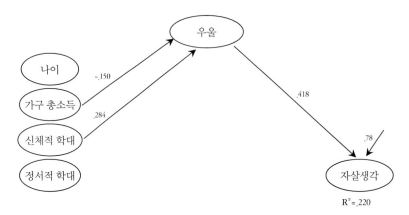

〈그림 3〉 자살생각에 대한 경로분석(여성 집단)

〈표 2〉 자살생각에 대한 직접·간접효과 및 총효과

종속변수	관련변수 (통제/외생/내생)		남성 집단			여성 집단		
			직접 효과	간접 효과	총 효과	직접 효과	간접 효과	총 효과
우울	통제	나이						
		가구 총소득	-.226**		-.226	-.150*		-.150
	외생	신체적 학대	.182*		.182	.284***		.284
		정신적 학대	.207*		.207			
자살생각	통제	나이						
		가구 총소득	-.178*	-.096	-.274		-.063*	-.063
	외생	신체적 학대		.077	.077		.119*	.119
		정신적 학대		.088	.088			
	내생	우울	.425***		.425	.418***		.418

Note: * p<.05, ** p<.01, *** p<.001

<표 2>를 바탕으로 먼저 남성 집단을 상대로 총효과의 측면에서 관련변수들이 자살생각에 미치는 상대적 영향력을 살펴보았다. 우

울이 가장 큰 영향을 미치는 것으로 나타났고 그 뒤를 이어 가구총소득, 정서적 학대, 신체적 학대의 순서로 영향을 미치는 것으로 나타났으며 이들이 자살생각의 26.5%를 설명했다. 종속변수에 대해 효과가 큰 변수부터 설명해보면 우울이 클수록, 가구총소득이 적을수록, 아동기에 정서적 학대와 신체 학대 경험이 많을수록 자살생각이 커졌다. 여성 집단은 자살생각에 대해 우울과 신체적 학대, 가구소득이 영향을 미치는 것으로 나타났고 이 변수들이 자살생각의 22%를 설명하고 있다. 우울이 클수록, 아동기에 신체적 학대를 경험했을수록, 가구소득이 적을수록 자살생각이 커졌다. 자살생각에 영향을 미치는 요인들(통제변수, 외생변수 및 내생변수)의 효과 및 상대적 영향력에서 성 차이가 드러난 것이다. 남녀 집단 모두에서 우울이 가장 큰 영향력이 있고, 남성 집단에서는 정서적 학대와 신체적 학대 모두 간접적인 영향을 미치는 것으로 나타났으며 가구총소득이 우울에 이어 두 번째로 큰 영향을 미치고 있다. 반면에 여성 집단에서는 외생변수 중 신체적 학대만이 간접적인 영향이 있었고, 가구총소득에 미치는 영향은 아주 약하게 나타났다.

다음으로, 내생변수인 우울과 최종 종속변수인 자살생각에 대한 관련 변수들의 직·간접적 영향을 검토하고 인과 경로를 살펴보기로 한다. 남성 집단의 경우, 내생변수인 우울에 대한 관련 변수들의 영향력은 가구총소득, 정서적 학대, 신체적 학대의 순서로 나타났다. 가구총소득이 적을수록, 아동기에 정서적 학대와 신체적 학대를 경험했을수록 우울이 커졌다. 최종 종속변수인 자살생각과 관련 변수들의 관계를 보면 우울이 직접적(β=.425)으로 가장 큰 영향을 미친다.

가구총소득(β=-.274)이 그 뒤를 이으며 직접적인 영향(β=-.178) 뿐만 아니라 우울을 매개로 간접적인 영향(-.096)을 미치고 있다. 가구총소득이 적을수록 우울이 커지고, 우울할수록 자살생각이 커질 뿐만 아니라 가구총소득의 감소가 직접적으로 자살생각을 증대시키는 효과를 내고 있다. 정서적 학대(β=.088)와 신체적 학대(β=.077)는 우울과 가구총소득의 뒤를 이어 간접적으로만 자살생각에 영향을 미치는 것으로 나타났다.

여성 집단의 경우, 내생변수인 우울에 대한 변수들의 효과는 남성 집단과 달리 신체적 학대, 가구총소득의 순서로 영향을 미치고 있다. 신체적 학대를 경험했을수록, 가구총소득이 적을수록 우울이 커졌다. 최종 종속변수인 자살생각에 대한 관련 변수들의 구체적 효과는 우울이 자살생각에 가장 큰 영향을 직접적으로 미치고 있고(β=.418), 이어서 신체적 학대가 영향(β=.119)을 보이고, 마지막으로 가구총소득이 아주 약한 영향(β=-.063)을 미치고 있다.

이 글의 연구결과와 관련해 한 가지 짚고 넘어 갈 점은 남녀집단 모두에서 연령이 영향을 미치지 않았다는 점이다. 이것은 이 글이 신체적 학대나 정서적 학대 경험이 있는 사람들만을 대상으로 하면서 그것의 장기적인 영향을 살펴보는 것과 관련 있어 보인다. 각 연령대에 따라 존재하는 상이한 영향력이[63] 집단 전체 차원에서는 그 효과가 상쇄되어 나타났을 가능성이 있다. 다음으로 성인기 우울 및

---

63 강상경, 2009; 김선영·정미영·김경나, 「한국성인의 연령계층별 자살생각 관련 요인」, 『보건교육건강증진학회지』 31(2), 2014, 1-14쪽; 이소영, 「성인의 성별에 따른 자살생각과 우울경험 관련요인」, 『한국보건간호학회지』 28(1), 2014, 71-86쪽.

자살에 대한 연구에서 연령 변수는 연구대상 집단에 따라, 그리고 각 연구모형에 투입된 중요한 변수들-성별, 수입, 부모의 이혼, 아동학대, 양육방식 등-과의 상호작용으로 인해 상이한 결과를 보일 수 있다는 점이 고려될 필요가 있겠다.

남녀 각 집단에서 우울의 매개효과를 검증하기 위해 소벨 검정(sobel test)을 실시하였다. 소벨 방정식은 z value=$a \times b / \sqrt{b^2 \times SEa^2 + SEb^2}$ 인데 여기서 a는 독립변수 → 매개변수의 비표준화계수, b는 매개변수 → 종속변수의 비표준화계수, SEa는 경로 a의 표준오차, SEb는 경로 b의 표준오차를 말한다. 이렇게 계산된 z value가 ±1.96보다 크면 매개효과가 유의하다.[64] 소벨 검정 결과 남성 집단의 경우 가구총소득, 정서적 학대, 신체적 학대의 Z값이 각각 -2.606(p=0.009), 2.317(p=0.0205), 2.0565(p=0.0397)로 매개효과가 유의하였다. 가구총소득은 자살생각에 대해 직접적 효과 또한 나타내므로 우울이 부분 매개 역할을 하고, 간접효과만 드러내는 정서적 학대와 신체적 학대에 대해서는 완전 매개 역할을 하고 있다. 여성 집단의 경우 신체적 학대만이 소벨값 3.675(P=0.00024)로서 매개효과가 유의하였다. 신체적 학대는 우울을 매개해서만 자살생각에 대해 효과를 보이므로 우울이 완전 매개 역할을 하고 있다. 가구총소득은 z값이 -1.867(p=0.062)로서 유의하지 않았다.

---

64 이유진·정은정. 「학령전기 아동의 의도적 통제의 매개효과」, 『한국심리학회지: 일반』 32(1), 2013, 231-249쪽.

V. 아동기 학대, 자살생각, 성별 차이

이 글은 일반성인들 가운데 18세 이전 아동학대 경험자를 대상으로 자살생각의 주요한 원인으로 알려진 아동기의 신체적 학대와 정서적 학대가 우울 및 우울을 매개로 하는 자살생각에 미치는 영향을 비교하고 이러한 인과연쇄에서 성별 차이가 발생하는지 알아보고자 경로분석을 실시하였다.

경로분석의 결과를 논의하기 전에 성별 T 검정에서 우울과 자살생각에서 성별 차이가 나타나지 않았던 점에 대해 언급할 필요가 있어 보인다. 아동기 학대 경험이 있는 본 연구대상자들의 경우, 남녀 모두 높은 우울 점수를 보여주었으나 성별 간에 유의한 차이는 나타나지 않았다. 조사 자료를 사용하는 선행 연구들은 대체로 여성들이 남성들보다 우울 점수가 높은 것으로 보고한다.[65] 그런데 이 연구 자료의 경우 남성들의 학대점수가 높다. 신체적 학대는 통계적으로 유의하게 높고 정서적 학대는 통계적으로 유의하지 않지만 이것 역시 남성들의 점수가 높다. 선행연구 검토에서 보았듯이 아동기 학대는 우울에 영향을 미친다. 즉, 본 연구의 경우 여성들보다 높은 남성들의 학대경험이 남성들의 우울을 그만큼 증가시켜 남녀집단 사이의 우울차이를 상쇄한 것으로 보인다.

다음으로 자살생각에서도 성별 차이가 나타나지 않았던 점에 대해 짚어보기로 한다. 자살생각에 큰 영향을 주는 우울값에서 성별

---

65 강상경, 「우울이 자살을 예측하는가?」, 『사회복지연구』 41(2), 2010, 68쪽.

차이가 나타나지 않았기 때문에 자살생각에서도 성별 차이가 나타
나지 않은 것으로 볼 수도 있겠지만 이 밖에 거론해야할 점들이 있
어 보인다. 자살에 대한 선행연구들 가운데 많은 연구들이[66] 여성들
의 자살생각이 높은 것으로 보고하지만, 일부 연구들은[67] 남성들의
자살생각이 더 높다고 보고하고 있다. 또 다른 일부에서는 성별차이
가 나타나지 않기도 한다.[68] 이러한 차이는 자료수집의 시기적 편차
나 구체적 연구대상의 차이와도 관련 있지만 측정도구의 차이가 중
요할 것으로 생각된다. 이수인에[69] 따르면, 단순히 자살생각의 여부,
빈도, 지속성과 같은 자살에 관한 생각들로만 자살생각을 측정할 경
우[70] 여성들의 점수가 높은 반면에 자살생각의 발설이나 구체적이
고 적극적인 자살욕구를 포함하는 문항이 포함될 경우[71] 성별차이가
없어지고, 구체적인 수단이나 실행방법에 대한 생각, 확고한 의지
등을 포함하는 경우에는[72] 남성들의 자살생각 점수가 더 높게 나타

66 김재엽 외, 2013; 송인한·김희진 2010; 이소영, 2014: 김선영 외, 2014; 전현규 외, 2015.

67 김수현·최연희. 「신체적 건강상태가 노인의 자살생각에 미치는 영향」, 『한국노년학』 27, 2007, 775-788쪽; 오진경·조영태·김창엽. 「2000년 우리나라 성인 자살자의 인구사회적 특성」, 『보건과 사회 과학』 18, 2005, 191-210쪽.

68 최인·김영숙·서경현. 「노인의 자살충동에 영향을 미치는 심리사회적 요인」, 『보건과 사회과학』 25, 2009, 33-56쪽; 김윤정·강현정. 「성인기 자살생각 관련 변인에 관한 연구」, 『한국가족관계학회지』 16(3), 2011, 45-61쪽.

69 이수인. 「자살생각에 영향을 미치는 심리적·사회적 요인의 성별 차이」, 『조사연구』 17(4), 2016, 67-103쪽.

70 송인한·김희진. 「기혼 직장인의 우울과 자살생각, 그리고 음주의 관계」, 『정신보건과 사회사업』 36, 2010, 5-34쪽.; 이소영, 「성인의 성별에 따른 자살생각과 우울경험 관련요인」, 『한국보건간호학회지』 28(1), 2014, 71-86쪽.

71 김수현·최연희. 「신체적 건강상태가 노인의 자살생각에 미치는 영향」, 『한국노년학』 27, 2007, 775-788쪽.

나는 경향이 있다.[73] 이 글은 단순한 자살생각을 넘어 자살생각에 대한 소극적 욕구와 적극적 욕구를 포함하는 경우에 해당되므로 자살생각에서 성별차이가 나타나지 않은 것으로 볼 수 있겠다.

이제 아동기 신체적 학대와 정서적 학대가 우울 및 우울에 매개된 자살생각에 미치는 영향을 비교하고, 인과 경로에서의 성별 차이에 초점을 두어 보기로 한다. 먼저 인과 경로 상에 나타난 성별 유사성을 짚어 본 후 차이점에 대해 토의해 보기로 한다. 남녀집단 모두에서 우울이 자살생각에 대해 가장 큰 효과를 나타냈으며, 신체적 학대와 정서적 학대 모두 자살생각에 대해 직접적 효과는 나타나지 않고 우울에 매개되어서만 효과를 드러내고 있다. 이것은 성인기에 이르러 아동기 학대가 그 자체로 자살생각에 직접적인 영향력을 발휘하기보다는 우울과 같은 부적응 양상을 통해 간접적으로 영향을 미친다는 것을 의미한다. 그런 만큼 외상 후 성장이나 심리적 치유, 성인기의 좋은 대인관계 등을 통해 아동기의 어려움이 극복된다면 아동기 학대의 자살생각에 대한 영향은 예방할 수 있음을 의미한다.

이 글의 연구주제와 관련해 주목할 점은 통제변수나 외생변수들이 우울이나 자살생각에 미치는 직접적·간접적 영향의 구체적 인과연쇄에서 성별 차이점이 나타났다는 것이다. 차이점들을 중심으로 논의사항들을 검토해 보기로 한다.

---

72 김윤정·강현정. 「성인기 자살생각 관련 변인에 관한 연구」, 『한국가족관계학회지』16(3), 2011, 45-61쪽; 최인·김영숙·서경현. 「노인의 자살충동에 영향을 미치는 심리사회적 요인」, 『보건과 사회과학』 25, 2009, 33-56쪽.

73 이수인. 「자살생각에 영향을 미치는 심리적·사회적 요인의 성별 차이」, 『조사연구』17(4), 2016, 67-103쪽.

첫째, 우울이나 자살생각에 대한 가구총소득의 효과가 여성 집단에 비해 남성 집단에서 크게 두드러졌다. 가구총소득은 남성 집단에서는 우울에 이어 두 번째로 큰 효과를 보이고 자살생각에 대해 직접적 효과는 물론 우울을 부분 매개하여 간접적으로도 영향을 미치고 있다. 여성 집단의 경우 가구총소득은 우울, 신체적 학대에 이어 세 번째 효과를 보이고 상대적 효과의 크기도 적다. 또 외견상으로는 우울을 매개하는 것으로 보이나 소벨 검정의 결과 매개효과가 유의하지 않았다. 이처럼 가구총소득의 효과가 여성 집단에 비해 남성 집단에서 두드러지는 것은 남성들이 가구의 일차적인 생계 부양자이자 경제활동의 주체로 간주되는 우리사회의 강한 가부장 문화가 남성들에게 더 많은 부담감을 주고 있기 때문인 것으로 볼 수 있다.[74] 1998년의 경우 남성 자살률은 여성 자살률의 2.6배로 역대 최고 기록을 세웠는데, 이는 전년 대비 47.2%의 매우 높은 증가율에 해당한다.[75] IMF 경제위기로 가족생계를 책임지던 남성들이 경제적 위기에 몰리며 자살률이 크게 증가했던 것이다. 같은 맥락에서 우리나라는 1997년 경제위기 이후 45~54세 사이의 장년층 자살률이 급격히 증가했으며, 대체로 중년 남성들의 자살률이 증가하고 있다.[76] 이러한 현상들은 모두 자살생각에 대한 가구총소득의 효과가 남성

74 이미숙. 「40대 남성 사망률: 사회적 관련 요인에 대한 탐색」, 『한국사회학』 35(4), 2001, 189-212쪽.

75 뉴스젤리, 「대한민국, 스스로 죽음을 선택하는 사람들 - 데이터로 보는 대한민국 자살」, 2016, http://contents.newsjel.ly/issue/tableau_suicide/(2017년 7월 14일 검색)'

76 Park. Cho, & Moon, 2010; 김선영·정미영·김경나, 2014, 2쪽.

집단에서 두드러지는 이유에 대한 필자의 해석을 간접적으로 뒷받침하는 것이다.

둘째, 남성 집단에서는 정서적 학대와 신체적 학대가 모두 영향을 미치고 정서적 학대가 신체적 학대보다 조금 더 큰 영향을 드러냈으나 여성 집단에서는 신체적 학대만이 영향을 미쳤다는 점이 시선을 끈다. 본 연구대상 집단의 경우 아동기 신체적 학대 경험 자체는 남성이 많았고 정서적 학대는 성별 간에 유의한 차이가 없었다. 그럼에도 불구하고 남성들의 경우 신체적 학대보다는 정서적 학대의 영향이 조금 더 높았고, 여성들의 경우 신체적 학대만이 영향을 미치고 정서적 학대의 영향은 나타나지 않았다. 왜 이런 현상이 나타난 것일까? 이것은 남성과 여성의 사회화 과정에 개입되는 부모의 상이한 양육태도와 그에 따른 남성적 특성과 여성적 특성의 차이와 관련된다고 볼 수 있다. 이 연구에서 남성들이 아동기에 여성들보다 신체적 학대 경험이 많았는데, 이는 남자 아동의 사회화와 관련된 선행연구들과[77] 일치하는 결과이다. 가부장적 문화가 발달한 사회에서 부모들은 남자아동을 가족부양자로서 양육한다. 여기에는 책임감, 결단력, 독립성, 지배성, 도전성, 성취, 힘 등이 요구되므로 남자아동은 감정을 억압하고 씩씩하고 힘을 갖도록 교육된다. 이러한 특성의 가치와 관련해 남자 아동에게는 더 엄격하고 비판적이며 명령적인 훈육이 이루어지고, 그에 따라 엄격한 꾸지람과 체벌이 주어

[77] Lytton, H. & Romney, D. "Parents' differential socialization of boys and girls" *Psychological Bulletin,* 109, 1991, pp.267-296; 윤혜미. 「성인의 체벌용인도와 아동의 체벌경험 및 폭력사용에 대한 태도」, 『한국아동복지학』10(단일호), 2000, 82-106쪽.

지는 경향이 있다. 반면에 여자아동에게는 남자아동에 비해 덜 엄격한 성고정관념 훈련이 이루어지고, 상대적으로 관용적이고 온정적인 훈육이 주어지며 다양한 정서를 표현하도록 격려 받는다.[78] 이러한 성별 사회화의 특성은 유치원이나 학교교육을 거치면서 더욱 뚜렷해지기 때문에 여자 아동에 비해 남자 아동들이 체벌이나 폭력, 힘의 사용에 더 익숙해지게 된다.[79] 반면에 여아들은 남아들보다 친사회적이고 적응적인 행동에 친화적이어서 사회적 유능성이 높아지게 된다.[80] 체벌이나 폭력, 힘의 사용에 덜 익숙한 여자 아동의 경우 신체적 학대의 충격은 남자 아동에 비해 더 크게 체험된다. 따라서 남성들에 비해 여성들은 신체적 학대에 덜 노출되지만 그것의 효과는 여성 집단에서 더 크게 나타난 것으로 볼 수 있다.

셋째, 정서적 학대의 경우, 그 경험 자체는 남성 집단의 평균이 약간 더 높기는 하지만 통계적으로 유의하지는 않았다. 그런데 여성 집단에서는 정서적 학대의 효과가 나타나지 않지만 남성 집단에서는 정서적 학대의 효과가 나타났을 뿐만 아니라 신체적 학대의 효과보다 더 컸다. 왜 이렇게 여성들은 정서적 유연성이 큰 반면에 남성들은 정서적 유연성이 떨어지는 것일까? 이 글의 연구모형 결과만으로 정확한 이유를 알 수는 없으나 분석 결과에 비추어 해석을 해보기로 한다. 우선, 남아들에 비해 덜 명령적이고 덜 권위적인 통제

78 Bukatko and Daehler, 2004; 정현희·최경순, 1997; 조명덕, 1997; 권연희, 2003.

79 조명덕. 「아들의 사회화」, 여성한국사회연구회 편 『남성과 한국사회』 사회문화연구소, 1997, 881-113쪽.

80 박수현. 「어머니의 양육행동 및 아동의 정서조절 능력과 사회적 유능성」, 연세대학교 교육대학원 석사학위논문, 2005.

를 받는 여아들은 남아들에 비해 더 다양한 정서를 표현하도록 훈련
받아 공감능력이 뛰어나고 대인관계 능력이 좋다. 그런 만큼 남아들
에 비해 또래관계에 집중하는 경향이 크다.[81] 이런 성장과정으로 인
해 여성들은 남성들에 비해 정서적 유연성이 클 수밖에 없다. 따라
서 부모와의 관계에서 정서적 문제가 있더라도 또래관계를 통해 정
서적 결핍을 벌충할 가능성이 크다고 볼 수 있다. 남아들이 여아들
에 비해 더 많은 명령과 권위적 통제를 받는 것은 남성성의 훈련과
관련이 있다. 앞에서 보았듯이 남성성의 특징은 권력과 지배, 공격
성, 독립성, 효율성, 통제, 설득당하지 않는 강인함 등이다. 이것은
남성들이 성장과정에서 정서적 독자성, 경쟁, 무표정 등을 훈련받으
며 슬픔이나 두려움, 우울 등과 같은 정서의 억압에 익숙해진다는
것을 의미한다. 이러한 남성적 특성은 남성들을 스포츠, 야외 활동,
경쟁 활동과 같은 외부 활동에 몰두하게 함으로써 정서를 억압하는
역할을 하지만 그러한 활동을 통한 정서억압에 실패할 경우, 파국적
인 결과로 이어질 가능성이 크다.[82] 결과적으로 정서적 교류와 상호
의존에 취약한 남성들이 정서적 억압에 실패했을 때, 즉 정서적 문
제가 발생할 때 그것을 해결하는 것이 여성보다 어려울 수밖에 없
다. 이런 이유로 정서적 학대의 우울 및 자살에 대한 영향이 남성에

---

81 송명자.『발달심리학』. 서울:학지사, 1995; 박수현. 「어머니의 양육행동 및 아동
   의 정서조절 능력과 사회적 유능성」, 연세대학교 교육대학원 석사학위논문,
   2005.

82 Möller-Leimkühler, A. M. "The gender gap in suicide and premature death or:
   why are men so vulnerable?", *European archives of psychiatry and clinical
   neuroscience,* 253(1), 2003, pp.1-8; Murphy. 1998.

게서만 나타난 것으로 보인다. 다음으로, 이 글에서 통계적으로 유의하지는 않지만 여성들의 정서적 학대 경험이 남성들에 비해 상대적으로 낮은 점도 여성 집단에서 정서적 학대의 영향이 나타나지 않은 것과 관련 있다고 볼 수 있겠다. 마지막으로 남아들의 사회화 과정에서 신체 체벌이나 힘의 사용이 빈번하듯이, 여아들의 사회화 과정에서 감정적인 처벌(여자애라고 평가절하 되거나 의견이 무시당하거나 처벌로써 애정을 철회하는 등)이 남아들에 비해 더 빈번히 사용될 수 있다는 점을 하나의 문제제기로 남기고자 한다. 이것이 사실이라면 남아들이 신체 학대를 간과하듯이 여아들의 경우 정서적 학대를 간과할 가능성이 있다. 이 부분은 차후의 연구에서 규명될 과제로 남긴다. 결과적으로 이러한 이유들이 더해져 부모에 의한 정서적 학대의 부정적 영향이 남성들에게서만 나타나고 여성들에게서는 나타나지 않은 것이다. 앞으로의 연구를 통해 보다 자세한 인과적 기제가 해명되기를 기대한다.

넷째, 우울의 매개효과를 검증하기 위한 소벨 테스트의 결과 남성 집단은 우울이 정서적 학대와 신체적 학대를 완전 매개하고 가구총소득은 부분 매개하였다. 이에 비해 여성 집단은 우울이 신체적 학대는 완전 매개했으나 가구총소득에서는 매개효과가 없었다. 따라서 아동기 부모의 신체적 학대와 정서적 학대는 우울을 매개하여 자살생각에 영향을 미치는데 그것의 상대적 효과와 구체적인 인과과정은 성별로 상이한 것이다. 남성들의 경우 신체적 학대보다는 정서적 학대의 효과가 조금 더 크고, 여성들의 경우 정서적 학대의 효과는 나타나지 않고 신체적 학대의 효과만 나타났다. 이와 같이 성별에 따라 신체적 학대와 정서적 학대의 효과가 상이하다는 것은 그에 대한 구체적 대처방식이 구별될 필요가 있음을 의미한다.

이 글의 의의로는 일반성인들 가운데 아동 학대를 경험한 사람들을 대상으로 아동기 신체적 학대와 정서적 학대가 성인기 우울 및 우울에 매개된 자살생각에 미치는 영향을 검토하면서 신체적 학대와 정서적 학대의 효과 차이를 검토했다는 점이다. 나아가 우울에 미치는 신체적 학대, 정서적 학대의 성별 차이뿐만 아니라 신체적 학대, 정서적 학대, 우울이 자살생각에 미치는 인과연쇄에서 성별 차이가 있음을 확인함으로써 이러한 연구에서 성인지적 관점이 도입될 필요가 있음을 보여주었다는 의의가 있다. 이 글의 가장 큰 한계점은 18세 이전의 아동기 학대 경험을 가족경험에만 국한하였다는 점이다. 학교에서 선생님이나 또래관계도 인간발달에 중요한 만큼 이들을 포함하는 연구가 진행될 필요가 있겠다. 이 점은 추후 연구에서 보완할 과제로 남긴다.

현재 우리나라에서 아동학대를 발견하고 구제하는 아동복지 시스템이 매우 미약한 상황이다. 아동학대 현황을 파악하고 이를 처리하며 사후 관리하는 아동보호전문기관이 전국적으로 61개에 불과하여[83] 실질적인 수요를 감당하기에 턱없이 부족하다. 따라서 정부 차원의 대책마련의 확장과 더불어 지방자치단체수준에서도 아동학대 예방 및 이를 위한 교육, 아동학대 발견 등을 전담하는 기관을 의무적으로 설치하는 제도개선 노력이 요청된다. 특히 현재는 아동학

---

83 '중앙아동보호 전문기관, 「전국아동보호전문기관 설치 현황」,
   http://www.korea1391.go.kr/new/ (2017.07.14. 검색)'

대 발견과 조치에 그 주요 업무가 치중되어 있는데 피해자 정신치유
와 함께 장기적으로 정신건강을 추적할 수 있는 시스템을 지역기반
에서 구축할 필요가 있어 보인다. 이와 함께 현장에서 더욱 효과적
인 개입이 가능하도록 아동학대를 다루는 관련 종사자들에게 성인
지적 관점을 훈련할 필요가 있음을 제안한다.

참고문헌

강란혜·공계순·도미향·박인전·박정윤·송순·이경희·이소희·조성연·최영희, 『아동
학대 전문상담』, 시그마프레스, 2004.
강상경, 「우울이 자살을 예측하는가?: 우울과 자살태도 관계의 성별·연령 차이」, 『사회
복지연구』 41(2), 2010, 67-99쪽.
경미하·민정아·채정호, 「우울 및 불안장애 환자에서 아동기 학대와 정서증상 및 리질
리언스와의 관계」, 『대한불안의학회지』 9(1), 2013, 68-73쪽.
권연희, 「아동의 정서성과 대인간 문제해결 전략 및 어머니 행동이 아동의 사회적 유능
성에 미치는 영향」, 연세대학교 대학원 박사학위논문, 2003.
김광일·고복자, 「아동구타의 발생률 조사」, 『정신건강연구』 6, 1987, 66-81쪽.
김광혁, 「아동학대 및 방임이 아동발달에 미치는 영향」, 『사회과학논총』 24(2), 2009,
27-46쪽.
김광혁, 「가족배경이 학령전 아동의 신체적 학대에 미치는 영향」, 『한국사회복지학회
학술발표 대회지』, 2005, 541-548쪽.
김락경, 「아동기 정서적 학대와 성인기 우울증상과의 관계: 인지적 취약성과 경험회피
의 연속 매개효과」, 아주대학교 심리학과 석사논문, 2017.
김미경·배화옥, 「정서학대와 청소년 자살생각의 시간적 변화추이에 대한 연구」, 『생
명 연구』 41, 2016, 1-28쪽.
김보미·유성은, 「대인관계 외상 경험자들의 사회적 유대감, 정서 조절과 자살 생각의
관계」, 『한국심리학회지』 임상 31(3), 2012, 731-748쪽.
김선영·정미영·김경나, 「한국성인의 연령계층별 자살생각 관련 요인: 국민건강영양
조사 제5기 3차(2012) 자료를 이용하여」, 『보건교육건강증진학회지』 31(2),
2014, 1-14쪽.
김수현·최연희, 「신체적 건강상태가 노인의 자살생각에 미치는 영향」, 『한국노년학』
27, 2007, 775-788쪽.

김아진, 「신체적 피학대 아동의 귀인양식과 우울」, 단국대학교 특수교육학과 석사논문, 2006.

김욱, 「Patient Health Questionnaire-9 (PHQ-9)을 활용한 대학생의 우울감 및 영향 요인연구」, 『한국사회복지교육』 20, 2012, 203-229쪽.

김윤정·강현정, 「성인기 자살생각 관련 변인에 관한 연구」, 『한국가족관계학회지』 16(3), 2011, 45-61쪽.

김재엽·남석인·최선아, 「기혼 직장여성의 스트레스 우울, 자살생각의 관계-TSL 대처 방식에 따른 다집단 분석-」, 『한국사회복지조사연구』 22, 2009, 275-308쪽.

김재엽·장용언·이승준, 「부모로부터의 방임·정서학대 및 신체학대 경험이 청소년의 자살행동에 미치는 영향: 학교폭력 가해경험의 매개효과」, 『학교사회복지』 25, 2013, 157-183쪽.

김재엽·정윤경·이진석, 「가정내 자녀학대경험이 청소년의 자살생각에 미치는 영향 및 사회적 지지관계의 조절효과」, 『한국사회복지조사연구』 21(단일호), 2009, 119-144쪽.

김춘경·조민규, 「학대경험 수준에 따른 아동의 정서문제가 학교적응에 미치는 영향」, 『정서·행동장애연구』 30(4), 2014, 267-290쪽.

김한나·김혜련·최윤신, 「부모로부터의 학대 경험과 부모의 알코올 중독이 대학생 자녀의 자살 생각에 미치는 영향」, 『보건교육·건강증진학회지』 28(5), 2011, 117-129쪽.

김현순·김병석, 「자살생각과 그 관련변인들 간의 구조적 관계 모형 검증」, 『한국심리학회지: 상담 및 심리치료』 20(2), 2008, 201-219쪽.

김형숙·전경자·김윤미, 「한국 노인의 자살생각에 영향을 미치는 요인」, 『한국노년학』 33, 2013, 349-363쪽.

김혜금, 「성별과 학년 시기별 아동이 지각한 부모의 방임/학대와 아동의 학교생활적응에 관한 단기종단연구」, 『한국보육지원학회지』 11(1), 2015, 355-371쪽.

김혜성, 「성별 차이에서 본 학대경험이 자살사고에 미치는 영향에 관한 연구」, 『한국사회복지학회 학술대회 자료집』, 2007, 333-337쪽.

김혜성, 「청소년의 학대경험과 자살성에 관한 연구」, 『사회과학연구』 25(1), 2009, 191-217쪽.

김혜인·김민섭·김민정, 「아동기 정서적 학대 경험과 성인기 심리적 부적응간의 관계: 정서 인식의 어려움과 정서 표현 억제의 매개 효과」, 『정서·행동장애연구』 28(4), 2012, 353-380쪽.

노용환, 「자살위험의 미시적 결정요인 분석」, 『보건경제와 정책연구』 13(1), 2007, 41-58 뉴스젤리 팀. 2016.
http://contents.newsjel.ly/issue/tableau_suicide/(2016.1.12)

문상희·서수균, 「부모의 정서적 학대와 공격성의 관계에서 자기개념 명확성의 매개효과와 사회적 지지의 조절효과」, 『상담학연구』 16(6), 2015, 485-504쪽.

박경, 「청소년의 아동기 학대경험과 자살사고간의 관계에서 문제해결과 사회적 지지의 중재효과」, 『한국심리학회지: 학교』 2(2), 2005, 131-147쪽.

박경, 「수용, 외상 후 성장, 우울과 자살사고의 관계」, 『스트레스연구』 19(4), 2011, 281-292쪽.

박기원, 「부모의 방임 및 학대가 청소년의 학교생활적응에 미치는 영향: 사회적 위축의 매개 효과」, 『아동학회지』 35(1), 2014, 1-15쪽.

박덕숙, 「부모의 학대 유형과 불안, 공격성 및 학교 적응의 관계」, 동덕여자 대학교 대학원, 석사학위 논문, 2002.

박병금, 「청소년의 자살생각 관련 요인: 자아존중감과 우울의 매개효과를 중심으로」, 『한국생활과학회지』 16(3), 2007, 505-522쪽.

박병선, 「자살성에 영향을 미치는 스트레스와 우울의 상호적 관계에 대한 경로분석: 성별 및 연령집단별 비교」, 『보건사회연구』 32(3), 2012, 485-521쪽.

박수현, 「어머니의 양육행동 및 아동의 정서조절 능력과 사회적 유능성」, 연세대학교 교육대학원 석사학위논문, 2005.

박재규·이정림, 「한국 성인 남녀의 우울증 변화에 영향을 미치는 요인 분석」, 『보건과 사회과학』 29, 2011, 99-128쪽.

보건복지부, 『2014년도 전국 아동학대 현황 보고서』 보건복지부, 중앙아동보호전문기관, 2014.

서정화, 「신체적 아동학대의 실태 및 대책에 관한 연구」, 선문대학교 사회복지대학원 석사학위논문, 2002.

송리라·이민아, 「아동기 트라우마 경험과 성인기 우울의 관계-사회적 관계의 조절효과」, 『한국인구학』 39(2), 2016, 1-24쪽.

송명자, 『발달심리학』. 서울:학지사, 1995.

송인한·김희진, 「기혼 직장인의 우울과 자살생각, 그리고 음주의 관계」, 『정신보건과 사회사업』 36, 2010, 5-34쪽.

신호균, 「우리나라 성인의 자살생각 관련 요인: 성별 분석」, 연세대학교 대학원 보건학과 석사학위 논문, 2011.

안귀여루·서경현, 「성장기 가정 내 폭력 경험이 성인 초기 적응에 미치는 영향 - 부모 간의 폭력 관찰 경험과 자신에 대한 폭력 행동 경험을 중심으로-」, 『한국심리학회지:문화 및 사회문제』 13(4), 2007, 83-100쪽.

안동현, 『신고 된 아동에서 학대 후유증 연구. 보건복지부 시행 정책과제 연구개발사업 최종 보고서』 (HMP-99-P-0011). 서울: 보건복지부, 2000.

안형숙, 「부모로부터의 학대 경험이 아동의 자아존중감에 미치는 영향」, 『미래유아교육지』 21(1), 2014, 185-203쪽.

안혜진, 「부모의 학대 및 방임이 청소년의 우울과 학교적응 간의 종단연구 분석」, 『학습자중심교과교육연구』 16, 2016, 475-493쪽.

여은경, 「청소년 자살에 관한 이론 및 연구 고찰」, 『아동가족치료연구』 11(0), 2013, 1-16쪽.

오진경·조영태·김창엽. 「2000년 우리나라 성인 자살자의 인구사회적 특성」, 『보건과 사회과학』18, 2005, 191-210쪽.

윤혜미, 「성인의 체벌용인도와 아동의 체벌경험 및 폭력사용에 대한 태도」, 『한국아동
　　복지학』10(단일호), 2000, 82-106쪽.

이명진·조주연·최문경, 「부모의 아동학대가 청소년 비행에 미치는 영향」, 『사회연구』
　　14(2), 2007, 9-42쪽.

이미숙, 「40대 남성 사망률: 사회적 관련 요인에 대한 탐색」, 『한국사회학』35(4), 2001,
　　189-212쪽.

이소영, 「성인의 성별에 따른 자살생각과 우울경험 관련요인」, 『한국보건간호학회지』
　　28(1), 2014, 71-86쪽.

이수인, 「자살생각에 영향을 미치는 심리적·사회적 요인의 성별 차이」, 『조사연구』
　　17(4), 2016, 67-103쪽.

이유경, 「여대생의 아동기 외상경험이 심리적 증상과 대인관계문제에 미치는 영향: 애
　　착의 매개효과를 중심으로」, 이화여자대학교 석사학위논문, 2006.

이유진·정은정, 「학령전기 아동의 의도적 통제의 매개효과: 모의 양육태도와 학령전
　　기 아동의 심리적 적응 간의 관계」, 『한국심리학회지:일반』32(1), 2013,
　　231-249쪽.

이주리, 「부모의 언어통제유형과 유아의 대인문제 해결사고와의 관계」, 중앙대학교
　　사회개발대학원 석사학위논문, 2011.

장정보, 「대학생들의 아동기 정서적 학대경험과 우울수준간의 관계에서 비판과 거부
　　에 대한 두려움의 매개효과」, 심리학과 석사학위논문, 2007.

전경숙·이효영, 「결혼상태가 우울 및 자살생각에 미치는 영향 : 연령별 성별 차이를 중
　　심으로」, 『보건의료산업학회지』5(3), 2011, 179-190쪽.

전현규·심재문·이건창, 「국내성인에 있어서 우울증이 자살생각에 미치는 영향에 관
　　한 실증연구: 국민건강영양조사 2008~2012 자료를 중심으로」, 『한국콘텐
　　츠학회논문지』15(7), 2015, 264-281쪽.

정현희·최경순, 「어머니의 언어통제유형과 아동의 내외통제성, 사회적 능력과의 관
　　계」, 『대한가정학회지』35(5), 1997, 163-175쪽.

조명덕, 「사회화」, 여성한국사회연구회 편 『남성과 한국사회』사회문화연구소, 1997,
　　881-113쪽.

조정아, 「선형모형을 적용한 청소년의 우울 변화에 관한 종단연구: 변화경향과 개인차
　　에 대한 성별·부모·또래·교사 요인 검증」, 『한국청소년연구』, 20(3), 2009,
　　167-192쪽.

주소영, 「아동학대와 탄력성의 관계에서 인지기능과 사회적 지지의 매개효과」, 성균
　　관대학교 아동학과 석사학위논문, 2008.

중앙아동보호 전문기관, 2017. http://www.korea1391.go.kr/new/(2017.07.14 검색)

최윤정, 「부모로부터의 학대경험이 대학생 자살생각에 미치는 과정분석: 스트레스
　　와 정신건강의 매개효과를 중심으로」, 『청소년복지연구』14(2), 2012,
　　307-333쪽.

최인·김영숙·서경현, 「노인의 자살충동에 영향을 미치는 심리사회적 요인」, 『보건과 사회과학』 25, 2009, 33-56쪽.

하수홍·장문선, 「정서적 학대 경험과 경계선 성격특성 간의 관련성에서 거절민감성, 사회적 지지의 매개효과」, 『한국심리학회지: 상담 및 심리치료』 25(4), 2013, 833-852쪽.

한국청소년상담원, 『청소년 자살관련 실태조사』, 2007.

한지숙, 「피학대아동의 가정복귀 후 심리행동적 적응에 영향을 미치는 요인」, 『아동학회지』 26(1), 2005, 123-135쪽.

홍나미·정영순, 「자살시도 청소년과 자살 비시도 청소년의 자살생각에 영향을 미치는 경로 비교 분석: 짐이 되는 느낌과 좌절된 소속감의 직접효과와 매개효과」, 『한국아동복지학』 40(0), 2012, 225-253쪽.

홍수경, 「아동학대가 아동의 정서적 부적응 행동에 미치는 영향」, 대구가톨릭대학교 사회복지대학원 석사학위 청구논문, 2003.

Alloy, L. B., Abramson, L. Y., Smith, J. M., Gibb, B. E., and Neeren, A. M. "Role of parenting and maltreatment histories in unipolar and bipolar mood disorders: Mediation by cognitive vulnerability to depression." *Clinical child and family psychology review,* 9(1), 2006, pp.23-64.

Afifi, T. O., Boman, J., Fleisher, W., and Sareen, J. "The relationship between child abuse, parental divorce, and lifetime mental disorders and suicidality in a ationally representative adult sample." Child Abuse and Neglect 33(3), 2009, pp.139-147.

Arata, C. M., Langhinrichsen-Rohling, J., Bowers, D., and O'Brien, N. "Differential correlates of multi-type maltreatment among urban youth." *Child abuse and neglect,* 31(4), 2007, pp.393-415.

Beck, A. T., Kovacs, M., and A. Weissman. "Assessment of suicidal intention: the Scale for Suicide Ideation", *Journal of consulting and clinical psychology,* 47(2), 1979, pp.343-352.

Bernstein, David P., and Laura Fink. *Childhood trauma questionnaire: A retrospective self-report: Manual.* Harcourt Brace and Company, 1998.

Bifulco, A., Moran, P. M., Baines, R., Bunn, A., and Stanford, K. "Exploring psychological abuse in childhood: II. Association with other abuse and adult clinical depression." *Bulletin of the Menninger Clinic,* 66(3), 2002, pp.241-258.

Blair-West, G. W., Cantor, C. H., Mellsop, G. W., and Eyeson-Annan, M. L. "Lifetime suicide risk in major depression: sex and age determinants." *Journal of affective disorders,* 55(2), 1999, pp.171-178.

Bowlby, J. "The role of attachment in personality development and psychopathology."

S. Greenspan and G. Pollock eds., *The course of life: 1. Infancy,* Madison CT: International Universities Press, 1989, pp. 229-270.

Brassard, M. R., Germain, R., and Hart, S. N. *Psychological maltreatment of children and youth.* New York: Pergamon Press, 1987.

Bremner, J. D., Vermettern, E. and C. M. Mazure. "Development and Preliminary Psychometric Properties of an Instrument for the Measurement of Childhood Trauma: The Early Trauma Inventory" *Depression and Anxiety* 12(1), 2000, pp.1-12.

Brodsky, B. S., Oquendo, M., Ellis, S. P., Haas, G. L., Malone, K. M., and Mann, J. J. The relationship of childhood abuse to impulsivity and suicidal behavior in adults with major depression. *American Journal of Psychiatry, 158*(11), 2001, pp.1871-1877.

Bukatko, D. and Daehler, M.W. *Child Development: A Thematic Approach.* Boston: Houghton Nifflin Company, 2004, pp.310-345.

Canetto, S. S., and I. Sakinofsky. "The gender paradox in suicide", *Suicide and Life-Threatening Behavior,* 28(1), 1998, pp.1-23.

Dubow, E. F., Kausch, D. F., Blum, M. C., Reed, J., and E. Bush. "Correlates of suicidal ideation and attempts in a community sample of junior high and high school students." *Journal of Clinical Child Psychology,* 18(2), 1989, pp.158-166.

Egeland, B. "Childhood emotional maltreatment and developmental psychopathology," *Child Abuse and Neglect,* 33(1), 2009, pp.22-26.

Ferguson, K. S., and Dacey, C. M. "Anxiety, depression, and dissociation in women health care providers reporting a history of childhood psychological abuse." *Child Abuse and Neglect,* 21(10), 1997, pp.941-952.

Ferraro, K. F., Shippee, T. P. and Schafer, M. H. "Cumulative Inequality Theory for Research on Aging and the Life Course." Bengtson, V. L., Gans, D., Putney, N. and Silverstein (eds.), *The Hand book of Theories of Aging,* M. New York: Springer. 2009, pp.413-433.

Forsell, Y., Jorm, A. F., and Winblad, B. "Suicidal thoughts and associated factors in an elderly population." *Acta Psychiatrica Scandinavica,* 95(2), 1997, pp.108-111.

Giant, C. L., and Vartanian, L. R. "Experiences with parental aggression during, childhood and self-concept in adulthood: The importance of subjective perceptions." *Journal of F amily Violence,* 18(6), 2003, pp.361-367.

Gibb, Brandon E., Iwona Chelminski, and Mark Zimmerman. "Childhood emotional, physical, and sexual abuse, and diagnoses of depressive and anxiety disorders in adult psychiatric outpatients." *Depression and anxiety* 24(4),

2007, pp.256-263.

Glaser, D. "Emotional abuse and neglect (psychological maltreatment): A conceptual framework." *Child Abuse and Neglect,* 26, 2002, pp.697-714.

Haatainen, K. M., Tanskanen, A., Kylmä, J., Honkalampi, K., Koivumaa-Honkanen, H., Hintikka, J. and Viinamäki, H. "Gender differences in the association of adult hopelessness with adverse childhood experiences." *Social psychiatry and psychiatric epidemiology,* 38(1), 2003, pp.12-17.

Hart, S. N., Brassard, M. R., Binggeli, N. J., and Davidson, H. A. "Psychological maltreatment." *The APSAC handbook on child maltreatment*(2nd ed.), 2002, pp.79-103.

Jeon, H. J., Roh, M. S., Kim, K. H., Lee, J. R., Lee, D., Yoon, S. C., and Hahm, B. J. "Early trauma and lifetime suicidal behavior in a nationwide sample of Korean medical students." *Journal of affective disorders,* 119(1), 2009, pp.210-214.

Jeon, J. R., Lee, E. H., Lee, S. W., Jeong, E. G., Kim, J. H., Lee, D., and Jeon, H. J. "The early trauma inventory self report-short form: psychometric properties of the Korean version." *Psychiatry investigation,* 9(3), 2012, pp.229-235.

Kandel, D. B., Raveis, V. H., and M. Davies, "Suicidal ideation in adolescence: Depression, substance use, and other risk factors." *Journal of Youth and Adolescence,* 20(2), 1991, pp.289-309.

Kempe, C. H., Silverman, F. N., Steele, B. F., Droegemueller, W., & Silver, H. K. *The battered-child syndrome.* NY: Springer Netherlands, 2013.

Kessler, R. C., Borges, G., and E. E. Walters. "Prevalence of and risk factors for lifetime suicide attempts in the National Comorbidity Survey". *Archives of general psychiatry,* 56(7), 1999, pp.617-626.

Kessler, Ronald C., and William J. Magee. "Childhood family violence and adult recurrent depression." *Journal of Health and Social Behavior* 35, 1994, pp.13-27.

Klerman, G. L. "Clinical epidemiology of suicide." *Journal of Clinical Psychiatry,* 1987.

Kroenke, K., Robert L. Spitzer, and J. B. Williams. "The Phq 9." *Journal of general internal medicine* 16(9), 2001, pp.606-613.

Langhinricbsen-Rohling, J., Monson, C. M., Meyer, K. A., Caster, J., & Sanders, A. "The associations among family-of-origin violence and young adults' current depressed, hopeless, suicidal, and life-threatening behavior." *Journal of Family Violence* 13(3), 1998, pp.243-261.

Lytton, H. & Romney, D. "Parents' differential socialization of boys and girls" *Psychological Bulletin,* 109, 1991, pp.267-296.

Marshall, B. D. L., Galea, S., Wood, E., & Kerr, T. "Longitudinal associations between types of childhood trauma and suicidal behavior among substance users: A cohort study." *American Journal of Public Health* 103, 2013.

Mina, Elaine E. Santa, and Ruth M. Gallop. "Childhood sexual and physical abuse and adult self-harm and suicidal behaviour: a literature review." *The Canadian Journal of Psychiatry* 43(8), 1998, pp.793-800.

Möller-Leimkühler, A. M. "The gender gap in suicide and premature death or: why are men so vulnerable?", *European archives of psychiatry and clinical neuroscience,* 253(1), 2003, pp.1-8.

Mullen, P. E., Martin, J. L., Anderson, J. C., Romans, S. E., and Herbison, G. P. 1996. "The long-term impact of the physical, emotional, and sexual abuse of children: A community study." *Child abuse and neglect,* 20(1), 2002, pp.7-21.

Nilsen, W. and Conner, K., "The association between suicidal ideation and child and adult victimization", *Journal of Child Sexual Abuse,* 11(3), 2002, pp.49-62.

Norman, R. E., Byambaa, M., De, R., Butchart, A., Scott, J., and Vos, T. "The and neglect: A systematic review and meta-analysis." *PLoS Medicine,* 9 (11), 2012, pp.1-31.

Park, S. M., Cho, S. I., and S. S. Moon. "Factors associated with suicidal ideation: role of emotional and instrumental support", *Journal of psychosomatic research,* 69(4), 2010, pp.389-397.

Perkins, D. F., & Jones, K. R. "Risk behaviors and resiliency within physically abused adolescents." *Child Abuse and Neglect,* 28, 2004, pp.547-563.

Qin, P., Mortensen, P. B., Agerbo, E., Westergard-Nielsen, N. I. E. L. S., and Eriksson, T. O. R. "Gender differences in risk factors for suicide in Denmark." *The British Journal of Psychiatry,* 177(6), 2000, pp.546-550.

S Martsolf, Donna. "Childhood maltreatment and mental and physical health in Haitian adults." *Journal of Nursing Scholarship* 36(4), 2004, pp.293-299.

Sandin, B., Chorot, P., Santed, M. A., Valiente, R. M., and Joiner, T. E. "Negative life events and adolescent suicidal behavior: a critical analysis from the stress process perspective." *Journal of Adolescence,* 21, 1998, pp.415-426.

Sarchiapone, M., Carli, V., Cuomo, C., and Roy, A. "Childhood trauma and suicide attempts in patients with unipolar depression." *Depression and anxiety,* 24(4), 2007, pp.268-272.

Schrijvers, D. L., Bollen, J., and B. G. Sabbe. "The gender paradox in suicidal behavior and its impact on the suicidal process", *Journal of affective disorders,* 138(1), 2012, pp.19-26.

Shaffer, A., Yates, T. M., and Egeland, B, R. "The relation of emotional maltreatment to early adolescent competence: Developmental processes in a prospective study." *Child Abuse and Neglect,* 33, 2009, pp.36-44.

Sherer, M. Depression and suicidal ideation in college students." *Psychological Report,* 57, 1985, pp.1061-1062.

Spertus, I. L., Yehuda, R., Wong, C. M., Halligan, S., and Seremetis, S. V. "Childhood emotional abuse and neglect as predictors of psychological and physical symptoms in women presenting to a primary care practice and physical symptoms in women presenting to a primary care practice." *Child Abuse and Neglect,* 27 (11), 2003. pp.1247-1258.

Suokas J, Suominen K, IsometsaÈ, E, et al. "Long-term risk factors for suicide mortality after attempted suicide: findings of a 14-year follow-up study", *Acta Psychiatrica Scandinavica.* 104(2), 2001, pp.117-121.

Wasserman, G. A., Green, A., and Allen, R. "Going beyond abuse: Maladaptive patterns of interaction in abusing mother-infant pairs." *Journal of the American Academy of Child Psychiatry,* 22(3), 1983, pp.245-252.

Wind, T. W. and Silvern, L. "Parenting and family stress as mediators of the long-term effects of child abuse." *Child Abuse and Neglect,* 18, 1994, pp.439-453.

Wolfner, G.D. and Gelles, R. J. "A profile of violence toward children." *Child Abuse and Neglect,* 17, 1993, pp.197-212.

Yang, B., and Clum, G. A. "Effects of early negative life experiences on cognitive functioning and risk for suicide: a review." *Clinical Psychology Review,* 16, 1996, pp.177-196.

제3장

자살위기개입의 철학적 상담과 치료[*]

왜 자살 환자 상담이 철학 실천의 과제인가?

김성진(한림대학교 철학과 명예교수)

○○○○

Ⅰ. '스스로 철학하기'를 돕는 것

오늘날 자살 문제는 심리학과 정신의학 외에 다른 여러 학문에서도 관심 주제다. 자살 연구의 경험 자료가 축적됨에 따라 자살 충동의 원인도 다양하고 복잡한 양상을 보인다. 정치적, 경제적, 사회적 변동 요인뿐만 아니라 개인의 가족관계와 생애사의 여러 가지 요인들이 자살 충동의 원인으로 확인되기도 한다.

그러나 이러한 과학적 접근 자체의 한계도 강조될 필요가 있다.

---

* 이 글은 『대동철학』 74권(2015)에 게재된 논문을 일부 수정 보완한 것입니다. 이 논문은 2012년 정부(교육과학기술부)의 재원으로 한국연구재단의 지원을 받아 수행된 연구임 (NRF-2012S1A6A3A01033504).

자살 행위의 주관적 측면 또한 결코 무시될 수 없기 때문이다. 심리학, 사회학, 사회복지학, 정신의학 등 자살에 대한 과학적 이해를 시도하는 접근법은 자살 행동을 일단 외부로부터 관찰하며 접근한다. 이것은 제3자의 관점에서 객관적 진단과 평가를 내리는 방법론이다. 반면에 자살 행위 자체는 당사자 개인의 복잡한 내면세계, 자기 자신과의 내밀한 주관적 관계 때문에 일어나며, 따라서 다른 사람과의 비교가 때로는 전혀 불가능한 특수 상황, 그리고 개인의 실존적 자기인식을 전제한다.

이것은 자살 예방에서도 마찬가지다. 여기에 필요한 것은 자신과의 솔직한 만남, 그리고 무엇보다도 먼저 자신의 상황에 대한 비판적 고찰과 함께 긍정적 대안을 찾아 나서는 노력이다. 결국 바람직한 자신과의 대화를 위해서도 철학적 대화가 도움을 준다. 고통받는 인간은 괴로운 상황에서 출구를 찾으려 애쓴다. 여기에서도 필요한 것은 자신과의 철학적 대화와 자기검증을 통한 대안 모색과 실존적 자기탐구다.

고통받는 인간과의 만남에서 철학적 상담사가 수행해야 할 첫째 과제는 내담자와 함께 신뢰 관계 만들어가기이며, 또 하나는 내담자가 자신에 대한 인간학적 이해와 자신이 처한 상황에 대한 해석학적 분석을 시도하는 것이다. 이러한 방법적 대화 역시 상담자 중심이 아니고 내담자 중심의 상담이 되어야 한다. 어떤 철학 사조나 이론을 밖으로부터 끌어들이기보다는 오히려 내담자 자신의 관점에서 철학적 대화를 열어가도록, 즉 '스스로 철학하기'를 돕는 것이 그 방법론적 원칙이다.

Ⅱ. 자살 연구의 다학문적 접근

1. 자살학의 등장

인류 역사에서 자살은 오래 동안 노골적인 혐오와 경멸 또는 금기의 대상이었으며, 심지어는 죄악으로 규정되었었다. 살인보다 오히려 자살을 더 죄악시하는 사례도 얼마든지 확인된다.[1] 오늘날 사정은 많이 달라졌다. 자살에 대한 이해는 많이 확산되었으며, 심리학과 정신의학은 자살 환자의 치료와 자살 예방을 위해 많은 연구와 관심을 기울인다. 자살 문제가 과학과 의학의 본격적인 탐구 주제가 되었으며 다양한 치료법의 개발도 활발하다. 뿐만 아니라 사회과학 영역에서도 자살 연구는 중요한 관심 대상으로 부각되었다.[2] 1900년대 말에 이르러 '자살학'(自殺學, suicidology)이라는 학문 명칭이 사용되기 시작했다. 이것은 "자살과 관련되거나 자살지향적인 일체의 생각과 행동"을 학술적으로 다루는 활동을 가리킨다.[3] 이 명칭과 관련되는 개념들은 다음과 같다.

suicidal: 자살의, 자살적인, 자살로 인도하는, 자멸적인

suicidality: 자살지향성, 자살과 관련되거나 자살지향적인 일체의

---

1 토머스 조이너, 지여울 옮김, 『자살에 대한 오해와 편견』, 베이직북스, 2011, 4-7쪽.

2 특히 에밀 뒤르껭의 자살 연구 참조; *Le suicide:* Etude de sociologie, Paris, F. Alcan, 1897.

3 Milton and Crompton. Recent research on suicide: Issues for British Counselling Psychologists. *Counselling Psychology Review,* 16(3), 2001, pp.28-33.

생각과 행동

suicidology: 자살학(自殺學), "자살 행동에 관한 폭넓은 연구"[4]

20세기 이후 세계 여러 나라들이 상당한 자살 증가를 경험하고 있지만, 우리나라의 경우 특히 1900년대 후반 경제위기 이후의 자살률 통계는 실로 경악을 금치 못할 정도다. 예를 들면 "경제적 빈곤"과 "생활고"가 자살의 원인으로서 큰 비중을 차지함을 확인해 주는 통계 자료가 있다.

- 통계청 자료에 의하면 "20년 전인 1992년은 (인구 10만 명당) 8.3명으로, 20년 후인 2012년에는 3배 넘는 28.1명(실제 자살자 수는 14,160명)이다. 1998년 IMF 외환위기가 발생한 다음 해부터 18.4명으로 치솟았고 이후 2002년 17.9명으로 줄어들었다가 2007년 24.8명에 이어 2011년 31.7명(15,906명)이나 스스로 죽음의 길에 들어섰다."
- "생활고를 비관하여 빈곤한 부모가 자녀를 살해한 후 자살한다. 언론에서는 동반자살이라고 보도된다.(2009. 3-2014. 3)"
- "생활고로 부모들이 자녀를 살해 : 2005-2013 까지 106명 살해됨"
- 빈곤 노인 및 노인자살, 고독사 실태 : 2014년 통계청 발표에 의하면 우리나라 빈곤율은 16.5%, 즉 100명 중 16명이 빈곤;

---

4 T. 엘리스·C. 뉴먼, 육성필·이혜선 옮김,『자살하고 싶을 때』, 학지사, 2005, 30-39쪽; Hendon, J., *Preventing Suicide*, Chichester: John Wiley & Sons, 2008, p. 24; 시사영어사/랜덤하우스 영한대사전 1991, 2305.

반면에 65세 이상 노인층 빈곤율은 48.4%, "즉 노인 인구의 절반이 빈곤상황에서 폐지를 수집하거나 월세부담과 질병으로 인한 약값을 지불하고 나면 생활비가 거의 없는 상황에 놓여있다."

– 2013년 2월 16일자 "뉴욕타임스(NYT)는 핵가족으로 급격히 가족구조가 변화됨에 따라 노인 빈곤층이 증가하면서 65세 이상 한국 노인의 자살 건수가 최근 10년 새 4배 가까이 늘었다고 보도하였다."

– "자살 충동을 느낀 응답자의 자살 충동 원인을 분석해보면 응답자의 39.5%가 경제적 어려움 때문에, 13.6%는 가정불화 때문에, 13.0%는 외로움 고독 때문에, 12.1%는 신체적 정신적 질환 때문에 라는 순위로 응답 하였다."[5]

자살 현상은 노년층에만 집중되지 않는다. 다른 연령대의 인구 층도 무직자나 실직자의 취업 문제뿐만 아니라 직장과 가정과 기타 사회적 관계에서 겪는 여러 가지 재정적 및 심리적 압박과 긴장 때문에 자살 충동을 겪는 것으로 조사되고 있다. 아동과 청소년 인구층에서도 높은 자살률과 자살충동 경향이 확인된다. 격심한 학업성취 압박, 상급학교 진학 문제, 진로 선택과 취업, 가정불화 등등 여러 가지 문제들은 심리적 불안, 정서적 방황, 가출, 폭력 및 범죄형 일탈 등 여러 가지 비극적 사태를 일으킨다.

---

5 강명순, 『생활고 비관 자살자 예방을 위한 생명사다리 빈곤퇴치 연구』, 사단법인 세계빈곤퇴치회, 2014, 4-60쪽.

- 청소년의 사망원인 1순위는 고의적 자해(자살)이다.
- 초·중·고등학생의 사교육 참여율은 71.1%이며, 방과 후 학교 참여율은 56.6%다.
- 청소년이 가장 고민하는 문제로서 공부문제가 38.6%이고 직업 관련 문제는 22.9%다.
- 청소년이 자살충동을 느낀 가장 큰 이유는 학업성적과 진학 문제로 2006년에는 56.1%였다.
- 14-20세 연령층이 경제적 어려움으로 자살충동을 가장 크게 느낀 해는 2010년 28.1%였다.[6]

오늘날 우리나라의 자살 실태는 세계적으로도 주목 받는 놀라운 현실이 되어버렸다.

2000-2010년 사이의 한국 자살 사망률은 101.8% 증가하여 OECD 국가 중 가장 빠르게 증가하였다. 한국은 칠레, 스페인, 포르투갈보다 더 심각한 "자살공화국"이다. 반면에 칠레, 포르투갈, 한국을 제외한 대부분의 OECD 국가의 자살사망률은 마이너스로, 즉 감소 추세로 나타났다.[7] 이런 상황임에도 불구하고 우리는 자랑스러운 대한민국의 국민이라고 자부할 수 있는가? 자살자들이야말로 일상적 삶 속에서 고통 받고 괴로워하다 지쳐서 더 이상 견뎌낼 힘을 잃고 스스로 목숨을 끊어 버린 사람들 아닌가? 그들도 모두 우리의 이웃이며, 그들을 위해 어떻게든 도움의 손길을 뻗어야 하는 것이 우리의 윤리

---

6 강명순, 『생활고 비관 자살자 예방을 위한 생명사다리 빈곤퇴치 연구』, 63-68쪽.
7 강명순, 『생활고 비관 자살자 예방을 위한 생명사다리 빈곤퇴치 연구』, 5쪽.

적 과제 아닌가? 결국 우리가 피해갈 수 없는 전 국가적 과제는 자살
예방 대책을 강구하고 실천하는 것이다. 그리고 여기에는 우리 철학
도들도 함께 참여해야만 하는 '철학적 실천'의 과제가 있음을 기억
하자.

2. 자살 원인 확인의 현실

그런데 '자살학'(suicidology)이라는 명칭을 내 걸 만큼 자살 현상이
하나의 독립된 영역으로서 과학적 탐구 대상이 될 수 있을까? 과학
적 탐구란 그 대상을 이해하고 설명함에 있어 인과율을 적용할 수
있을 만큼 그 세부적 관련 사항들에서 확인되는 원인과 결과 사이의
일관성이 확보되어야 할 것이다. 그러나 과연 어떤 고통스러운 상황
과 그 때문에 일어난 자살 사이에 일관된 인과성이 있다고 주장할
수 있을까?

이 물음에 대해서는 아마도 먼저 심리학이나 정신의학의 방법론
을 과학으로서 인정한다는 전제 하에, 그리고 이들로부터 파생적으
로 발전시켜진 탐구 영역으로서 자살학을 받아들인다면, 자살학 또
한 하나의 과학으로서 인정될 수 있을 것이다. 그러나 이와는 별도
로, 자살학은 불가피하게 여러 학문 영역들이 연계되는 복합 또는
융합 학문적 작업을 요구한다. 대개의 경우 한 자살자의 자살 원인
을 캐 들어가기 시작하면 여러 원인들이 또는 원인의 여러 단계와
층위들이 연결되어 나타나게 마련이며, 더 나아가서 한 인간의 생활
체험과 그의 내면세계에 대한 이해는 자연과학, 사회과학, 인문과학

등 거의 모든 학문 영역의 관심사들이 불가피하게 서로 연결될 수밖에 없기 때문이다. 각 학문 분야들이 자살 원인에 대해서 주로 어떤 관점과 접근방식을 적용하는지를 먼저 비교해 보자. 그리고 나서 우리는 자살학이 철학적 방법론을 적극 활용할 때 비로소 그 소기의 목적을 효과적으로 달성할 수 있을 것임도 입증해 보자. 왜냐하면 인간의 자기이해 방식, 또는 한 개인이 자기의 내면세계를 어떻게 이해하며 자신과의 관계를 어떻게 구성하고 유지하는가를 확인하는 것이 자살의 원인 탐구에도 결정적 요인이기 때문이다.

3. 사회·통계학적 접근

일반적으로 사회과학자들은 자살의 원인에 대해서도 자살자가 처해 있는 사회적 상황 또는 자살자가 겪어야만 했던 사회적 변동 사태에서 자살의 원인을 찾아 실명함에 관심을 기울인다. 에밀 뒤르껭이 바로 이러한 관점에서 탁월한 연구를 제시해 보였으며, 앞에 언급한 강명순도 사회복지학의 관점에서 경제적 빈곤과 그로 인한 생활고 문제를, 그리고 우리나라 청소년이 겪어야만 하는 학업 부담과 입시 경쟁의 심리적 압박 등을 대표적인 자살 원인으로서 지적해 보인다. 이것은 자살 현상과 관련해서 우선 통계학적 데이터를 찾아 확인한 후, 그 결과에 대해서 의미 있는 질문을 던지면서 다음 단계의 조사로 나아는 방식이다. 예를 들면 토머스 조이너도 이렇게 묻는다.

"백인 노년층 남성들이 미국에서 자살에 가장 취약한 인구집단인 요인은 무엇일까? 국가적 위기 동안 전국적으로 자살률이 저하되고,

특정 도시의 프로 스포츠 팀이 챔피언 결승전에 진출하면 그 도시의 자살률이 낮아지는 현상은 어떻게 설명될 수 있을까?"[8]

　신문, 방송 등 매스컴의 자살 사건 보도들이 실직, 사업실패, 불치병, 도박, 사기, 가정불화, 이혼 등 사람들이 겪는 생활 사건들을 자살의 원인으로서 우선적으로 언급하는 것도 대부분 사회·통계학적 조사 방법론에 의존하는 경향을 보여준다.

4. 심리학적 접근

　심리학자나 정신의학자들은 기본적으로 인간의 마음속에서 무슨 일이 일어나며 어떤 변화가 나타나는지에 대해서 관심을 집중한다. 물론 이들도 외부 사태의 중요성을 결코 무시하거나 도외시하지는 않는다. 그러나 이들은 동일한 외부 사태나 사건에 대해서도 각 사람의 심리적 반응과 변화가 어떻게 개인에 따라 다르게 나타나고 또 그 이유가 무엇인지에 대해서 사회학자들보다 훨씬 더 강하고 진지하게 관심을 기울인다. 더 나아가서, 사회학자들과는 달리 바로 이것이 심리학의 본질적인 과제이고 탐구 목적이라고 본다. 예를 들면, 자살환자에게 인지치료법을 적용함에 노력을 기울인 A. 벡과 동료들은 우울증(depression) 또는 절망감(hopelessness)을 자살의 핵심 원인으로 지적하며, 따라서 그의 치료 방법론도 환자의 마음속에 자리 잡고 있는 우울증과 절망감을 약화시키거나 환자로 하여금 자신의

8 토머스 조이너, 김재성 옮김,『왜 사람들은 자살하는가?』, 황소자리, 2012, 28쪽.

감정 상태를 극복하도록 도우고 정서적 문제를 해결하도록 인도함을 치료의 목표로 잡는다.[9]

여기서 말하는 '우울함'과 '절망감'은 사람들 각자가 자기 마음속에서 느끼는 감정이다. 그리고 이런 감정들이 그 사람의 행동에 결정적으로 영향력을 행사하면서 결국 자살 행동으로 나아가게 만든다는 것이다.[10] 따라서 구체적인 치료는 환자로 하여금 이 감정에 사로잡힌 상태로부터 벗어나도록 돕는 것을 목표를 삼으며, 이 목표 실현에 효과적인 방법이 바로 환자로 하여금 그 감정과 관련된 자신의 인지 상태를 스스로 점검하고 그 수정과 변화를 모색하도록 돕는 것이다. 이 치료법이 성공적으로 수행되는 경우, 자살 환자는 설사 자신을 우울과 절망에 빠트린 그 외부 사태나 사건을 변경시키거나 없던 일로 만들지 못하는 경우일지라도 이제는 더 이상 그런 감정에 빠져들지 않으면서 자살 위험에서 벗어날 수 있게 된다는 것이 인지 치료 방법론의 기본 논리다.

5. 신경생물학적 접근

우울증, 조울증, 불안, 공황장애 등을 치료함에 정신의학자들은 왕왕 뇌신경 활동에 영향을 끼칠 수 있는 생화학 약물을 투여함으로

---

9 Aaron T. Beck 외, 원호택 외 옮김,『우울증의 인지치료』, 학지사, 1997; A. Wenzel·G. K. Brown·A. T. Beck, 김학렬·김정호 옮김,『자살환자의 인지치료』, 학지사, 1012쪽.

10 김성진,「절망의 심리학과 철학, 그리고 자살 예방」,『죽음 그리고 자살』철학과 상담 2, 한국철학상담치료학회 엮음, 학이시습, 2015, 93-128쪽.

써 증상 완화 효과를 얻어낸다. 이것은 일단 환자가 외부 상황이나 자신의 마음 상태에 대해서 지나치게 예민함을 완화시켜준다. 위급한 자살 환자로 분명하게 판단되었을 경우, 이러한 약물 치료는 더욱 선호되는 방법이다. 그러나 왕왕 환자 자신은 도리어 자기가 약물에 의해 지나치게 둔감해지고 무기력해지거나, 아니면 멍한 상태에서 하루하루를 지내면서 바보가 되어 버린다는 생각에 빠지기도 한다. 많은 환자들이 약물복용 거부 또는 치료거부 방식으로 대응하는 것도 이 때문이다. "난 원래 미친 게 아닌데, 이러다가 정말 병신 되는 거 아냐?"라는 내담자의 경험담을 상담사들은 자주 듣는다. 그렇다면 환자가 보여주는 이러한 반응의 이면에는 어떤 욕구와 바람이 있는 것일까? 사실 그것은 우리 모두가 가지고 있는 희망이며, 가장 자연스럽고도 당연한 욕구다. 즉 자기 스스로의 힘으로 위기를 극복해 내고, 건강하고 정상적인 마음 상태로 돌아가고 싶다는 희망이 그것이다. 더 나아가서 이 욕구와 희망은 우리 모두가 어려서부터 마음속에 품고 있었던 희망이고 모든 젊은이가 이루고 싶은 욕구다. 이것을 우리는 흔히 정신적 '성장', 정서적 '성숙', 그리고 인격적 '자립' 등으로 표현한다. 사실 약물 치료는 위급한 증세를 우선 완화시키는 목적으로 시행되며,[11] 증세 완화에 뒤이어서 증세의 원인 치료 단계가 추가로 실시되어야 함은 당연하다. 실제로 정신의학

11 "약은 당신을 숨 쉴 수 있게 하거나 단기적으로 고통을 멈추게 할 수 있다. 그러나 장기적인 통찰을 주거나, 당신이 알아야 할 것을 알게 하거나, 배워야 할 것을 배우게 하거나, 성장을 위해 어떤 것을 직면하는데 필요한 정서적 지지를 제공해 줄 수는 없다." M. Sara Rosenthal, 이훈진·남기숙·황성훈·이경희·김환 옮김, 『약 없이 우울증과 싸우는 50가지 방법』, 학지사, 2007, 58쪽.

의 입장에서도 위급한 상황을 해결한 후에는 추가적인 상담 치료를
실시함을 정상적인 치료 과정이고 절차라고 본다. 왜냐하면 결국 치
료의 목표는 환자가 다시 정상적인 마음 상태를 회복하는 것이기 때
문이다.

6. 상담 치료적 접근

그러면 앞에서 언급된 정상인의 마음 상태 또는 건강한 마음 상태
란 무엇일까? 이와 관련하여 로젠탈의 말을 참조해 보자.

"정신건강 전문가들은 우울증이 생물학적 상태며, 우울한 사람은
뇌의 화학적 상태가 변한다는 데 동의한다. 그러나 이러한 일이 생활
사건이나 만성적 상황 같은 환경적 촉발인 없이 발생하는 일은 거의
없다. 이혼이나 사별, 묻혀있는 과거의 해결되지 않은 마음의 상처, 억
압된 분노(많은 여성에게서 우울증의 중요한 기여 요인이다), 직장에서의 스트
레스, 신체 질병, 그 외 수많은 일이 실질적인 정서적 상처가 될 수 있
다. 이렇게 생활사건이 우울증을 촉발하게 될 때 정신건강 전문가들은
그 상태를 '상황적 우울증'이라고 한다."[12]

로젠탈은 우울증 관련하여 두 가지를 강조한다.
첫째, 우울증 또는 우울한 감정은 그 자체가 원인이면서 동시에

---

12 M. Sara Rosenthal, 이훈진·남기숙·황성훈·이경희·김환 옮김, 『약 없이 우울증
과 싸우는 50가지 방법』, 45쪽.

결과가 아님을 지적한다.

둘째, 우울증의 원인은 이혼, 사별, 마음의 상처, 억압된 분노, 직장 스트레스, 자기연민, 자책감 등 구체적인 생활사건이나 실제로 체험한 마음의 고통이다.

이러한 구별 방식을 진지하게 받아들인다면, 우울증 치료 또한 두 단계로 나뉘게 된다. 하나는 우울하다는 감정적 증세의 치료이며, 여기에는 예를 들어 약물 치료가 효과를 보일 수 있다. 또 하나의 단계는 우울한 감정을 촉발시킨 원인에 대한 치료다. 이것은 환자로 하여금 자신이 겪은 '생활사건'이나 생활체험을 다른 방식으로 받아들이거나 그것을 좀 더 바람직한 방식으로 재해석함으로써 그 사건이 남겨 놓은 심리적 장애와 마음의 상처를 환자 스스로 치유하고 극복하도록 돕는 그런 치료가 되어야 할 것이다. 바로 이 치료를 제공하는 것이 우리가 알고 있는 상담치료이며, 이 치료가 가능하도록 환자를 도와주는 사람이 전문 상담사다. 상담사가 환자를 도와주는 작업은 (특히 환자가 성인일 경우) 기본적으로 대화 방식을 활용하며, 철저하게 방법적으로 진행된다. 여기서 추구되는 방법론적 목표는 기본적으로 두 가지이며, 이 목표들은 내담자와의 만남과 대화에서 때로는 동시에, 때로는 단계적으로 실현된다. 하나는 환자가 상담 대화에 효과적으로 적응하도록 돕는 것이며, 또 하나는 상담사와 함께 진행하는 대화를 통해서 환자가 자신의 상황과 자신이 안고 있는 문제를 더 잘 이해하도록 돕는 것이다. 말하자면 상담을 통해서 이러한 도움을 받는다는 사실 자체가 환자로 하여금 정상적이고 건강한 마음 상태로 회복되는 과정이며, 더 나아가서 정신적 또는 인격적으

115

로 성숙하는 계기도 만들어갈 수 있다. 왜냐하면 상담이 내담자에게 마음의 건강을 주입시켜 주는 것이 아니라 내담자가 스스로 마음의 건강을 회복하고 강화해 가기 때문이다.

7. 상담 치료의 철학적 접근: 그 당위적 필요성

이제 우리는 철학자들이야말로 자살 환자의 치료와 자살예방 활동에 적극 나서야 하는 이유를 확인해 보자. 다시 말해서, 자살 예방에 철학적 사고가 적극적으로 적용되어야 하는 이유를 찾아보자. 그 첫째 이유는 자살 자체가 철학적 문제이기 때문이며, 자살 하려는 사람은 '철학하는' 사람이기 때문이다.

가설 1: 자살자의 '철학하기'

자신의 죽음을 계획하는 사람, 죽음을 선택하고 죽는 방법을 찾는 사람은 가장 심각하게 자신과 대화하는 사람이고 가장 비극적 상황에서 철학하는 사람이다. 예를 들어 T. E. 엘리스와 C. F. 뉴먼 등은 이렇게 말한다.

> "살 것인지 죽을 것인지 보다 기본적으로 더 철학적인 것은 없다.…
> 그리고 만일 자살이 철학적 문제라면 자살에 내재한 태도와 신념도 철학적 문제다. 이유가 무엇이든, 당신이 살 만한 가치가 없다는 결정은 인간 자체에 대한 (몹시 가혹한) 철학에 기초한 것이다. 마찬가지로, 고통 때문에 자살을 한다는 것은 종종 인간조건의 어떤 현실을 받아들이는

것에 대한 철학적 거부에 기초한 것이다."[13]

자신에게 '살 것인지, 아니면 죽을 것인지'를 묻고 그 답을 찾는 사람이야말로 가장 중요하고 가장 심각한 물음에 대해서, 인생 최후의 문제에 대해서 '철학하기'를 수행하는 사람이다. '철학하기'가 어떻게 진행되고 어떤 결론을 내리는가에 따라 그 사람의 운명은 결정된다.

그런 사람이 당신을 찾아와 상담을 원한다면 당신은 어떻게 행동할 것인가? 이것은 까뮈의 말을 연상시킨다.

"진정 중대한 철학 상의 문제는 오직 하나 밖에 없다. 그것은 자살이라는 것이다. 이것이 바로 인생이란 살 만한 가치가 있느냐, 없느냐를 판단하는 철학의 근본문제에 대한 대답이 되는 것이다."[14]

가설 2: 자살은 살인인가?

살인자는 타살자다. 타인살해자다. 반면에 자살자는 살인자가 아니다. 이런 이유에서 독일인들은 Selbstmord(자기살인) 대신에 Selbsttötung(자기죽임) 또는 Freitod(자유죽음) 개념을 제안한다.[15] 자살자는 그러나 자신을 죽이는 사람이다. 여기서는 타동사 '죽이다'가 옳은 표현이다. 자살자에게 자동사 '죽다'는 적합하지 않다. 그러면 자살자는 자기살해자 아닌가? 그러면 그 역시 살인자인가? 아니면 자살자

---

13 T. E. Ellis·C. F. Newman, 『자살하고 싶을 때』, 275-276쪽.

14 A. 까뮈, 김욱 옮김, 『시지포스의 신화』, 풍림출판사, 1988, 10쪽.

15 장 아메리, 김희상 옮김, 『자유죽음』, 웅진씽크빅, 2010.

는 살인의 피해자인가?

가설 3: 자살자는 가해자인가?

자살은 자연사가 아니다. 가해자가 있어야 자살은 실현 가능하다. 자연사의 경우에는 악착같이 더 살려고 애를 써도 죽는다. 반면에 자살은 죽이는 행위를 의도적으로 실천해야만 실현된다. 가해자와 피해자가 동일인인 경우이고 그래서 자해행위라고 부르지만, 그러나 자살도 가해 행위임에는 변함이 없다.

가설4: 자살자의 자기존재론적 입장 분류

자살 행위에 있어서도 엄격히 말해서 가해자와 피해자가 구별된다. 자기 신체를 죽인다는 점에서 생물학적 자기를 죽인다. 자기를 죽이려고 결정하고 행동에 옮기는 사람은 누가 누구를 죽일 것임을 분명히 알고 행동하는 사람이라고 가정해 보자. 그럴 경우 가해자가 행동을 취하고 피해자가 피해를 입어야만 자살도 가능하며 자살 행위가 비로소 성공적으로 수행된다.

생물학적 본능은 생명본능이며, 끝까지 살고 싶어하는 욕구이며, 죽음을 두려워하면서 죽음을 거부하는 본능이다. 삶을 거부하고 죽음을 선택하고 행동에 옮기는 것은 엄청난 능동성을 전제한다. 자살자는 결코 피해자이기만 한 것이 아니다. 그렇다면 다음의 질문도 뒤따른다.

누군가가 자기 자신을 죽이는 경우에는 가해자와 피해자가 동일인인가? 가해자와 피해자의 분리는 불가능한가? - 외관상으로는, 그리고 법률적 판단에서는 그럴 것이다. 그러나 자살자 본인의 경우, 그리고 자살을 할 것인지 말 것인지 마음속으로 검토하는 단계에서는 가해자와 피해자가 한 개인의 마음속에 공존하는 상황이다. 말하자면 누가 누구를 죽이는지가 분명한 상황이며, 그래야만 자살은 가능하다.

자살자는 자신의 신체를 죽인다. 신체의 생명유지 기능을 고의로 정지시킨다. 그러면 그는 자기 신체만을 죽일 뿐, 영혼은 죽이지 않는 것일까?

혹자는 그렇게 믿거나 그것을 바랄 수도 있다. 그러기 위해서는 그는 '육체-영혼-이원론자'가 되어야 한다.

또는 자기의 신체를 죽임으로써 자기의 신체와 영혼을 동시에 죽인다고 믿을 수도 있다. 이것은 '심신일원론자'의 자기해석일 것이다.

또는 2원론도 1원론도 아니고 3원론의 경우도 가능할까? 즉 '나의 신체'와 '나의 영혼'을 구별할 뿐만 아니라, 이 둘에 대해서 '나 자신'을 따로 설정함으로써 '삼위일체'적 '나'를 진정한 제3의 '나'로 설정할 수 있을까?

가설 5: 자살을 통해 어떤 목적이 달성되는가?

자살자는 자신을 죽임으로써 얻는 것이 있다거나 어떤 목적이 달성된다고 생각하는 것일까? 그럴 경우 그의 행동은 엄밀히 말해서 도구적 자살이다. 즉 자살을 일종의 수단으로 생각하는 것이다. 자살에 대한 전문 심리치료사의 말을 들어보자.

"많은 사람들이 고통과 절망으로부터의 도피, 죄의식에서 비롯된 자신에 대한 처벌이나 주위 사람들에 대한 응징 수단으로 자살을 시도하는데, 우울을 극복하기 위해 자살한다는 것은 정말 어리석은 짓이다."[16]

자살을 통해서 도피, 자책, 응징, 우울 극복 등과 같은 목표를 정말 실현시킬 수 있을까? 그와 같은 문제들이 죽음을 통해서 해결될 수 있을까?

그러나 이것은 어리석은 생각이다. 왜 이와 같은 '도구적 자살'이 "어리석은 짓"일까? - 도피, 자책, 응징, 우울극복 등 삶 속에서 겪는 여러 가지 문제들의 해결은 내가 아직 살아 있어야 의미가 있다. 내가 죽은 이후의 문제 해결, 또는 죽음을 통해 얻어지기를 바라는 해결 방식은 실은 아무 의미가 없으며, 나와는 더 이상 아무 관계도 가지지 못한다. '도구적 자살'과 '의미 있는 자기희생'은 전혀 다른 사안이다.

가설 6: 자살은 허무주의를 실천하는가?

삶에서 얻을 것, 기대할 것, 바라는 것이 아무 것도 없어서 자살하는 경우라면, 이런 자살은 허무주의 때문이라고 볼 수 있을까? 그러나 허무주의적 자살 또는 아무 이유도 명분도 없는 자살을 생각하기에는 자살은 너무나 강한 능동성을, 너무나도 큰 자기극복을 요구한다. 진정한 허무주의자라면 자살을 통해서도 얻을 것이 없다고 생각해야 할 것이다. 그만큼 자살은 허무주의의 치료제가 되지 못한다.

---

16 폴 호크, 박경애·김희수 옮김, 『우울증 스스로 극복하기』, 사람과 사람, 2005, 202쪽.

가설 7: 인간 존재의 이중성

이렇듯 자신을 향해서 결정적이고 절대적이며 최후적인 자기 파괴적 충동성과 능동성을 발휘하고 실천하기 위해서는 자기 행위를 어떻게든 정당화 할 수 있어야 한다. 그리고 누구보다도 먼저 자기 자신에게 정당화해야 한다. 자살자의 이러한 자기정당화는 당연히 철학적 작업이다. 그런데 이와 같은 정당화 작업이 모든 자살자에게서 충분히 이루어지고 있을까? 그 누가 충분한 정당화 과정을 거친 후에 자살을 감행할까?

여하튼 철학적 과제가 자살자에게 부과된다는 사실은 부정 못한다. 그래서 철학자의 도움은 불가피하다. 자살을 염두에 두었을 때야말로 그 어느 때보다도 더 치밀하고 진지하게 철학적 자기 검증과 자기정당화 과정을 거쳐야 하지 않는가? 이러한 철학적 자기 검증과 자기정당화가 필요한 이유는 인간의 본질적 존재 방식의 이중성에 기인한다.

인간은 분명히 생물학적 존재다. 신체적 욕구를 충족시켜야 생존이 가능하며, 신체적 건강과 평안함과 쾌락을 누리기 원하며, 가능한 한 오래 살고 싶어 한다. 생존 본능은 인간의 가장 강력한 본능이며, 생존권은 인간의 가장 신성한 기본권으로 인정받는다. 그런 인간이 스스로 자신의 목숨을 끊는 것은 그러면 어떻게 가능할까? 실로 자살은 생명체 고유의 본능적 욕구를 거역하는 행위다. 이 본능적 욕구는 사실은 자살 의도와 자살행위에 가장 강하게 반발하는 힘이다.

인간에게 자살이 가능하다는 것은 인간 존재의 이중성을 보여준다. 자신의 생명 본능을 거역하는 또 다른 욕구가 있을 수 있다는 점에서, 인간은 단지 생물학적 존재만이 아니라 동시에 문화적 존재임을 내비친다. 실존주의 철학이 현대 심리학에 끼친 영향, 그리고 인간 존재의 "이중성"에 대한 진단과 평가의 사례로서 예를 들면 A. 매슬로는 이렇게 말한다.

> "… 실존주의자들은 인간 본성의 이러한 이중적 특성, 즉 저속한 본성과 고상한 본성, 노예적 특성과 신성한 특성을 통합하는 문제를 제기하면서 그러한 통합을 실현할 수 있는 방안을 제시하고 있다. 대체로 동서양을 막론하고 대부분의 철학과 종교는 인간의 본성을 이분화해서, 고상해질 수 있는 방법이 저속한 것들을 거부하고 그 위에 오르는 것이라고 가르치고 있다. 그러나 실존주의자들은 이 둘 모두가 인간의 본성이 지니고 있는 특성이라고 가르친다. 어느 한쪽도 버릴 수 없다. 이 둘을 통합할 수 있을 뿐이다."[17]

그렇다면, 자살 현장에서는 누가 누구를 죽이는가? 문화적 존재인 '나'가 생물학적 존재인 '나'를 죽이는 것일까? 자신의 문화적 욕구가 좌절되면서 더 이상 견뎌내기 힘든 상황에 빠져든 결과로 자신의 실존적 상황을 아예 끝내버리기 위한 수단으로서 자신의 '생물학적 존재'를 끝내버리는 것이 자살이라고 해석해야 할까?

여하튼 자살은 인간의 본성, 또는 인간 존재의 이중성이 조화롭게

---

17 아브라함 H. 매슬로, 정태현·노현정 옮김, 『존재의 심리학』, 문예출판사, 2005, 93-94쪽.

융합되지 못하고 한 개인의 내면에서 극단적인 갈등 상황으로 빠져든 결과라는 진단이 가능하다. 만약 자살을 선택하고 행동에 옮기는 주체는 생물학적 존재가 아니라 '문화적' 존재로서의 '나'임을 인정한다면, 그리고 문화적 존재로서의 '나'가 생물학적 존재로서의 '나'를 죽임이 자살이라는 해석이 가능하다면 그렇다. 이러한 내면적 갈등 상황이야말로 철학적 문제 상황이며, 따라서 철학적 진단과 분석과 검증과 조정이 필요하다. 어떤 경우에든 인간이라면 누구나 언제든지 빠져들 수 있는 이러한 실존의 내면적 갈등 상황을 극복하고 벗어나야 하지 않는가?

8. 심리치료의 철학적 방법론 적용

1) 실존주의 철학과 심리학의 '제3세력'

20세기 미국의 심리학계는 행동주의 심리학과 정신분석학의 영역을 넘어서서 실존주의, 현상학, 철학적 인간학 등이 제시하는 철학적 주제와 방법론을 적극 수용하였으며, 이것은 "프로이트적 관점과 실험적·실증주의적·행동주의적 관점"에만 의존하던 기존의 태도를 벗어나면서 "인간 본성"에 대한 이해 영역을 넓히고 심리학과 심리치료 자체의 방법론적 영역 확장도 가능하게 만들었다.

"인간 본성에 관한 포괄적 이론으로, 최근까지 심리학에서 가장 큰 영향력을 행사한 두 가지 이론은 프로이트적 관점과 실험적·실증주의적·행동주의적 관점이다. 이외의 이론들은 그에 비해 덜 포괄적이며,

지지하는 사람들도 소수 집단에 불과했다. 하지만 최근 몇 년, 이러한 소수 집단들이 인간 본성에 대해 한층 더 포괄적인 제3의 이론, 이른바 '제3세력(the Third Force)' 속으로 급속도로 스며들고 있다."

"현재 심리학이 결여하고 있는 철학적 근간을 실존주의자들이 제공해줄 수 있다는 것은 심리학자들에게는 매우 중요한 부분이다. 논리실증주의는 성공하지 못했으며, 특히 임상 및 성격심리학자들에게 그랬다."

"유럽 실존주의의 핵심을 다르게 표현하면, 그들은 인간의 포부와 한계 사이(인간은 어떤 존재이고, 어떤 존재가 되고자 하고, 어떤 존재가 될 것인가)의 불일치로 발생하는 문제들을 철저히 다루고 있다고 할 수 있다."

"유럽의 철학자들은 자신이 '철학적 인류학'(철학적 인간학)이라고 부르는 것, 즉 인간과 여타의 종, 인간과 사물, 인간과 로봇 사이의 차이를 밝히려고 많은 시도를 했는데, 우리는 이러한 차이점들을 받아들일 수 있고 또한 받아들여야 한다. 무엇이 인간의 독특하고 유일한 특성인가? 인간의 본질적인 것, 그래서 그것이 없으면 더는 인간으로 정의될 수 없는 그것은 무엇인가? 전반적으로 볼 때, 지금까지 미국 심리학이 포기한 것들이 이런 문제이다."

"실존주의는 심리학을 풍요롭게 하는 것 이상일 수 있다. 실존주의는 최대한의 발달, 참된 자아 및 이런 자아의 존재 방식에 관한 심리학을 구축하는데 부가적인 추진력을 제공해줄 수 있다. 슈티취는 이것을 상위심리학(ontopsychology)이라고 부를 것을 제안했다."[18]

---

18 아브라함 H. 매슬로, 『존재의 심리학』, 68-104쪽.

2) 인지치료 및 합리정서 행동치료

그런가 하면 특히 A. 벡을 통해서 우리에게도 많이 알려진 인지심리학과 인지치료 또는 인지행동치료(Cognitive Therapy, Cognitive-Behavioral Therapy, CBT), 그리고 A. 엘리스의 합리정서치료 또는 합리정서행동치료(Rational-Emotive-Behavioral Therapy, REBT) 등도 철학적 인식론을 적용함으로써 인간의 정서 문제에 대한 효과적인 치료 방법론을 개발함에 노력을 기울여 왔다.[19] 이 두 경향의 심리치료는 다음과 같은 공통점을 전제한다.

- 불안, 고독감, 죄책감, 우울함, 절망 등 여러 부정적 감정은 인간을 괴롭히며 행동 방식이나 대인관계에 있어서도 문제의 원인이 된다.
- 감정들은 대개의 경우 어떤 이유나 원인으로부터 야기되는 것이지, 원인 없이 자체적으로 생겨나는 것은 아니다.
- 많은 경우에 감정들은 외부 상황이나 사건에 대해서, 그리고 자신에 대해서 어떻게 생각하고 어떻게 판단하는가에 크게 좌우된다. 예를 들면, 사람이 초조해지는 것은 그 감정에 선행하는 어떤 인지적 판단이나 생각이 먼저 있었기 때문이며, 따라서 초조함의 치료는 그것을 일으킨 선행 조건을 치료함으로써

---

19 Beck, A. T, *Depression, Causes and treatment.* Philadelphia: Univ. of Pennsylvania Press, 1967; Aaron T. Beck 외, 『우울증의 인지치료』, 1997; Wenzel, A., Brown, G. K., & Beck, A. T., 『자살환자의 인지치료』; A. Ellis, 홍경자 옮김, 『理性을 통한 自己成長』, 탐구당, 1984; T. 엘리스·C. 뉴먼, 육성필·이혜선 옮김, 『자살하고 싶을 때』.

가능해 진다는 것이다. 어떤 감정이나 정서적 문제를 해결하기 위해서는 감정을 유발시킨 생각, 판단, 신념 등을 찾아 검증과 수정 또는 교정이나 폐기 또는 더 합리적인 생각이나 판단으로 대체함으로써 가능하다는 것이 인지치료나 합리정서치료의 방법론적 원칙이다. 많은 경우에 사람들은 감정에 휩쓸려 버리면서 성급히 행동에 나선다. 그럴 때 이 감정의 정당성이나 타당성 여부를 세밀히 성찰하기는 쉽지 않다. 상담사는 여기에 도움을 줄 수 있다.

그러면 철학은 어떤가? 특히 고대 아테네의 소크라테스 이래로 '철학하기'는 언어와 개념 검증이며, 나의 생각과 판단과 사고와 신념(belief, opinion, *doxa*)에 대한 검증이며 정당화 작업이다. 아직 검증되지 않은 생각이나 판단임에도 불구하고 그것을 참이라고 믿어버린다면 문제는 해결되기는커녕, 문제가 무엇인지도 또 문제가 있는지도 모르면서 진리로 단정지어버리게 될 것이다. 결국 정당화되지 않은 감정은 정당화되지 않은 행동으로 나아갈 것이며, 이것은 문제를 더 확대시켜서 돌이킬 수 없는 불행한 사태로 몰아갈지도 모를 일이다.

A. 벡의 치료 프로그램은 실제로 소크라테스식 대화법을 검증 절차로 활용하며,[20] 환자를 우울하게 만드는 인지 내용을 찾아내기 위한 방법적 검증 모델로서 예를 들면 "인지삼제(認知三題, Cognitive triad)를

---

20 Wenzel, A., Brown, G. K., & Beck, A. T., 『자살환자의 인지치료』, 141, 162, 191, 228, 244, 365쪽.

제시한다. 그 중 첫째 검증 요소는 환자가 자신에 대해 가진 부정적 견해들이며, 둘째는 자신의 경험을 부정적으로 해석하는 경향이며, 셋째는 미래에 대한 부정적 견해다.[21]

A. 엘리스의 합리정서행동치료에 동조하는 P. 호크도 우울증과 불안의 강력한 원인으로서 습관적인 자기비하 또는 불합리하고 근거 없는 자기비난이나 자책하는 습관을 지적한다. 그리고 이러한 습관의 배후에 자리 잡고 있는 (의식적이거나 무의식적으로 가지고 있는) 신념이나 믿음 또는 불합리한 판단 기준을 끄집어내서 심판대에 올려놓고 검증할 것을 권장한다. 따지고 보면 자신을 더 긍정적으로 평가하고 칭찬하고 용기를 북돋을 수 있는 판단 기준도 얼마든지 찾아질 수 있기 때문이다.

III. 자살의 윤리적 과제와 철학의 사명

1. 토마스 조이너의 자살 연구

2005년과 2010년에 출간된 T. 조이너의 두 자살 연구서는 자살에 대한 다양한 임상 자료를 소개하면서 동시에 수많은 자살 현장에서 일관되게 관찰되는 특성과 특징적인 징후들을 추출해 냄으로써 자살에 대한 종합적인 결론을 추론해 내는 노력을 기울인다. 그 중에

---

21 Aaron T. Beck 외, 『우울증의 인지치료』.

서 특히 우리의 관심을 끄는 내용을 간추려 보면 다음과 같다.[22]

1) 자살의 성립 조건

자살이 가능하기 위해서는 두 가지 조건이 요구된다. 하나는 자살하려는 욕망이며, 또 하나는 자살할 수 있는 능력이다. 자살을 하고 싶다는 분명한 욕구가 없이는 그 누구도 감히 자살을 시도하지 않는다. 그러나 원한다고 해서 누구나 자살을 할 수 있는 것도 아니다. 왜 그런가?

> "인간의 자기보호 본능은 아주 강력한 본능이다. 이 본능을 극복할 수 있는 사람은 극히 드물다. 자기보호 본능을 극복한 사람들은 '습관화'라는 과정을 통해 고통과 죽음에 대한 두려움을 떨쳐낸 사람들이다. 습관화라는 말은 전문적으로는 '반복되는 자극에 따른 반응의 감소'라 정의되며 일반적인 의미로는 단순히 '어떤 일에 익숙해지는 일'이다."

> "고통, 상처, 죽음에 익숙해지는 일, 즉 이에 대한 두려움을 떨쳐내는 일은 심각한 자살 행동이 나타나는 데 꼭 필요한 전제이다. 자해를 하는 등 고통스러운 일을 겪으면서 고통과 상처에 반복하여 노출된 이들은 고통과 상처에 익숙해지고 무감각해지기 마련이다."[23]

---

22 토머스 조이너, 『왜 사람들은 자살하는가?』; 토머스 조이너, 『자살에 대한 오해와 편견』.
23 토머스 조이너, 『자살에 대한 오해와 편견』, 10-11쪽.

죽음에 대한 두려움은 곧 자살에 대한 두려움이다. 이 두려움이 유지되는 것이 자살예방에 결정적인 도움이 된다.

"자살이 무서운 까닭은 자살이 자기를 보존하는 생명체로서 가장 기본적인 본성을 저버리는 일이기 때문이다."

자살은 분명히 패러독스다. 이해하면 할수록 패러독스다. 이 패러독스의 본질을 정확히 이해함으로써 우리는 자살 예방의 길을 찾아야 하겠다. 이 점에서 보아도 자살 예방은 분명히 철학적 과제이며, 자살위기개입 상담 역시 철학자가 감당해야 할 임무다.

2) 자살의 원인 탐구

자살 연구자들은 자살의 가장 강력하고 직접적인 원인으로서 다음의 네 가지를 꼽는다.

1. 우울증[24]
2. 절망감[25]
3. 남에게 짐이 된다는 생각
4. 좌절된 관계 또는 소속감 상실

이들은 모두 우리 마음속의 감정이나 정서 또는 생각과 의식을 가

---

24 Aaron T. Beck 외, 『우울증의 인지치료』, 40쪽.
25 Wenzel, A., Brown, G. K., & Beck, A. T., 『자살환자의 인지치료』, 12, 56쪽.; 김성진, 「절망의 심리학과 철학, 그리고 자살 예방」, 101-102쪽.

리킨다. 이런 감정이나 의식을 야기 시킨 외부 사건이나 상황 자체
가 아니라 그 사건의 결과로서, 또는 그 상황에 대한 나의 태도나 반
응으로서 생겨난 감정, 정서, 생각, 판단 등을 자살의 직접적인 원인
으로서 지적한다. 또한 '남에게 짐이 된다는 생각'이 나를 우울하게
만들 수 있으며, 소속감 상실이나 좌절된 인간관계가 나를 절망으로
몰아갈 수도 있음을 인정한다. 자살 원인에 대해서 예를 들어 조이
너는 이렇게 지적한다.

"두 가지 심리 상태가 동시에, 그리고 오랜 기간 지속될 때 죽음에
대한 욕망이 자라난다. 자신이 다른 사람에게 짐이 된다는 마음과
자신이 아무 데도 속하지 않는다는 마음이다."

"짐이 된다는 의식은 자신의 존재 자체가 가족과 친구, 크게는 사
회에 짐이 된다는 사고방식이다."

"가족이나 친구, 사회를 위해서 내가 살아 있는 것보다 죽는 편이
더 좋다." 라는 심리적 계산으로 이어진다.

"강조되어야 할 부분은 바로 '의식'이라는 말이다.… 자신이 짐이
된다고 '의식'하는 것이지 자살하는 사람이 실제로 짐이 된다는 뜻
은 아니기 때문이다. 그러나 남에게 짐이 된다고 '의식'하는 일은,
오해라 할지언정, 치명적인 결과를 초래할 수 있다."[26]

"자신이 아무데도 소속되지 않는다는 심리가 자살 행동에 중요한
역할을 한다." 예를 들면 "다른 사람들로부터 완전히 소외된 기분",

---

26 토머스 조이너, 『자살에 대한 오해와 편견』, 12-13쪽.

또는 "가족이나 친구 등 자신에게 중요한 집단에서 자신이 필요한 존재가 아니라고 느끼는 일" 등이 그렇다. 자녀가 없는 여성과 자녀가 있거나 많은 여성의 비교 결과도 이 점을 확인시켜준다.

"살아가려는 의지를 발휘하기 위해서는 무엇에든 이바지하고 있다는 감각, 무언가와 연결되어 있다는 감각이 꼭 필요하다."

따라서 자살예방 또는 자살위기개입을 위한 상담과 치료는 내담자의 내면세계에 대한 현실적 분석과 정확한 진단을 내담자 스스로 수행하도록 인도함으로써 내담자로 하여금 "살아가려는 의지"를 다시금 일깨우도록 도와야 할 것이다. 여기에는 내담자의 삶 전반에 대한 철학적 조망이 필요하며, 심리학 외에도 앞서 언급된 실존주의나 철학적 인간학, 그리고 현상학과 해석학 등 다양한 철학적 방법론을 적용하는 상담 대화가 효과적이다.

3) 삶과 죽음의 분기점

자살에 대해서 T. 조이너는 또 지적한다. "자살이 비극인 까닭은 자살의 원인을 밝혀내기 어렵지 않을뿐더러 그 원인을 밝혀내고 이해하는 일로 자살을 막을 수 있기 때문이다."[27] 그는 볼테르와 까뮈를 인용한다.

"카토가 나약했기 때문에 스스로 배를 갈라 죽었다고 말하는 일은

---

27 토머스 조이너, 『자살에 대한 오해와 편견』, 17쪽.

어리석기 짝이 없다. 오직 강한 사람만이 자연의 가장 강력한 본능을 극복할 수 있다."(Voltaire)

"육신에도 정신과 같은 분별력이 존재하며 육신은 그 소멸 앞에 움츠러든다."(A. Camus)

그리고 조이너는 자신의 진단을 이렇게 덧붙인다.

"육신이 '그 소멸 앞에 움츠러드는' 것은 사실이지만 또한 육신을 단련하여 그런 육신의 반응을 극복해 낼 수 있다는 것도 사실이다. 실제로 사람은 상상하기 힘든 육체적 시련을 스스로 짊어질 수 있는 능력을 키울 수 있다."

"자살하는 사람의 마음속에는 두 가지 정반대의 욕망이 존재한다. 살고 싶은 욕망과 죽고 싶은 욕망은 삶과 죽음의 양편에서 서로 경쟁하며 자살하려는 사람을 끌어당긴다. 굳게 결심한 사람도 예외가 될 수 없다. 여기에서 모든 핵심이 분명하게 밝혀진다."

"자살을 고심하는 사람의 마음속에 깊이 상반된 두 가지 마음이 존재하며, 그러므로 삶과 죽음을 동시에 계획할 수 있다는 설명이 충동적인 자살 이론보다 훨씬 더 설득력이 있다. 대부분의 경우 삶이 승리한다. … 하지만 몇몇 비극적인 경우, 자살 계획은 계속 살아가며 직장 면접을 보고 친구와 저녁을 먹는 등의 계획을 이기고 승리를 거둔다."

"필자는 자살하는 모든 사람의 마음속에 삶과 죽음이 어떤 식으로든 결합한다고 생각한다. 자살이라는 행위 자체에는 죽음에 대한 본능적이고 일반적인 생각을 깨뜨리는 일종의 분기점이 필요하기 때문이다. 이 분기점을 넘으면 사람들은 자연 속에서 진화를 거치는 과정에서 굳어진 죽음에 대한 두려움과 혐오를 뒤로 하고 죽음을 편안하고 다정한 종착역으로 인식한다. 우리는 자살하는 사람이 죽음을 편안한 곳으로 인식하는 마음을 이해하지 못한다고 해서 그 마음이 무조건 틀린다고 여겨서는 안 된다. 단지 분기점을 넘지 않은 이쪽에서는 분기점을 넘은 사람의 마음을 이해하기가 너무 어려울 뿐이다."

"하지만 그곳이 다시 돌아오지 못할 곳은 아니다. 사람들은 이 분기점을 넘고도 다시 돌아올 수 있다. 하지만 이 사람들을 다시 데려오기 위해서는 먼저 분기점을 넘은 사람들을 찾아내야 한다. 찾아내고 나면 그 사람들을 이해해야 한다. 그리고 그 사람들을 완전히 이해하려면 자살하는 사람들이 죽음을 바라보는 질적으로 독특한 관점을 이해해야 한다."[28]

결국 자살자를 이해하기 위해서는 죽음을 생각하는 그의 독특한 방식을 알아채고 이해할 수 있어야 한다는 지적이다. 그리고 상담사는 내담자 스스로 죽음을 그와는 다른 방식으로도 생각할 수 있도록 도와야 할 것이다. 여기에서 죽음에 대한 그의 태도는 삶에 대한 그의 태도와 불가분적으로 연계되어 있음도 함께 지적되어야 하겠다.

2. 고통 받는 인간과 자살예방 실천의 윤리

1) 고통 받는 인간을 위한 철학 실천의 윤리적 과제

자살 예방과 치료에 관심을 가져야 한다는 것은 철학자들의 과제이며 동시에 윤리적 과제다. 왜냐하면 자살의 비극성과 자살자가 겪

---

28 토머스 조이너, 『자살에 대한 오해와 편견』, 104-177쪽.

는 고통 때문이다. 자살자는 고통 받는 사람이며, 그의 고통은 인간이 내면적으로 겪는 고통들 중 가장 극심한 고통이다. 이런 고통에 빠져 있는 그에게 절대적으로 필요한 것이 바로 그에 대한 가족, 이웃, 친구, 기타 그 누군가의 관심이다. 우리는 인간 집단을 의도적으로 두 그룹으로 나눌 수 있다. 하나는 자살 문제로 고통 받지 않는 사람들이며, 또 하나는 자살 문제로 고통 받는 사람들이다. 여기에서 일차적으로 능동성을 발휘하여 도움의 손길을 뻗어야 하는 사람들은 전자 그룹의 사람들이다. 즉 후자 그룹에 대한 전자 그룹의 관심과 도움이다. 살인, 도적질, 간음 등을 금지하는 계명 외에도 우리가 실천해야 할 윤리적 계명은 '자살 충동에 빠진 이웃을 혼자 있도록 놔두지 말고, 관심과 소통과 이해로 그를 도우라'는 것이다.

2) 고통의 본질

고통이란 무엇인가? 여기에서 우선 고통에 대한 손봉호의 철학적 고찰을 다음과 같이 인용해 본다.

> "그것을 느끼게 하는 것, 느끼지 않을 수 없는 것, 부인하고 느끼지 않으려 해도 느껴야 하는 것은 바로 고통이다. 기쁨에 겨운 사람은 흥분으로 자신의 바깥에 나아가서 자신을 망각해 버릴 수 있다. 자신을 망각해도 기쁠 수 있을 뿐 아니라 기쁨은 자신을 잊게 만든다."
>
> "그러나 고통은 그렇게 하지 않는다."
>
> "모든 형태의 고통은 자기 자신에게로 파고들고, 고통과 직접·간접으로 관계되지 않은 모든 것으로부터 자신을 격리시킨다. 이렇게 시야

(視野)를 한정시키는 현상은 정서적인 면에서만 일어나는 것이 아니라 심지어 사고(思考)에 있어서도 일어난다."

"그것은 자랑스럽고 자신의 권리를 주장하는 '나'도 아니고, 다른 사람에게 사랑을 베풀 수 있는 고귀한 '나'도 아니다. 그것은 고통 받는 '나', 혼자서 고통 받도록 저주받은 '나', 다른 사람에게 호소하고 항의하고 원망하는 '나'인 것이다."

"따라서 '나'와 마주 선 '너'는 평화로운 시선으로 나를 바라보고 나를 도와주고 나의 삶을 값지게 만드는 '너'가 아니라 아무리 동정해도 나의 짐을 나누어 져 주지 못하는 다른 사람, 나 바깥에 있는 사람, 곧 원망스런 '너'인 것이다. '나'와 '너'의 경계는 고통을 느끼는 영역의 경계인 것이다."

"고통은 홀로 당하는 것이고, 고통은 항상 '나'만의 고통일 수밖에 없다."

"나는 아프다. 그러므로 나는 존재한다."[29]

3) 고통 받는 인간에 대한 윤리적 의무와 철학 실천

"인간에 대한 어느 정도의 관심과 애정을 가진 사람이라면 고통의 문제를 쉽게 외면해 버릴 수 없을 것이다." 인간에 대해서 아무리 모든 것을 탐구하고 관심을 가진다 해도 "인간이 당하는 고통을 간과하면 인간의 가장 중요하고 심각한 문제를 빼놓는 것이다."

---

29 F.J.J. Buytendijk, "Over de pijn," Utrecht, Spectrum, 1957, p.26; 손봉호, 『고통 받는 인간』, 서울대학교출판문화원, 1995, 70-72쪽.

"모든 사람은 그들이 가진 모든 능력을 총동원해서 고통당하는 다른 사람들의 고통을 줄이거나 제거해 주어야 하는 윤리적 의무가 있다. 그것은 고통당하는 사람들에 대한 동정에서뿐만 아니라 자신도 언젠가 그런 고통을 받을 수 있다는 점에서 자신을 위한 것이기도 하다."[30]

그래서 우리는 묻는다. 삶의 고통 때문에 찾아온 내담자와 마주앉은 상담사가 실천해야할 덕목은 무엇인가? 자살위기개입 상담에 임하는 철학자가 내담자와 함께 실천해야할 덕목은 무엇인가? 이 질문에 대한 답을 우리는 쇼펜하우어의 윤리학에서 찾아볼 수 있다. 그가 제시한 "도덕의 기초"에서 우리는 동정과 공감의 윤리적 의미를 발견하기 때문이다.[31]

3. 고통받는 인간을 위한 상담사의 윤리적 실천 덕목

삶의 문제로 고민에 빠져 찾아온 내담자와 대화 하는 과정에서 상담사가 가장 우선적으로 그리고 탁월하게 발휘해야 하는 능력은 두 가지다. 하나는 주의 깊게 경청하는 태도이며, 다른 하나는 공감 능력이다. 내담자에 대한 객관적 관찰과 판단이 가능하도록 적절한 정도의 '거리두기'도 물론 유지되어야 하지만, 그와 동시에 내담자에 대한 지적 이해와 함께 정서적 공감대가 형성되어야만 상담사는 내

---

30 손봉호, 『고통받는 인간』, 3쪽.
31 A. 쇼펜하우어, 김미영 옮김, 『도덕의 기초에 관하여』, 책세상, 2004.

담자와 신뢰 관계를 만들 수 있다. 이 점에서 볼 때, 쇼펜하우어의 공감의 윤리학은 상담사가 몸에 배도록 터득하고 훈련해야 할 소중한 실천 덕목을 정확히 지적해 보인다.

1) 이기적 인간

쇼펜하우어는 도덕철학의 토대를 세움에 있어 칸트와 반대의 길을 걷는다. '선험적' 또는 '선천적'이 아니라 '경험적' 현상에서 출발한다. 행위의 '형식'이 아니라 인간 행동의 구체적 '내용'에서 출발한다. 도덕 법칙의 실재성과 그 실천 가능성을 그는 "인간성의 특별한 자연 성향에서, 특정한 느낌과 성향에서, 심지어 어쩌면 인간 본성에 고유하고 모든 이성적 존재의 의지에 반드시 적용되지 않는 특수한 성향"에서 찾으려 한다. 우선 그가 인간 행동에서 발견하는 특징들은 인간의 부정적인 모습이다.

이기적 인간: 먼저 그는 인간 이기심의 적나라한 모습을 지적한다. 모든 동물에게 그렇듯이 인간에게 있는 주된 근본 동인은 이기주의다. 그것은 현존재와 행복에 대한 갈망이다. 이기주의는 본래 무한하다. 가능하면 모든 것을 즐기고, 모든 것을 소유하려고 한다. 그러나 이것이 불가능하므로, 적어도 모든 것을 지배하려 한다.

타인에 대한 질투와 악의, 그리고 인간 혐오: 이기주의는 질투와 악의로 발전할 수 있으며, 범죄와 모든 종류의 비행을 일으킬 수 있다. 질투와 남의 불행을 기뻐하는 마음은 실천의 영역에서는 악의와 잔인함이 된다.

2) 이타심과 동정심 그리고 공감

인간 행위의 세 가지 근본 동인: 인간의 다양한 행위들은 다음의 세 유형으로 압축 분류된다.

a) 자신의 쾌를 원하는 이기주의 (한계가 없다).

b) 타인의 고통을 원하는 악의(惡意) (극심한 잔인성에까지 이른다).

c) 타인의 쾌를 원하는 동정심 (고결함과 관용에까지 이른다).[32]

이기심과 악의에 대한 윤리적 해결책은 있는가?: 쇼펜하우어는 그 해법을 종교에서 찾음에는 반대한다. 해결책을 철학에서 찾아야 한다고 믿는다. 이 문제와 관련해서 그는 모든 신비적 설명과 종교적 교리와 초월적 의인화에서 벗어나 인간 본성에 근거하는 진정한 최종적 설명을 찾으려며, 그것이 인간의 외적 경험이나 내적 경험에서 증명될 것을 요구한다.

인간 행위의 도덕적 가치 기준: 어떤 경우에 인간의 행위가 도덕적 가치를 가질 수 있는가에 대해서 그는 다음의 세 가지 논지를 편다.

첫째, 행위의 최종 목적이 행위자 자신의 쾌와 고통인 모든 행위는 이기적 행위이며 도덕적 가치를 지니지 않는다.

---

32 A. 쇼펜하우어, 『도덕의 기초에 관하여』, 158쪽.

둘째, 이기주의와 행위의 도덕적 가치는 서로 완전히 배타적이다.

셋째, 행위가 도덕적 가치를 지니는 유일한 경우는 어떤 행위나 불이행의 마지막 행위 근거가 꾸밈없고 유일하게, 그리고 거기에서 수동적으로 관여되는 타인의 쾌와 고통에 놓여 있을 때다.[33]

도덕적 행위의 조건은 무엇인가?: "타인의 쾌와 고통이⋯ 직접적으로 나의 의지를 움직이고,⋯ 직접적으로 나의 동기가 되고,⋯ 심지어 내가 보통 나의 동기들의 유일한 원천인 나 자신의 쾌와 고통을 어느 정도 타인의 그것 뒤에 놓는 것이 어떻게 가능한가? 그것은 명백히 앞의 타인이 ⋯ 나의 의지의 궁극적 목적이 됨으로써만 가능하다. 따라서 그것은 내가, 보통 나의 경우만을 위해 그렇듯이, 그렇게 완전히 직접적으로 그의 쾌를 원하고 그의 고통을 원하지 않음으로써만 가능하다. 그러나 이것은 내가 그의 고통에서 바로 같이 고통을 받고, 그의 고통을 나의 것과 같이 느끼고, 그의 쾌를 나의 것과 같이 직접적으로 원한다는 것을 반드시 전제한다. 이것은 내가 어떤 방식으로든 그와 동일화될 것을 요구한다."[34]

동정심의 본질과 상담의 실천 조건: 쇼펜하우어가 말하는 동정심의 본질과 그 실천 조건을 다음의 세 가지로 요약해 보자. 그럴 경우, 이것이야말로 고통 받는 인간을 대하는 상담사가 발휘해야 하는 능력이자 동시에 실천 목표임도 서슴지 않고 인정하게 된다.

33 A. 쇼펜하우어, 『도덕의 기초에 관하여』, 139-151쪽.
34 A. 쇼펜하우어, 『도덕의 기초에 관하여』, 155-156쪽.

a) 타자와의 추체험적 동일화, 동일시가 필요하다.

b) 타인의 체험에 대한 정확한 인지와 해석이 전제된다.

c) 타인의 체험을 가능한 한 자기화 시켜야 한다.[35]

그러면 이것을 상담사의 실천 목표로서 강조하는 이유는 무엇일까? 왜냐하면 철학자가 수행하는 상담 치료 또한 궁극적으로 개인 대 개인의 만남과 대화하는 관계맺음 속에서 이루어져야하기 때문이며, 이 만남과 대화 속에서 지적 추론과 판단, 그리고 공감 체험이 실현되어야 하기 때문이다.

4. 자살예방 철학 실천과 상담의 기본 조건

우리가 추구하는 '철학 실천'이 효과적인 '상담 활동'이 되기 위해서는 다음의 몇 가지를 우선 염두에 두어야 하겠다.

집단상담 또는 개인상담

철학자가 수행하는 '철학 실천'으로서의 상담을 일단 집단상담보다는 개인 상담으로 이해하자. 설사 때로는 집단 상담을 수행하는 경우라 할지라도 구체적 효과는 각 개인에게서 나타나기를 상담사는 기대한다. 그래서 집단 상담과 개인 상담이 연계되는 방식도 경

---

35 타자와 나를 동일시함이 엄밀히 말해서 도덕적 동기라기보다는 오히려 지적 활동 (ein intellektueller Vorgang)임을 지적한 사례로서 참조; Auerbach, M., *Mitleid und Charakter. Eine moralphilosophische Untersuchung.* Bibliothek für Philosophie 20. Band, Beilage zu Heft 3/4 des Archivs für Geschichte der Philosophie, Bd. XXXIII, Verlag von Leonhard Simon Nf., Berlin 1921. p.16.

우에 따라서는 매우 효과적이다.

내담자 중심 상담 원칙

자살 문제는 지극히 개인적 사안이 아닐 수 없다. 따라서 그 치료도 철저히 개인의 특수성에 초점을 두어야 한다. 이 점에서 칼 로저스를 통해 널리 알려진 '내담자 중심 상담'의 기본 정신이 적용될 필요가 있다.[36] 상담사가 내담자의 상황 분석을 위해서 또는 문제의 규명과 해결을 위해서 어떤 철학적 방법을 적용할 것인가는 전적으로 내담자의 상황에 따라 달라질 수밖에 없으며 또 그래야 한다. 내담자에게 실제로 도움을 주지 못하는 대화법과 철학 이론은 적어도 그 내담자에게는 아무 쓸모가 없는 것이다.

철학과 상담학의 연계

철학자의 상담 치료는 기본적으로 상담 대화 방법을 활용한다는 점에서 상담학의 기본 지식과 훈련을 요구한다. 오늘날 상담학(counseling)은 매우 높은 수준으로 발달되었으며, 어느 학문 영역의 전문가이든 불문하고 공통적 상담 대화기법이 활용되고 있다. 따라서 '철학 상담사'의 기본 조건은 우선 두 가지다. 하나는 철학의 전문가일 것, 또 하나는 오늘날의 발달된 상담학 방법론을 배우고 훈련하는 것이다. 상담을 원해 찾아오는 내담자는 왕왕 자신의 문제가 무엇인지조차 알지 못하는 상태에서 또는 문제를 전혀 잘못 알고 있는

---

36 칼 로저스, 오제은 옮김, 『칼 로저스의 사람-중심 상담』, 학지사, 2007.

상태에서 대화를 시작하는 경우가 대부분이다. 심지어는 자살 의도를 전혀 내색하지 않은 채 대화를 진행하는 (자기위장형) 내담자도 자주 나타나며, 상담사의 상담 능력을 시험해 보면서 쾌감을 찾는 내담자도 없지 않다. 대부분의 경우 상담은 내담자의 증세를 확인함으로서 시작된다. 따라서 철학적 대화 또한 복잡한 정서적, 감정적, 기질적 증세를 먼저 다루어야 하며, 내담자가 어떤 증세를 어떻게 이해하고 있는지를 치밀하고도 광범위하게 찾아 나가야 한다. 상담 사례연구 세미나를 찾거나 숙련된 상담 수련감독(supervisor)의 도움을 받는 것도 권장할 만하다.

Ⅳ. 철학자의 사명

동정심(sympathy) 또는 공감(empathy) 실천은 타인과의 관계에서 관심과 사랑의 연대성을 열어 가는 관계 맺음에 기초한다. 여기에는 타인의 고통과 쾌락에 대한 인지적 이해와 정서적 공감 능력이 전제되며, 바로 이 점에서 타인에 대한 인간적, 인격적 만남과 수용적 공감 실천이 그 기본 조건임을 지적해야 하겠다. 이것이야말로 자살 충동에 빠진 사람에게 우리가 실천해야 할 덕목이며, 내담자와 마주 앉은 상담사가 실천해야 할 기본적인 태도이고 마음가짐이다.

이제 우리 철학도들은 자살을 계획하거나 자살충동에 빠져든 사람들을 도와야 할 의무를 우리의 과제로 진지하게 받아들여야 하겠다. 그들의 고통을 덜어주고 고통에서 벗어나도록 도와야 하겠다.

왜냐하면 첫째, 자살이야말로 철학적 문제이기 때문이며, 둘째, 자살 충동이나 자살 생각의 고통에서 벗어나기 위해서는 그들 스스로 그리고 그들 자신에 대해서 '철학하기'를 실천해야하기 때문이며, 셋째, 스스로 철학하기에 아직 능숙하지 못한 그들에게는 철학자의 도움이 절실히 필요하고 효과적일 것이기 때문이다.

철학적 상담과 치료는 궁극적으로 환자 자신의 자기치료를 지향한다. 이러한 자기치료를 어떻게 도와줄 수 있는지를 미리 훈련하고 실습을 통해 몸에 익힘으로써 철학적 상담치료사의 인품과 대화 능력을 키우는 일이야말로 오늘날 우리 사회의 자살 문제에 철학자들이 기여할 수 있고 또 해야만 하는 시급한 실천 과제가 아닐 수 없다.

참고문헌

강명순,『생활고 비관 자살자 예방을 위한 생명사다리 빈곤퇴치 연구』, 사단법인 세계빈곤퇴치회, 2014.

김성진,「절망의 심리학과 철학, 그리고 자살 예방」,『죽음 그리고 자살』철학과 상담2, 한국철학상담치료학회 엮음, 학이시습, 2015.

손봉호,『고통 받는 인간 : 고통 문제에 대한 철학적 성찰』, 서울대학교출판문화원, 1995.

장 아메리, 김희상 옮김,『자유죽음 : 삶의 존엄과 자살의 선택에 대하여』, 웅진씽크빅, 2010.

Aaron T. Beck 외, 원호택 외 옮김,『우울증의 인지치료』, 학지사, 1997.

A. 까뮈, 김욱 역,『시지포스의 신화』, 풍림출판사, 1988.

A. Ellis, 홍경자 역,『理性을 통한 自己成長』, 탐구당, 1984.

T. 엘리스·C. 뉴먼, 육성필·이혜선 옮김,『자살하고 싶을 때: 자살의 인지치료』, 학지사, 2005.

폴 호크, 박경애·김희수 옮김,『우울증 스스로 극복하기』, 사람과사람, 2005.

토머스 조이너, 김재성 옮김,『왜 사람들은 자살하는가?』, 황소자리, 2012.

토머스 조이너, 지여울 옮김,『자살에 대한 오해와 편견』, 베이직북스, 2011.

아브라함 H. 매슬로, 정태현·노현정 옮김, 『존재의 심리학』, 문예출판사, 2005.

Rosenthal, M. Sara, 이훈진·남기숙·황성훈·이경희·김환 옮김, 『약 없이 우울증과 싸우는 50가지 방법』, 학지사, 2007.

칼 로저스, 오제은 옮김, 『칼 로저스의 사람-중심 상담』, 학지사, 2007.

A. 쇼펜하우어, 김미영 옮김, 『도덕의 기초에 관하여』, 책세상, 2004.

Wenzel, A., Brown, G. K., & Beck, A. T., 김학렬·김정호 옮김, 『자살환자의 인지치료』, 학지사, 2012.

Auerbach, M., *Mitleid und Charakter. Eine moralphilosophische Untersuchung.* Bibliothek für Philosophie 20. Band, Beilage zu Heft 3/4 des Archivs für Geschichte der Philosophie, Bd. XXXIII, Verlag von Leonhard Simon Nf., Berlin 1921.

Beck, A. T, *Depression, Causes and treatment.* Philadelphia: Univ. of Pennsylvania Press, 1967.

Buytendijk, F.J.J, "Over de pijn," Utrecht, Spectrum, 1957

Durkheim, E., Le suicide: Etude de sociologie, Paris: F. Alcan, 1897.

Hendon, J, *Preventing Suicide: The Solution Focused Approach,* Chichester: John Wiley & Sons. 2008.

Milton, J., "Psychoanalysis and cognitive behavioural therapy ‐ rival paradigms or common ground?", *International Journal of Psychoanalysis* 82, 2001, pp. 431-446; Schneidman, E. S., "Aphorisms of Suicide and Some Implications for Psychotherapy", 1999, In : A. Lennaars (Ed.), *Lives and Deaths: Selections from the work of Edwin S. Schneidman,* pp. 372-381; Hendon, J., *Preventing Suicide: The Solution Focused Approach,* Chichester: John Wiley & Sons, 2008, p. 24

Buytendijk, F. J. J., "Over de pijn," Utrecht, Spectrum, 1957.

제4장

일본 자살대책의
구체적 정책과 효과
자살대책기본법과 자살종합대책의 개정을 중심으로

모토하시 유타카本橋豊(국립정신신경의료연구센터 정신보건연구소
자살총합대책추진센터 센터장)

◦◦◦◦

I. 일본의 자살과 자살예방정책

일본의 자살자수는 2016년에 21,897명(남성 15,121명, 여성 6,776명)이었고, 인구 10만 명 당 자살률은 24.5(남성 17.3, 여성 10.4)이었다. 일본에서는 1998년에 자살자수가 급증하면서 자살이 사회적인 문제로 인식되기 시작했다. <그림 1>에서 제시된 것과 같이, 일본의 자살자수는 1998년에 3만 명을 넘어, 1년에 9천 명 이상 증가하였다. 1990년대 전반에 버블경제가 붕괴되고 은행 등 금융기관이 거액의 불량 채권을 떠맡게 되었는데, 1997년부터 금융기관의 부도가 잇따랐고 기업 도산으로 인하여 부채를 떠안게 된 중년·노년층의 경영자 등이

자살로 내몰린 것이다. 1998년의 자살 급증은 개인의 문제가 아니라 사회적인 문제라는 인식의 전환으로 이어졌고 국가가 자살대책을 추진해야 한다는 분위기가 조성되었다.

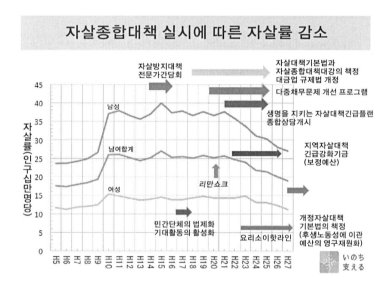

〈그림 1〉 일본 자살률의 시계열 추이와 자살 종합대책 실시에 따른 자살률 감소

2000년대 전반에는 후생노동성이 중심이 되어 우울병 등의 정신보건적 관점에서 조사연구를 진행했지만, 구체적인 정책으로 전개되지는 못했다. 그 점에서 정신보건적 정책만이 아니라 종합적인 정책으로서 자살대책을 추진하자는 움직임이 민간단체를 중심으로 퍼졌다. 2006년의 자살대책기본법은 의원 입법으로 성립된 법률인데, 그 배경에는 자살대책에 관련된 민간단체나 자살 유가족 단체의 소리에 귀를 기울였던 국회의원들의 활동이 있었다.

<그림 2>는 질병 모델로서의 자살예방대책으로부터 종합적 대책으로서의 자살예방대책으로 이행해가는 경위를 보여준다.

질병 모델의 자살 예방 대책에서 종합적 대책의 자살 예방 대책으로

우울증이 악화되어 자살에 이른다는 모델의 한계

종합적·포괄적인 대책으로서 자살대책을 재구축하는 방향으로

2006년 자살종합대책기본법 시행
2007년 자살종합대책대강책정
2016년 개정 자살대책기본법 시행

10년에 걸쳐 자살대책의 이념과 방법에 큰 패러다임의 변화가 일어남

자살문제의 해결은 의학의 영역을 넘어선 공중위생학의 개념과 기술을 활용할 필요가 있다고 인식하게 됨.

자살대책은 보건, 의료, 복지, 교육, 노동 등 관련시책과 유기적인 연계를 통해 종합적으로 실시되지 않으면 안 된다.
(자살대책기본법 제2조 5항)

〈그림 2〉 질병 모델의 자살예방대책에서 종합적 자살예방대책으로

2016년 4월, 10년 만에 자살대책기본법이 개정되어 일본의 자살대책은 새로운 틀 속에서 추진되었다[1]. 개정된 자살기본법에는 자살대책의 이념이 조문에 명확하게 기재되었다. 즉, '자살대책은 삶의 포괄적인 지원'으로 추진할 것, '자살대책은 보건, 의료, 복지, 교육, 노동 및 기타 관련 시책과 유기적인 연계를 도모하고 종합적으로 실시될 것' 등이 명확하게 제시되었다.

---

1 Motohashi Y, Kaneko Y, Fujita K., "The Present Trend of Suicide Prevention Policy in Japan," *Suicide Prevention Policy 1,* 2017, pp.1-7.

자살대책기본법-이념의 명확화

누구도 자살로 내몰릴 수 없는 사회의 실현을 지향하고, 이에 대처해 나가는 것이 중요한 과제가 되고 있는 것을 감안하여, … 〈제1조〉

자살 대책의 삶이 포괄적인 지원으로서, 모든 사람이 하나의 개인으로서 존중됨과 동시에, 살아가는 힘을 기초로 삶의 보람과 희망을 가지고 살 수 있도록, 그 방해가 되는 요인의 해소에 도움이 되는 지원과 이를 뒷받침하고 촉진하기 위한 환경의 충실한 정비가 폭넓고 적절하게 도모될 것을 취지로 실시되어야 한다.
〈제2조 1항〉

자살 대책은 보건, 의료, 복지, 교육, 노동 등의 관련 시책과의 유기적인 연계를 통해, 종합적으로 실시되지 않으면 안 된다.
(제2조 5항)

〈그림 3〉 자살대책기본법-이념의 명확화

개정자살대책기본법에 명시된 기본적 시책 (2016년 4월 1일)

① 조사연구 등의 추진 및 체제의 정비(제15조)
② 인재의 확보 등(제16조)
③ 마음 건강의 유지에 관한 교육 및 계발추진 등(제17조)
④ 의료제공체제의 정비(제18조)
⑤ 자살발생 회피를 위한 체제의 정비 등(제19조)
⑥ 자살미수자 등의 지원(제20조)
⑦ 자살유가족 등의 지원(제21조)
⑧ 민간단체활동의 지원(제22조)

〈그림 4〉 개정된 자살대책 기본법에 제시된 기본적 시책[2]

---

2 The Japan Diet, "Basic Law on Suicide Countermeasures," *Suicide Prevention Policy 1,* 2017, pp.8-13.

II. 새로운 자살종합대책대강에 대해

2017년 7월 25일, 새로운 자살종합대책대강(이하 종합대책)이 각의에서 결정되어 공표되었다.[3] 이 종합대책은 개정 자살대책기본법의 내용을 구체적인 시책으로 제시한 것이다. 종합대책에서는 3개의 기본 인식이 제시되어 있다.[4] ① 자살은 그 대부분이 내몰린 끝에 죽는 것이다. ② 연간 자살자수는 감소하고 있지만 여전히 비상사태는 이어지고 있다. ③ 지역 차원의 실천적인 대책을 PDCA(계획, 실천, 확인, 조치) 사이클을 통해서 추진한다.

그리고 종합대책에서는 5개의 기본 방침이 제시되어 있다. ① 삶의 포괄적 지원으로서 추진한다. ② 관련 시책과 유기적인 연계를 강화하고 종합적으로 대처한다. ③ 대응 단계에 따라 차원별 대책을 효과적으로 연동시킨다. ④ 실천과 계발을 두 바퀴로 삼아 추진한다. ⑤ 국가, 지방 공공단체, 관련 단체, 민간단체, 기업 및 국민의 역할을 명확히 하고 그 연대와 협동을 추진한다.

종합대책에서는 새로운 자살 종합대책 모델이 제시되었다. 이전의 종합대책(2007년 공표)에서는 자살대책 모델로서 대인 지원을 중심으로 하는 위험 대응 모델이 있고, 사전 대응·위기 대응·사후 대응을

3 Motohashi Y, Sakisaka K, Kaneko Y, Fujita M, Ochi M., "Launch of the New General Principles of Suicide Prevention Policy in Japan," *Suicide Prevention Policy 1,* 2017, pp.14-15.

4 The Japan Cabinet, "The General Principles of Suicide Prevention Policy-Realizing a Society in Which No One Is Driven to Take Their Own Life," *Suicide Prevention Policy 1*, 2017, pp.16-45.

기본으로 했다. 이에 대해 새로운 종합대책에서는 사회적 지원을 감안한 포괄적 지원 모델이 제시되었다. 즉, 대인지원·지역연계·사회제도의 차원별 대책을 연동시키는 모델이 제시되었다. 이전의 종합대책에서 제시된 위험대응 모델은 포괄적 지원 모델 안에 포섭된다고 볼 수 있다.

　종합대책에서는 중점적인 시책으로서, '지역 차원의 실천적인 대책의 지원'이 강조된다. 2016년 4월, 자살대책기본법 개정에 따라, 도도부현(都道府縣) 및 시정촌(市町村)이 지역 자살대책 계획을 책정하고 국가는 지방 공공단체가 해당 지역의 상황에 따른 시책을 책정 및 실시할 수 있도록 필요한 조언과 그 이외의 지원을 하기로 하였다. 또한 국가는 지방 공동단체에 대해 지역 자살실태 프로파일이나 지역 자살대책 및 정책 패키지를 제공하는 등 지역 차원의 실천적인 대책을 위한 지원을 강화하기로 하였다.

　<그림 5>에서 지역 자살대책 추진의 구체적인 방식이 제시되고 있다. 자살종합대책추진센터는 국가의 지시를 받아 지역 자살실태 프로파일과 지역 자살대책 정책 패키지를 제공하고, 지방 공공단체의 지역 자살대책 계획의 책정을 지원하기로 하였다. 또 국가는 도도부현과 각령 지정 도시에 설치할 지역 자살대책추진센터가 관내 시정촌의 자살대책 계획의 책정·진척 관리·검증 등을 위한 지원을 할 수 있도록 자살종합대책추진센터의 연수 등을 통해 지역 자살대책추진센터를 지원하기로 하였다.

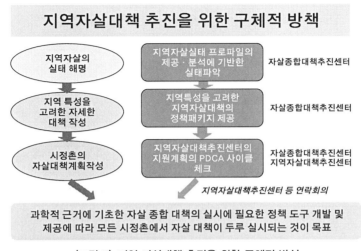

〈그림 5〉 지역 자살대책 추진을 위한 구체적 방식

Ⅲ. 지역 자살실태 프로파일

종합대책에서는 "국가는 자살종합대책추진센터에서 모든 도도부현 및 시정촌 각각의 자살실태를 분석한 자살실태 프로파일을 작성하고, 지방 공공단체의 지역 자살대책 계획을 책정하는 것을 지원한다."라고 하고 있다. 자살종합추진센터에서는 자살실태·통계 분석실이 중심이 되어 지역의 자살실태를 일목요연하게 이해할 수 있도록 하는 도구로서, '지역 자살실태 프로파일'의 개발을 진행해 왔다. 지역 자살실태 프로파일은 인구 주택 총조사, 인구 동태 통계 조사, 기업 경제 통계, 생활·생활 방식에 관한 통계를 바탕으로, 지자체마다 자살자 수나 자살률, 관련 지역 특성을 막대그래프나 꺾은선그래

프 등을 이용하여 표시하고, 지자체 담당자가 알기 쉽게 지역의 자
살실태를 보고하는 것이다. <그림 6>은 자살실태 프로파일의 개념
을 제시하고 있다.

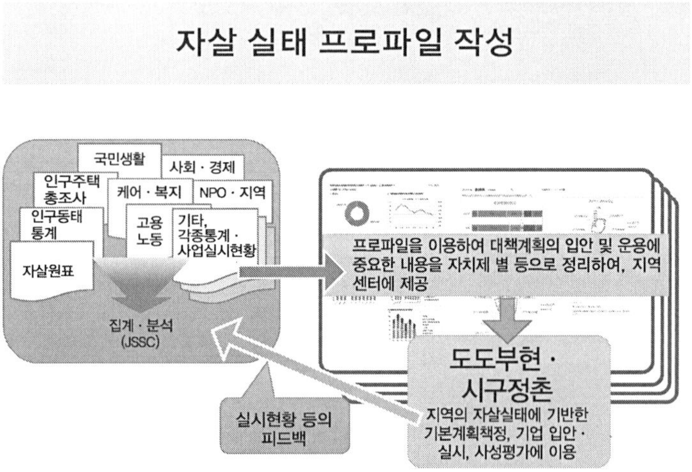

자살 실태 프로파일 작성

〈그림 6〉 자살실태 프로파일 작성

Ⅳ. 지역 자살대책 정책 패키지

종합대책에서는 '국가는 자살종합대책추진센터에서 지역 특성을
고려한 자세한 대책을 포함한 지역 자살대책의 정책 패키지를 작성
하고, 지방 공공단체의 지역 자살대책 계획의 책정을 지원한다.'라
고 하고 있다.

자살종합대책추진센터는 지역의 자살실태를 상세하게 분석한 지

역 자살실태 프로파일을 작성하고 동시에 지역 자살대책 책정에 도움이 되는 지역 자살대책 정책 패키지를 작성한다. 도도부현 및 시정촌은 지역 자살대책 정책 패키지를 활용하고 지역의 실정에 맞는 지역 자살대책 계획을 책정하는 것이 가능하게 된다.

지역 자살대책 정책 패키지는 기본 패키지와 중점 패키지로 구성된다. 기본 패키지는 국민 최저 생활 보장으로서 전국적으로 실시되는 것이 바람직한 시책이다. 기본 패키지에서 기본 시책은 5가지로서, ① 지역의 네트워크 강화 ② 자살대책을 지원할 인재 육성 ③ 주민에 대한 계발과 주지 ④ 삶에 대한 촉진 요인 지원 ⑤ 아동, 학생에 대해 SOS 발신 방법에 관한 교육을 제시하고 있다.

중점 패키지는 2017년 7월 25일, 각의에서 결정된 새로운 자살종합대책대강에서 제시하고 있는 중요한 시책임을 감안하여, 지역에서 우선적인 과제가 될 만한 시책에 대해 자세히 제시한 것이다. 지자체의 지역 특성에 따른 지역의 자살대책을 보다 효과적으로 실시하기 위해 기본 패키지에 부가하는 것이 바람직한 시책이다.

<그림 7>은 지역 자살대책 정책 패키지를 활용하여 지역 자살대책 계획을 책정하는 과정을 제시하고 있다.

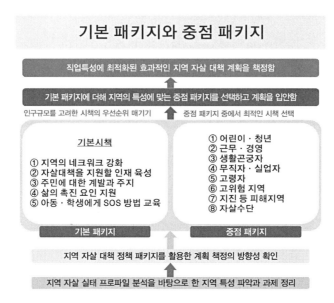

기본 패키지와 중점 패키지

직업특성에 최적화된 효과적인 지역 자살 대책 계획을 책정함

기본 패키지에 더해 지역의 특성에 맞는 중점 패키지를 선택하고 계획을 입안함

인구규모를 고려한 시책의 우선순위 매기기　　중점 패키지 중에서 최적인 시책 선택

기본시책

① 지역의 네크워크 강화
② 자살대책을 지원할 인재 육성
③ 주민에 대한 계발과 주지
④ 삶의 촉진 요인 지원
⑤ 아동 · 학생에게 SOS 방법 교육

① 어린이 · 청년
② 근무 · 경영
③ 생활곤궁자
④ 무직자 · 실업자
⑤ 고령자
⑥ 고위험 지역
⑦ 지진 등 피해지역
⑧ 자살수단

기본 패키지　　중점 패키지

지역 자살 대책 정책 패키지를 활용한 계획 책정의 방향성 확인

지역 자살 실태 프로파일 분석을 바탕으로 한 지역 특성 파악과 과제 정리

〈그림 7〉 지역 자살대책 정책 패키지의 기본 패키지와 중점 패키지. 지역 자살대책
정책 패키지를 활용하여 지역 자살대책 계획을 책정하는 과정

Ⅴ. 도도부현·각령 지정 도시의 지역 자살대책 추진 센터에 대한 지원과 지역 자살대책 계획의 추진

종합대책에는 "국가는 지역 자살실태 프로파일이나 지역 자살대책의 정책 패키지 제공, 지역 자살대책 계획 책정 가이드라인 책정 등으로 지역 자살대책 계획의 책정·추진을 지원한다."라고 하는 내용과 함께 "국가는 도도부현이나 각령 지정 도시에 설치할 지역 자살대책 추진 센터가 관내의 시정촌에 자살대책 계획 책정·진척 관리·검증 등에 대한 지원을 할 수 있도록 자살 종합대책 추진 센터가

연수 등을 통해서 지역 자살대책 추진 센터를 지원한다."라고 명시한다. 그리고 국가는 지방 공공단체가 자살대책과 다른 시책 등의 조정 역할을 맡을 자살대책 전임 직원을 배치하거나 전임 부서를 설치하는 등 자살대책을 지역 만들기로써 종합적으로 추진할 것을 촉구하도록 되어 있다.

VI. 관련 제도와 자살대책의 연동

자살은 건강 문제, 경제·생활 문제, 인간관계 문제 이외에 지역·직장의 상황 변화 등 여러 가지 요인과 그 사람의 성격 경향, 가족 상황, 생사관 등이 복잡하게 관계되어 있다. 자살에 내몰리지 않고 누구나 안심해서 살아갈 수 있도록 하기 위해서는 정신 보건적인 시점만이 아니라 사회·경제적인 시점을 포함한 포괄적인 대책이 중요하다. 또 이러한 포괄적인 대책을 실시하기 위해서는 여러 분야의 시책과 사람들, 조직이 밀접하게 연계할 필요가 있다. 예를 들면, 복합적인 과제를 안고 있는 생활빈곤자 중에 자살 위험이 있는 사람이 적지 않다는 실정을 감안하여, 생활빈곤자 자립지원법에 따른 자립상담지원 사업을 포괄적으로 지원해야 한다. 이와 동시에 자살대책에 관한 관계 기관들과도 긴밀하게 연대하여 효과적이고 효율적으로 지원해야 한다. 이와 같이 자살대책과 생활곤궁자 자립지원제도의 연동을 도모함으로써 효과적인 자살대책으로 이어지게 되는 것을 추진할 수 있을 것이다.

또한 케어가 필요한 고령자나 배우자와 사별한 고령자는 지역에
서 쉽게 고립될 수 있기 때문에 고립을 방지하기 위한 공간을 만드
는 등의 대책이 필요하다. 이러한 경우 자살대책과 지역 포괄 케어
제도의 연동이 필요하다.

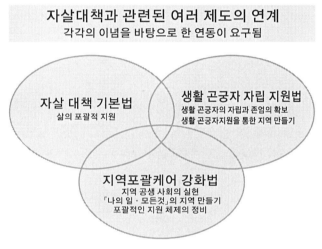

〈그림 8〉 자살대책과 관련된 여러 제도의 연계에 관한 개념도

일본의 자살 종합대책은 2016년 개정 자살대책 기본법 및 2017년
의 새로운 자살종합대책대강을 통해 큰 진전을 보게 되었다. 이 글
에서 소개한 일본의 자살 종합대책이 한국의 자살대책 추진에 한층
더 기여할 수 있기를 바란다.

참고문헌

Motohashi Y, Kaneko Y, Fujita K., "The Present Trend of Suicide Prevention Policy in Japan," *Suicide Prevention Policy 1,* 2017.

Motohashi Y, Sakisaka K, Kaneko Y, Fujita M, Ochi M., "Launch of the New General Principles of Suicide Prevention Policy in Japan," *Suicide Prevention Policy 1,* 2017.

The Japan Diet, "Basic Law on Suicide Countermeasures," *Suicide Prevention Policy 1,* 2017.

The Japan Cabinet, "The General Principles of Suicide Prevention Policy-Realizing a Society in Which No One Is Driven to Take Their Own Life," *Suicide Prevention Policy 1*, 2017.

죽음,
애도와 치유

자살예방과 치유

제5장

슬픔의 카운슬링*

사랑하는 사람의 죽음, 그 비통함의 치유

존 리드Jon K. Reid(사우스이스턴 오클라호마 주립대 심리상담학과 교수)

Ⅰ. 죽음, 비통함의 이야기

사람들은 대부분 죽음 또는 비통함에 관한 주제들을 피하려 합니다. 이 워크숍에 참석하시는 여러분은 반대로, 이 주제들을 향해 달려오신 분들입니다. 여러분들이 오늘 들으실 강의의 주제는 죽음, 비통함, 상실, 고난과 같이 많은 사람들을 불편하게 하는 것들입니다.

죽음, 상실, 그리고 고통에 대해 배우는 것이 중요할까요? 우리가

* 이 글은 2017년 5월 18일의 생사학연구소 워크숍에서의 강연한 원고 "Essentials of Grief Counseling"을 번역한 것이며, 청중을 염두한 원고이기에 경어체로 번역하여 싣는다.

언젠가는 죽을 존재임을 무시한 채 그냥 행복을 추구하는 삶이 더 낮지 않을까요? 하지만 우리는 이러한 주제들을 피해서는 안 됩니다. 제가 가장 좋아하는 수많은 철학이나 문학 저서 혹은 시를 정리해온 어빈 얄롬은 다음과 같이 말했습니다. "거의 모든 위대한 사상가는 죽음에 대해 깊게 생각하고 글을 썼으며, 죽음은 삶의 일부라는 결론에 도달하였다. 죽음을 고찰하는 것은 삶을 더욱 풍성하게 한다."[1]

죽음에 대한 인식과 수용은 우리 삶을 더욱 풍성하게 하며, 진정한 인간 존재로서 살아가는데 필수적인 것 입니다. 제가 좋아하는 또 한 명의 작가인 빅터 프랭클은 제 삶에서 가장 인상 깊었던 책, "Man's Search for Meaning"에서 이를 '태도적 가치(attitudinal values)'의 형성을 통해 얻는다고 서술합니다. 여기서 태도적 가치란 삶의 부정적인 부분에 대해 건강한 태도를 형성하는 것, 즉 인간 존재의 '비극의 3요소(tragic triad)'인 고통, 죄책감, 죽음을 긍정적이고 창의적인 것으로 변화시키는 것을 말합니다.[2] 사랑하는 이가 죽었을 때, 우리는 인생이란 틀 속에서 이 죽음을 이해해야만 우리의 인생을 뜻깊게 이어나갈 수 있습니다. "Lifespan human development"라는 교과서의 저자의 말을 인용하자면 다음과 같습니다. "죽음이 수용되고 비통함이 표현되었을 때 비로소 탄생, 성장, 발달 그리고 그 외에 모든 인간관계가 의미있는 것이 된다."[3]

---

1 Yalom, Irvin D, *Existential Psychotherapy,* New York: Basic Books, 1980, p.30.

2 Frankl, Viktor, *Man's Search for Meaning,* Boston: Beacon Press, 1968, p.125.

3 Berger, K. S., *The Developing Person Through the Life Span,* New York: Worth

프랭클(1968)은 "고통과 죽음 없이는 우리의 삶은 완전하지 않을 것이다."라고 말했습니다.[4] 인생을 살아가기 위해서는, 우리는 고통 또한 인생의 일부임을 받아들여야 합니다. 그러나 여러분이 알다시피, 우리는 고통을 찾아 나설 필요가 없습니다. 고통이 항상 우리를 먼저 찾기 때문입니다.

Ⅱ. "비통함(grief)이란 무엇인가?"

다음으로 저는 "비통함이란 무엇인가?"라는 질문에 대답하고자 합니다. 비통함은 상실(loss)에 대한 반응입니다. 상실은 사랑하는 이의 죽음, 관계의 상실(예를 들어 이혼), 귀한 물건의 분실 또는 실직이 될 수도 있습니다. 잃을 수 있거나, 끝나거나 변해버린 그 어떤 것도 비통함(grief reaction)을 부를 수 있습니다. 굳게 믿고 있었던 신념 혹은 종교적 믿음의 실종 또한 비통함을 야기할 수 있습니다. 예를 들어, 2008년 5월 12일 중국 쓰촨성에서 일어난 지진의 생존자들은 앞서 언급된 종류의 상실 혹은 그 이상의 상실을 경험하였습니다. 어느 특정한 사건과 연관된 상실이 많을수록, 그로 인한 비통함의 정도는 더욱 강할 것이며, 복잡한 비통함(complicated grief)으로 발전할 가능성 또한 높아집니다. '복잡한 비통함'은 비통함의 많은 범주 중 하나이면서도 일반적인 비통함과는 다르다고 할 수 있습니다. 이런 경우

Publishers, 1988, p.619.

4 Frankl, Viktor, *Man's Search for Meaning*.

대부분 수년이 지나도 사람들은 자신의 상실에 적응했다고 느끼지 못합니다.

1. 비통함(Grief), 여읨(Bereavement), 그리고 애도(Mourning)

비통함(grief)은 상실에 따른 모든 감정과 경험들의 종합을 의미하지만, 애도(mourning)는 이 상실에 적응하기까지 통과하는 과정을 의미합니다.

'비통함'은 한 단어에 불과하지만, 시간을 관통하며 변화하는, 복잡하고 다각적인 경험을 나타내며 이는 상실 경험에 따라 다르게 나타납니다. '복잡한 비통함을 다루는 센터'(Center for Complicated Grief)의 심리학자 캐서린 쉬어 교수에 따르면, 비통함은 사랑하는 이의 죽음으로 인해 한 사람의 세계가 갑자기, 깊게 그리고 되돌릴 수 없게 변할 때 작동되는 뇌의 회로로 인해 일어나는 자동적인 반응입니다.

비통함은 또한 선행적일 수 있습니다. '선행적 비통함'은 사랑하는 사람이 곧 죽는다는 것, 혹은 본인이 불치병에 걸렸다는 사실을 알았을 때 일어날 수 있습니다. 이런 경우 개인이 '사랑하는 사람을 잃을 것' 혹은 본인의 인생이 끝에 달했다는 것을 인지하여, 실제적인 죽음이 일어나기 전부터 비통함의 반응이 발생할 수 있습니다.

여읨(Bereavement)은 사랑하는 이의 죽음을 경험한 상태를 의미합니다. 여읨의 상태가 얼마 동안 지속되는지에 대한 기준은 없지만, 저의 개인적인 사례로는 아버지가 돌아가셨을 때, 제가 일 년 동안 여읨의 상태였다고 생각합니다. 아버지가 돌아가신 후 5년 동안은 어버이날이 되면 슬퍼지고 신경질적으로 변한다는 사실을 깨달았으며, 이제 이 세상에 아버지가 살아계시지 않는다는 생각에 눈물이 맺히곤 했습니다. 제가 아들을 낳고 한 아이의 아버지로서 느끼는 기쁨마저도 아버지가 제 인생에 물리적으로 존재하지 않는다는 점을 보상해주진 못했습니다.

캐서린 쉬어 교수에 의하면, "가까운 사람을 잃어도 그를 향한 우리의 사랑을 잃는 것은 아니다. 그러나 그 사랑이 변함없이 지속되는 것도 아니다. 감정들은 남아있지만, 이 감정들은 그리움, 갈망, 슬픔과 함께 섞이게 된다. 비통함은 고통스럽고 마음은 아프지만 우리가 사랑하는 사람이 죽었을 때 남는 그를 향한 우리의 사랑이다."[5]

2. 비통함의 여정을 위한 지도

여읨의 의미와 영향을 생각하면 다음과 같은 질문을 하게 됩니다. "복잡한 감정, 생각 그리고 행동 사이로 우리를 이끌어줄 비통함의 여정을 위한 지도가 있을까?" 개개인을 위한 특정한 지도는 없습니다. 비통함의 여정을 나타내는 단 하나의 지도는 없으며, 사람마다 비통함의 과정을 다르게 경험하듯, 여러 개의 지도가 있을 것입니다. 여읨을 경험한 사람마다 비통함의 여정은 다를 수 있습니다. 이러한 여정의 지도 혹은 도표는 비통함의 기본적인 특징을 이해하는

5 M. Katherine Shear, 「The Center for Complicated Grief」, https://complicatedgrief.columbia.edu/

데 도움이 될 수 있겠지만, 비통함의 방식은 여전히 다양합니다. 몇 년 전 저는 대만에 가서 대만국립대학교 간호보건대에서 만든 비통함 치유 정원(Grief Healing Garden)을 방문했습니다. 이 정원은 우리가 비통함을 마주하고 체험하며 치유를 향해 갈 수 있는 아름답고 평화로운 공간입니다. 그리고 비통함이 자신의 삶을 사는 데 걸림돌이 되지 않게 하기 위한 공간입니다. 정원 중심에 위치한 구불구불한 시냇물은 비통함의 여정이 직선적이지만은 않다는 것을 상징합니다. 콜그로브, 블룸피드, 맥윌리엄스(1976)[6]의 책에 쓰인 바와 같이, 사람들은 비통함은 직선으로 진행된다고 생각하며 하루하루가 지날수록 비통함이 나아질 것이라고 생각합니다. 비통함이 직선적이지 않다면, 과연 비통함의 궤도는 어떠할까요? 비통함은 과연 어떻게 생겼을까요? 번개 모양일까요? 그런 경우, 사랑하는 사람을 잃은 사람은 하루는 회복된 것처럼 느꼈다가, 그 다음 날에는 아무런 진전 없이 오히려 다시 되돌아갔다고 느낄 수 있을 것입니다.

수년 전에 한 교회에서 이혼한 어른들을 위한 사역을 하였습니다. 엘리자베스 퀴블러 로스 교수가 묘사한 바와 같이 이혼으로 인한 비통함은 죽어가는 사람의 체험과 동일한 과정을 따라갑니다. 배우자나 형제자매 혹은 자녀의 죽음의 경험도 그러합니다. 현대 사상가들은 퀴블러 로스 교수가 제시한 죽음의 단계가 너무 단순하다고 하지만, 그녀 덕분에 죽어가는 이들이 필요한 바와 그들이 겪는 경험에

---

6 Colgrove, M., Bloomfield, H. H. and McWilliams, P., *How to survive the loss of a love: 58 things to do when there is nothing to be done,* New York: Bantam Books, 1976.

대한 인식이 높아졌습니다.

또한, 많은 도움이 되었던 자료는 로버트 밥 네이마이어의 작품에 제시된 타임라인과 기능 수준(level-of-functioning)에 대한 묘사였습니다. 배우자의 죽음과 관련된 많은 연구 결과들은 배우자의 죽음 후 남은 사람들의 기능 수준이 평균적으로 어떻게 변하는지 보여줍니다. 물론 평균적인 내용이라, 몇몇 이들의 경험을 설명할 수는 있어도 모든 이들에게 해당하지는 않을 것입니다. 특히 남편 또는 아내를 잃은 사람들이 이 그래프를 보고 자신들의 경험과 일치한다는 이야기를 많이 합니다. 죽음이 지나고 한 주 동안은 배우자를 잃은 이들의 기능 수준은 높습니다. 그 동안에는 배우자의 장례를 책임져야 하기 때문입니다. 하지만 그 후 그들의 기능이 서서히 떨어지면서 6개월이 지난 시점에 기능이 최저점을 찍습니다. 일주년이 될 때까지 기능 수준이 다시 회복되다가 1주년에 다시 한 번 처음 여의었을 때의 감정들이 상기됩니다. 그러나 이번에는 회복 속도가 전보다 빠른 경우가 많습니다. 2년이 지나고서야 배우자를 잃은 이들의 기능이 지속적으로 높은 수준에 유지됩니다. 특별한 날, 즉 결혼기념일이나 연말에는 죽은 자들에 대한 그리운 마음이 더욱 높아질 것입니다.

3. 비통함은 얼마 동안 지속되나요?

다음 질문은, 비통함은 얼마나 지속되는 가입니다. 물론, 여러 가지 고려할 점들이 있기에 대답하기 어려운 질문이지만, 몇 가지 점들을 검토하면서 왜 어떤 사람의 비통함은 오래가고 어떤 사람들은 빠르게 회복하는가를 살펴보도록 하겠습니다.

제임스 펜베이커 교수는 가족을 잃은 이들에게 4-6개월이 지난 시점이 가장 힘들 때라고 말합니다. 누군가를 여의고 첫 4-6개월 동안에는 격한 감정을 경험하게 됩니다. 시간이 지나면서, 고인에 대한 생각들의 감정적 강도가 조금씩 약해집니다. 고인을 잊는 것은 아니지만, 그들을 기억할 때 반응이 점차 덜 격해진다는 것입니다. 대부분의 경우, 1년 반에서 2년이 지난 후, 사랑하는 이들의 죽음을 받아들이고 적응하게 됩니다. 주로 이 기간이 지나고 나서야 충격적인 죽음과 관련하여 파고드는 생각들이 줄어듭니다.[7] 펜베이커의 연구 결과는 이전에 네이마이어가 발표한 내용과도 같습니다.

사랑하는 이의 죽음과 같은 트라우마를 겪은 사람들의 절반은 심각한 불안함이나 우울증 혹은 비통함을 경험하게 됩니다. 그러나 모두가 극심한 트라우마를 격한 비통함으로 느끼거나 표현하지는 않습니다. 따라서 상실을 겪는 사람들의 표준반응을 묘사할 때는 조심해야 하며, 그보다는 상실감을 대하는 반응의 범위를 살펴야 합니다.

여읨을 당한 사람의 경험에 있어서 중요한 부분은 죽음이나 관계의 종결로 인한 비통함이 그가 살고 있는 세상에 대한 인식에 영향을 끼친다는 점입니다. 프랑스 시인 알퐁스 드 라마르틴(1790-1869)은 이 생각을 다음과 같이 요약합니다. "가끔은 한 사람의 부재로 온 세상이 텅 빈 것 같다."[8] 물론 세상은 실제로 빈 것은 아니지만, 최근에

---

7 Pennebaker, James, *Opening Up, Second Edition: The Healing Power of Expressing Emotions,* New York: The Guilford Press, 1990/1997.

누군가를 여읜 이에게는 그렇게 느껴진다는 것입니다. 50대에 암으로 죽은 동료의 장례식에 다녀온 뒤 저는 주유소에 잠시 들렀습니다. 길거리에 지나가는 차들을 보면서 느낀 것은 "나의 친구이자 동료가 죽었는데, 어떻게 모두가 아무렇지도 않은 듯 계속 살아갈 수 있지?"라는 점이었습니다.

사랑하는 이의 죽음을 대하는 반응을 나열하면 그 목록은 매우 길 것입니다. 그러나 모든 사람이 이 목록의 모든 반응을 경험할 것도 아니며, 설령 그런다 하여도 동시에 모든 반응을 체험하지는 않을 것입니다.

Ⅲ. 죽음에 대한 전형적인 반응

1. 비통함의 다양한 감정들

사랑하는 이의 죽음을 향한 전형적인 반응은 어떨까요? 비통함은 우리의 감정, 우리의 생각, 우리의 행동, 그리고 영적/철학적 영역을 통해 표현되거나 나타날 수 있습니다. 비통함에는 여러 가지 차원이 있습니다. 사별과 주로 연관되는 '슬픔'이 매우 강렬할 수 있지만, 슬픔만 있는 것은 아닙니다. 어쩌면 우울증도 같을 수 있습니다.

러시아 출신의 미국 추상표현주의자 마크 로스코는 1970년에 자

---

8 Wolfelt, A. D., *Understanding grief: Helping yourself heal,* Bristol, PA: Accelerated Development, 1992, p.43.

살하였습니다. 그는 자신의 우울증을 짙은 갈색 혹은 검정으로만 이루어진 그림을 통해 표현했으며, 이 작품들은 현재 휴스턴, 텍사스에 있는 로스코 채플에 전시되어있습니다.

비통함과 관련된 다양한 감정적 반응은 슬픔, 울음, 우울증, 불안함, 분노/적대감 또는 죄책감과 미련 등이 있습니다. 사랑하는 이의 죽음에 따른 불안함은 죽음이 본인이 설명하거나 예측 또는 통제할 수 있는 범위 밖에 있음을 인지하는 것에서 비롯됩니다.[9]

분노는 흔하지만 보편적인 반응은 아닙니다. 2008년 쓰촨성 지진으로 인한 인명피해 후, 중국 우후시 부모들은 학교 건설과 관련된 비리와 불법행위를 정식으로 고소한다고 전했습니다. 그들은 정부가 아이들을 (지진으로 무사했던) 단층 교실에서 새 건물이지만, 안전성 면에서 떨어지는 교실로 옮기게 하였다고 주장했습니다. 아이를 잃은 한 부모는, "우리에게 남은 것이 없습니다. 그저 우리 아이들을 위한 정의가 실현되길 바랄 뿐입니다."라고 말했습니다. "우리는 우리 아이들에게 모든 희망을 걸었는데, 되돌아오는 것은 이것(아이들의 죽음)뿐이었습니다." 그 당시 중국은 가족계획의 일환으로 한 자녀 정책을 따르는 중이었습니다. 한 아이의 죽음은 모든 부모에게 충격적인 사건일 테지만, 그 아이가 외동일 경우 상실감은 이로 말할 수 없을 것입니다. 분노는 정당할 수도 있지만, 마찬가지로 비이성적이거나 잘못된 상대에게 향할 수도 있습니다. 분노는 어느 한 사람의 삶의 목적과도 연결되어 있을 수 있습니다. 2008년도 지진발생 당시

---

9 Neimeyer, R. A., *Lessons of loss: A guide to coping,* Memphis, TN: Center of the Study of Loss and Transition, 2006.

의 이야기를 하나 더 하자면, 한 남성이 지진이 일어나기 7년 전에
아내를 여의었습니다. 2008년 5월 12일, 청두시 어느 한 중학교 붕
괴사고로 인한 딸의 죽음 이후, 그는 '삶의 유일한 이유'를 잃게 됩
니다. 그는 지진 발생 후 일요일에 그 학교에서 열린 '어린이날 침묵
시위'에 참여해 왜 주변 건물들은 괜찮은데 이 학교 건물만 무너졌
는지에 대해 정부가 설명하기를 요구하였습니다.

　페이스북 임원 쉐릴 샌드버그는 그녀의 남편이 2015년에 병원으
로 가는 구급차 안에서 죽었을 때 그녀가 느꼈던 격렬한 분노에 대
해 다음과 같이 설명했습니다. "지금 우리는 데이브가 즉사했다는
것을 알지만, 당시 구급차 안에 있을 때는 그것을 몰랐다. 병원으로
가는 그 과정이 참을 수 없을 정도로 느리게 느껴졌다. 아직도 나는
그때 옆으로 비켜주지 않은 모든 차들과 자기 목적지에 조금 더 일
찍 도착하려고 우리 길을 막은 사람들을 증오한다."[10]

　죄책감과 후회 또한 사랑하는 사람의 죽음을 맞이한 뒤 느끼는 흔
한 감정들입니다. 부모들은 본능적으로 자녀를 보호해야 한다는 책
임의식 때문에 막지 못했을 비극 속에서도 "만약에…"라는 질문들
로 죄책감에 시달리며 힘들어합니다. 2008년 지진의 경우, 많은 부
모들은 "만약에 그날 내가 자녀를 학교에 보내지 않았더라면 어떻
게 되었을까? 만약에 다른 심부름을 시켜 위험을 벗어나게 했으면
어떻게 되었을까? 만약에 학교에 보내지 않고 시골에서 키웠더라면
어떻게 되었을까?"라는 질문을 던졌습니다. 사람들은 이런 답이 없

10 https://www.facebook.com/sheryl/posts/10155617891025177:0(2015.6.3)

는 '만약에'라는 질문으로 스스로를 미치게 만듭니다. '살아남은 이의 죄책감', 이 죄책감은, '나는 살아났는데, 왜 다른 사람들은 죽음을 당했을까?'라는 순환적 사고에 얽매여 몇 년 동안 지속될 수 있습니다. 전투에서 동지의 죽음을 겪는 군인들이 주로 이런 질문에 시달리게 됩니다.

이러한 깊은 감정적 반응들은 넘어서기 힘들어 보이지만, 레오 톨스토이(1856)[11]의 글에서 우리는 조금이나마 희망을 얻습니다. "깊은 사랑을 할 줄 아는 사람들만 깊은 슬픔을 느낄 줄 알지만, 동시에 사랑은 그들의 비통함을 극복하고 그들을 치유하는 역할을 합니다."[12] 유족이 경험할 수 있는 추가적인 감정의 종류는 광범위하며 외로움, 피로, 무력감, 충격, 그리움, 해방, 안심 및 무감각이 포함될 수 있습니다.

2. 신체적 감각, 사고와 행동

비통함은 또한 복부의 허함, 가슴이나 목의 압박감, 소음에 대한 과민 반응, 비현실감, 숨 가쁨, 에너지 부족, 입 마름 등의 신체적 감각으로 표현되거나 나타날 수 있습니다. 어느 문화권에서든, 특히 정서적 표현을 지양하는 문화권에서는 감정적 반응보다 신체적 증

---

11 Tolstoy, Lev "Leo" N., *Childhood, boyhood, youth,* New York: Thomas Y., Crowell Co., 1856.

12 Worden, J. William, *Grief Counseling and Grief Therapy: A Handbook for the Mental Health Practitioner (4[th]edition)*, New York: Springer, 2008.

상을 표현하는 것을 더 편하게 느껴질 수 있습니다. 이러한 증상은 식욕 상실, 수면의 질 저하나 육체적 통증으로 나타날 수 있습니다. 따라서 정신과보다 내과에 찾아갈 경향이 더 높습니다.[13]

비통함은 사고나 인식으로 표현되거나 나타날 수 있습니다. 사고/인식으로는 불신, 혼란 또는 환각 등이 있으며, 의미부여 또한 여기에 해당합니다. 유명한 미국 영화 "스타 트렉 7(Star Trek: Generations)"의 한 장면에서 우주선장 장 류크 피카르는 끔찍한 화재로 그의 유일한 조카가 사망한 사실을 통보받습니다. 그는 겉으로는 감정 없이 "괜찮다.", "이런 일이 있을 수 있지."라고 대답합니다. 피카르 선장에게 이 상실이 갖는 의미를 알게 되면서 그의 이러한 무미건조한 답변이 그가 느끼는 고통의 깊이를 감추고 있음을 알게 됩니다. 그는 가족 앨범을 보면서 그의 조카 르네는 자신에게 아들만큼 가까웠음을 얘기합니다. 게다가 르네는 군인가문인 피카르 가족의 이름과 전통을 이어갈 친척이었습니다. 상담사가 피카르와 계속 이야기를 시도하자, 그는 끝내 자기가 느끼는 비통함의 깊이를 인정합니다.

비통함은 또한 행동으로 표현되거나 나타날 수 있습니다. 예를 들어, 수면장애, 식욕 부진, 건망증, 사회적 위축, 고인에 대한 꿈, 고인과 관련된 물건에 대한 기피증, 고인을 찾거나 이름을 부르는 행동, 한숨 쉬기, 활동 항진증, 울음, 고인을 상기시키는 장소를 방문하거

---

13 Chan, Cecilia L. Y. and Chow, Amy Yin Man, *Death, Dying, and Bereavement: A Hong Kong Chinese Perspective,* Hong Kong: Hong Kong University Press, 2006.

나 물건을 들고 다니는 것, 또는 고인의 물건을 간직하는 것 등이 있습니다.

3. 영적/철학적 표현, 그리고 새로운 가능성

비통함은 또한 영적/철학적 영역으로 표현되거나 나타날 수 있습니다. 이러한 범주에 해당하는 질문으로는, '나는 이제 누구인가?', '나는 무엇을 위해 사는가?', '내 삶의 의미는 이제 무엇인가?' 등이 있습니다. 모든 이들 그런 것은 아니지만, 많은 유족들은 종교적 신앙에서 큰 위안을 찾습니다. 고통스러운 상실이 삶의 진정한 기쁨을 느낄 수 있는 기회가 될 수 있다고 주장하는 이도 있습니다.

유족들은 이전에 자신의 삶의 기반이 되었던 몇몇 가정들이 더는 적합하지 않다는 것을 깨닫게 될 수 있습니다. 예를 들어 '나쁜 일은 나쁜 사람에게만 일어나며, 인생은 공평하다. 착하게 살면, 비극을 맞지 않을 것이다.'라는 가정이 깨질 수 있습니다.

죽음은 사람들의 삶의 기반이 되는 가정들을 검증하거나 무효화할 수 있는 사건입니다. 일반적으로 사람들은 자신들의 과거, 현재의 관계들 그리고 미래에 대한 예측 가능성에 근거하여 하루하루를 살아갑니다.

노인이 맞는 죽음과 같이 가정에 부합하는 죽음은, 우리가 지키고 있던 신념들을 강화합니다. 반면, 때 이른 비극적 죽음은 우리가 삶에 대해 가졌던 소중한 신념들에 의문을 품게 할 것입니다.[14]

앞서 묘사되었던 비통함의 특징들에도 불구하고, 비통함이란 지극히 개인적인 과정으로 개인마다 다르게 겪게 되며 자신의 정체성과 연결되어 있습니다. 때문에 간병인이나 상담사로서 비통함을 겪는 사람들의 개인적인 과정을 이해하기 위해서는 그들에게 상실이 갖는 특별한 의미를 파악해야 합니다. 예를 들어, 그들은 "슬픔에 빠져 죽는다."와 "내 삶이 빈 배와 같다." 같은 은유나 이미지를 통해 자신들을 표현할 수 있습니다. 탐 애틱(1996)[15]은 이러한 과정을, 자신에 대해 그리고 자신이 사는 이 세상에 대한 재해석의 과정이라고 설명합니다. 상실은 우리가 누구인지에 대한 인식에 심오한 변화를 일으키는 기초가 될 수 있습니다. 우리는 세상을 재해석할 뿐만 아니라, 우리 자신을 재해석하게 됩니다.

"나 자신을 놓으면, 내가 될 수 있는 것이 된다."라는 중국 철학자 노자의 명언은 빅터 프랭클(1968)[16]이 말하는, 의미를 찾는 세 가지 방법과 일치합니다. (1) "창조적 가치(creative values)"로, 어느 한 행동을 함으로써 업적 혹은 성취를 이루는 것. (2) "체험적 가치(experiential values)"로, 자연의 작품이나 문화의 작품의 가치를 경험하는 것. (3) "피할 수 없는 고통"을 경험하는 것. 의미를 찾는 데 있어 이 마지막 과정이 가장 중요하다고 할 수 있습니다. 현대 작가들은 또한, 사건에 대한 설명 가능한 구조를 입히고 상실 속에 의미를 찾는 과정, 특히 유족들의 상실에 대한 인식이 부정적인 시각에서 긍정적인 시각

---

14 Neimeyer, R. A., *Lessons of loss: A guide to coping.*

15 Attig, Tom, *How We Grieve: Relearning the World,* Oxford: Oxford University Press, 1996.

16 Frankl, Viktor, *Man's Search for Meaning.*

으로 변해가는 과정에 대해 다룹니다.

페이스북의 임원이자 "뛰어들라: 여성, 일, 그리고 이끌려는 의지 (2013)"의 저자, 셰릴 샌드버그는 남편의 갑작스러운 죽음에 대해 다음과 같이 말하였습니다. "나는 도움을 청하는 법을 배웠고, 극복능력은 배울 수 있는 것이라는 것을 배웠으며, 밴드 U2의 노래처럼 '비통함에는 끝이 없고⋯ 사랑에도 끝이 없음'을 알게 되었다."

비통함은 성장과 발견을 제공하는 자연스러운 과정입니다. 우리는 모두 상실을 겪게 됩니다. 비통함은 다른 어떤 방법으로도 실현될 수 없는 자기 자신의 특징을 발견하게 해주며 우리로 하여금 삶에 대한 깊은 이해와 자신감을 얻게 해줍니다.[17] 이것이 바로 우리가 비통함을 겪는 사람들에게 줄 수 있는 희망입니다.

비통함에 빠진 사람들은 무엇을 필요로 할까요? 비통함을 겪는 이들에게는 세 가지 필수 요구 사항들이 있습니다. (1) 상상을 초월하는 상실을 말로 설명할 방법 (2) 이 단어들을 큰 소리로 말하는 것. 그리고 (3) 이 단어들이 들렸음을 아는 것.

듣는 사람이 전문가가 되었든 친구가 되었든, 유족들은 비통함의 여정을 통과하는 데 동반자가 필요합니다. 네덜란드 출신 가톨릭 성직자 헨리 나우웬 신부는 다음과 같이 말했습니다. "절망이나 혼란의 순간에 우리와 함께 침묵을 지킬 수 있는 친구, 비통함과 사별의 시간에 우리와 함께 있을 수 있는 친구, 알지 못하고, 치유하지 못하고, 치료받지 못함을 이해해주고, 우리의 무력한 현실을 함께 직면

---

17 Dershimer, Richard A., *Counselling the Bereaved: Conceptual Framework, Assessment and Counselling Strategies,* Boston: Allyn and Bacon, 1990.

해주는 친구가 진정한 친구이다." 진정한 상담사나 간병인이 되기 위해서는 침묵할 줄 알아야 하며, 침묵 속에서 유족들의 슬픔에 완전히 함께할 수 있어야 합니다.

모두가 비통함을 겪는 사람의 고통스러운 이야기를 들을 수 있는 것은 아닙니다. "사별했을 때, 우리는 우리의 비통함 속에 '함께 걸어갈' 사람을 찾아 우리 자신에게 자비로워야 한다."[18] 안타깝게도, 정신과 의사라고 해서 죽음·상실의 주제를 편하게 다룰 줄 아는 것은 아닙니다. 사별을 맞이한 이들은 이런 주제를 편하게 다루며 비통한 이들을 상담하는 데에 숙련된 상담사를 찾아야 할 것입니다.

IV. 유족들을 위한 과제 기반 모델

윌리엄 워든이 개발한, 비통함의 과정을 이해하기 위한 다음 모델은 개인적으로 저의 상실을 견디는 데도 도움이 되었으며 유족을 상대로 한 상담을 준비하는 데에도 많은 도움이 되었습니다. 이 접근법은 "애도의 4가지 과제"[19]로 알려져 있습니다. 저는 이 모델에 몇 가지 개념을 추가했습니다.

첫 과제는 상실의 현실을 받아들이기, 그리고 바뀐 세상을 받아들이기 위해 노력하기(그 반대는 상실을 부인하는 것)입니다. 상담 중

18 Wolfelt, A. D., *Understanding grief: Helping yourself heal,* p.143.
19 Worden, J. William, *Grief Counseling and Grief Therapy: A Handbook for the Mental Health Practitioner (4[th]edition).*

에 이 특정 과제를 다루기 위해 할 수 있는 질문은 다음과 같습니다. "당신은 고인이 죽는 순간에 함께 있었습니까?", "고인의 죽음에 대한 통보를 어디서 어떻게 받았습니까?", "사망 신고는 어땠습니까?", "어떠한 장례 의식을 지낼 수 있었습니까?"

죽음의 상황에 따라, 유족이 전통적인 애도의식에 참여하지 못하였을 수 있습니다. 유족으로 하여금 '자신의 이야기를 하고 다시 이야기하게 하는 것'이 네 가지 과제를 풀어나가는 데 도움이 되며, 특히 사랑하는 사람이 죽었다는 현실을 받아들이게 하는 데 큰 도움이 될 수 있습니다. "사건에 대해 조금 이야기해줄 수 있을까요? 어떻게 죽은 건가요? 그날 무슨 일이 있었나요?"와 같은 질문들을 통해서 말입니다.[20]

애도의 두 번째 과제는 상실의 고통 혹은 감정적인 측면을 경험하는 것입니다. 다르게 표현하면 두 번째 과제는 비통함의 고통을 관통하는 것입니다(그리고 비통함에서 벗어난 시간을 취하기).

다룰 수 있는 주제로는 "당신의 가장 힘든 날들을 묘사해주세요. 가장 좋았던 날들을 묘사해주세요. 당신 속에 느껴지는 감정이나 생각을 어떻게 다룹니까? 그(고인)에 대해 이야기를 해줄 수 있나요? 그와의 관계를 처음부터 이야기해줄 수 있나요?"[21] 등이 있습니다.

이 과제는 사별을 대처하는 이중 처리 모델(Dual Process Model of Coping with bereavement) (Stroebe & Schut, 2001)과 상실 중심의 대처법(Loss-orientation of coping)과 일치합니다.

---

20 Raphael, Beverley, *The Anatomy of Bereavement,* New Jersey: Aronson, 1983.
21 Raphael, Beverley, *The Anatomy of Bereavement.*

세 번째 과제는 "고인이 없는 환경에 적응하기"입니다(그리고 주관적 환경의 재구성을 위해 노력하기).

예시 질문은, "상실을 겪기 전과 비교했을 때 지금 당신의 인생이 어떻게 바뀌었습니까? 이 사람이 당신의 삶에 더 이상 없다는 것이 정확히 어떻습니까? 고인의 죽음 이후에 어떤 일들이 있었습니까? 당신의 가족 및 친구들과 어떻게 지내고 있습니까?"[22]가 될 수 있습니다.

문화적 배경 혹은 개인의 취향에 따라 유족은 자신의 상실과 관련된 감정에 대한 이야기를 꺼릴 수 있습니다. 하지만 이 세 번째 과제는 유족으로 하여금 그들이 적응하면서 겪는 어려움에 대한 도움을 받거나, 자신의 비통함 혹은 상실에 관해 더욱 편하게 이야기할 수 있는 '문을 열어주는' 계기가 될 수 있습니다.

고인이 담당하던 역할이나 의무, 그리고 그의 죽음 뒤 누가 이 역할을 이어받을지에 대해 생각해보세요. 전에 참여했던 한 추도식에서는 참여한 사람마다 고인에 대한 감정을 나누는 시간이 있었습니다. 고인은 안타깝게도 자신을 목숨을 끊은 사람이었습니다. 자살하기 직전에 그는 어느 한 청소년에게 기타를 가르쳐주고 있었습니다. 이 청소년은 일어나 말했습니다. "저는 저의 기타 선생님을 잃었습니다. 이제 누가 제게 기타를 가르쳐줄 수 있을까요?" 추도식에 참석했던 다른 사람이 추도식이 끝나고 그 청소년에게 다가가 자기가 기타를 가르쳐주겠다고 하였습니다.

---

22 Raphael, Beverley, *The Anatomy of Bereavement*.

아시아 문화권에서는 자신의 자아(selfhood)가 남들과의 관계로 인해 정의됩니다. 미국 문화의 특징적인 개인주의와는 상당히 다르게, 아시아에서 자아는 대인관계 속에서 성립됩니다. 사랑하는 이를 잃는 것은 자기 자신의 일부를 잃는 것과 같습니다.

네 번째 과제는 자신에 삶에 고인을 재배치하고 그를 기념할 방법을 찾는 것입니다. 다르게 말해, 고인을 정서적으로 재배치하고 삶을 이어나가는 것입니다. 그리고 새로운 역할, 정체성, 관계를 위해 노력하는 것입니다. "최근 혹은 어렸을 때 이와 유사한 안 좋은 경험이 있었나요?"[23]와 같은 질문이 유용합니다.

이 과제는 유족의 종교적 혹은 영적 신념과 연관되어 있을 것입니다. 예를 들어, 유족이 '천국'이라는 곳이나 어떠한 형태의 내세를 믿는다면 이는 네 번째 과제에 영향을 미칠 것입니다. 유족이 윤회 또는 중생을 믿는다면 이 또한 이 과제를 탐구하는 데 도움이 될 것입니다. 다음 인용은 문화적 신념이 어떻게 네 번째 과제를 풀어나가는 데에 도움이 되는지 나타내고 있습니다. "다음과 같은 속담이 있습니다. '죽은 사람은 살아있는 사람들에게 길을 내어야 한다.'"[24] 유족을 향한 소망은 어느 한 묘비에 쓰인 다음 문구에서도 나타납니다. "인생은 짧지만, 사랑은 길다."

우리는 어떻게 유족이 적응해 나가고 있음을 알 수 있을까요? 네 이마이어는 "비통함은 우리가 하는 것이지, 우리에게 행해지는 것이 아니다."[25]라고, 우리가 우리의 비통함에 있어서 수동적일 필요

---

23 Raphael, Beverley, *The Anatomy of Bereavement*.

24 메이 팅, 2008년 지진 이후 미얀마에 난민들과 일한 심리학자.

가 없다고 말합니다. 우리는 행동을 취할 수 있습니다. 상담사들은 슬퍼하는 유족 속에서 회복할 수 있는 힘을 찾을 수 있습니다. 우리는 유족들의 자기효능을 촉진할 수 있습니다. 유족들을 위한 지원 그룹들은 유족들의 자율권을 장려합니다.[26] 예를 들어, 어쩌면 이번이 처음으로 경험하는 큰 상실일 수 있습니다. 과거에 다른 어려움을 겪어본 적이 있나요? 과거에 어려움을 극복한 경험이 있다면 사별에 성공적으로 적응하는데 디딤돌이 될 수 있습니다.

사랑하는 사람을 잃은 모든 이들이 전문가의 도움을 필요로 하지는 않습니다. 그러나 어떤 유형의 집단이나 사람들은 장기적 문제에 시달릴 위험이 더 높습니다. 비통함을 겪는 모든 사람에게 전문적인 도움이 필요하지는 않습니다. 즉, 유족은 반드시 정신과 의사, 심리학자, 사회 복지사 또는 상담사에게 상담할 필요가 없습니다. 대부분의 유족은 자신에 삶에 충분한 정신적 탄력성 또는 사회적 지지대가 있어 사랑하는 사람이 없는 삶에 적응할 수 있습니다. 그러나 사별한 사람들의 일부는 전문가의 도움을 필요로 합니다. 하나의 예로, 정상적인 비통함과 임상 우울증을 구별해야 합니다. 슬픔은 대부분 사람들에게 비통함의 특징이긴 하지만, 이러한 슬픔이, 반드시 정신과 의사의 도움이 필요한, 주요우울장애(DSM-5)의 증상으로 진단되지 않는 것이 중요합니다.

비통함과 우울증의 가장 큰 차이점은 바로 다음과 같습니다. 비통

---

25 Neimeyer, R. A., *Lessons of loss: A guide to coping*, Memphis, p.91.

26 Mok, B-H, "Self-help group participation and empowerment in Hong Kong," *Journal of Sociology and Social Welfare* 31, 2004, pp.153-168.

함의 반응에서는 임상우울증에서 흔히 나타나는 자존감 상실이 나타나지 않습니다. 대개 느낄 수 있는 죄책감 또한 일반적인 책임감과는 구별됩니다.

비통할 때에는 세상이 빈곤하고 비어있는 것 같다면, 우울증이 걸린 사람들은 스스로가 빈곤하고 비어있는 것처럼 느낍니다. 그러나 그 사람이 임상 우울증을 앓고 있다면, 우울증이 사라진 뒤 치료의 초점은, 그가 고인에게 갖는 심리적 애착 속에서의 근본적 갈등에 맞춰져야 합니다.[27]

그럼에도 불구하고, 주요우울장애 진단 기준에 부합하는 사람이 있다면, 그는 자살 위험이 높기 때문에 반드시 정신과 의사를 찾아가야 할 것입니다.

V. 유족과의 상담 관계에 대한 지침서

고인에 대해 이야기를 하도록 도와주세요. 본인이 겪고 있는 상실에 대한 이야기를 할 수 있게 도와주세요. 그들의 추억이 긍정적인지, 부정적인지 혹은 혼합되어있는지 주목하세요. 고인과 관련된 긍정적인 경험에 대한 질문을 하여 긍정적인 추억에 대한 기반을 마련하세요. 사랑과 분노와 같은 감정이 혼합된 추억이라면, 이에 대해 이야기를 나누세요.

---

27 Worden, J. William, *Grief Counseling and Grief Therapy: A Handbook for the Mental Health Practitioner (4th edition)*, p.33.

사랑하는 이에 대해 무엇을 가장 그리워하는지 물어보세요. 또한, 그리워하지 않는 점들이 무엇인지 물어보세요. 우리 중에 완벽한 사람은 없습니다. 고인을 긍정적이고 부정적인 면이 있는 사람으로 객관적으로 볼 수 있는 것이 건강한 사고입니다. 예를 들어, '고인이 어떤 면에서 당신을 실망시켰나요?', '그와 관련해서 아프거나, 화나는, 혹은 실망스러운 기억이 있으신가요?' 등의 질문을 던지세요.

여러 가지 상실을 겪고 있는 경우, 가장 복잡하지 않은 상실부터 다루세요. 이것은 그다음 상실에 적응하는 데 도움이 될 성공의 토대를 제공해 줄 것입니다. 앞에서 언급했듯이, 사망 신고와 장례식에 관해 질문하세요. 예를 들면, '어떻게, 누구에게, 언제, 어디에서 소식을 들었나요?', '자신의 감정을 표현하거나 질문을 할 수 있는 장소에서 사망 소식을 들었나요? 아니면, 그런 질문을 하기 불편한 장소에서 소식을 들었나요?', '그다음엔 어떤 일이 있었나요? 장례식 혹은 추도식을 준비하는 과정에 참여하였나요?', '장례식은 어땠나요? 장례식에 대해 이야기해줄 수 있나요?'라는 질문이 도움이 됩니다.

무력함을 극복할 수 있도록 새로운 기술 혹은 새로운 역할을 찾을 수 있게 도와주세요. 상실의 의미를 찾는 데 어려움을 겪는 사람이라면, 네이마이어의 "상실의 교훈: 대처법"을 참고할 수 있습니다. 유족들로 하여금 고인과 새로운 관계를 형성할 수 있도록 도와주어야 합니다. 의뢰인이 고인과 지속적인 관계를 맺을 수 있도록 하여, 새로운 관계들을 형성하면서 고인이 없는 새로운 삶에 적응을 할 수 있도록 도와야 합니다. 안타깝게도, 몇몇 사람들은 상실 앞에서 불편함을 느껴 유족들을 외면할 것입니다. 지그문트 프로이드는 초기 저서에서 "사람들은 고인과 계속 관계를 유지하겠지만, 고인이 없는 삶에 적응할 수 있는 선에서 이러한 관계를 유지해야 합니다."라며 고인과의 이별을 언급하기도 했습니다.[28]

 "지속 유대(Continuing Bonds)"이론[29]은 전통적인 정신 분석학[30]에서 비롯된 오랜 신념, 즉 사별에 적응하려면 고인과의 감정적 유대를 끊어야 한다는 생각에 반기를 들었습니다. 몇몇 사람들이 갖는, 고인에 대한 애착에서 벗어나는 것이 건강하다는 생각은 연구결과로 증명된 것이 아닙니다. "사랑하는 사람이 세상을 떠났을 때 그들과의 유대를 이어가는 것도, 포기하는 것도 적응하는 데에 도움이 되지 않습니다." 우리는 사별을 당한 사람에게 그들이 고인과 유지하는 관계에 대해 질문해야 할까요? 이것이 고인이 없는 세상에 적응하는데 도움이 되는 것일까요, 아니면 오히려 상실에 적응하는 것을 막는 일일까요? 연구 결과에 의하면, 때로는 고인과의 감정적 유대를 이어가는 것이 오히려 적응하는 데 도움이 된다고 합니다.

 위에서 언급했듯이, 죄책감은 이성적일 수도 있으며 비이성적일 수도 있습니다. 우리는 유족이 느끼는 죄책감의 현실성을 확인할 필

28 Worden. J. W. and Winokuer, H. R., "A task-based approach for counseling the bereaved," p.57-67, In R. A. Neimeyer, D. L. Harris, H. R. Winokuer and G. F. Thornton et al. eds., *Grief and Bereavement in Contemporary Society: Bridging Research and Practice,* New York: Routledge, 2011, p. 65.

29 Klass, D., Silverman, P. R., & Nickman, S., *Continuing Bonds: New Understandings of Grief,* Taylor & Francis, 1996.

30 Freud, S., "Mourning and melancholia," pp.152‐170, in J. Strachey ed. and trans., *Standard Edition of the Complete Psychological Works of Sigmund Freud,* London: Hogarth Press, 1917.

요가 있습니다. 실질적인 죄책감인가요? 실제로 그들이 한 행동으로 말미암아 사랑하는 사람이 죽은 건가요? 아니면, 사랑하는 사람의 죽음을 막을 수 있었는데 그러지 못한 건가요? 만일 그렇다면, 이 상황을 솔직하게 다루어야 합니다. 몇 년 전 어린아이를 트럭으로 치어 죽게 한 젊은 남자를 상담한 적이 있습니다. 그는 도로에 나온 아이를 보지 못했다고 말했습니다. 당시 저는 아직 경험이 부족했고, 이러한 정보를 듣고 황급히 그에게 그의 잘못이 아니라고 안심시키려 했습니다. 그러나 이러한 말은 그에게 아무런 위로가 되지 않았고 그의 죄책감은 사라지지 않았다는 것을 알 수 있었습니다. 그러다 저는 그와의 첫 상담에서 그가 가끔 마리화나를 핀다고 언급했던 것이 떠올랐습니다. 그리고 상담을 지속하면서 그의 마리화나 복용이 그의 죄책감을 유발하고 있을 것이라고 깨달았습니다. 그래서 저는 그에게 혹시 트럭을 운전할 당시 마리화나를 피웠는지 물어봤습니다. 그는 아니라고 하였지만, 사고 당일 오전에 피웠다고 말하였습니다. 물론 무엇이 그로 하여금 도로에 나온 아이를 못 보게 했는지 확인할 방법은 없었지만, 저희는 사건 당시 그의 운전 실력이 정상적이지 않았을 가능성에 대해 이야기를 나누었습니다. 그러나 그의 죄책감에 대해 정확히 알 수 없었기에 대화를 어떻게 하면 이 비극적인 죽음에서 의미를 찾을 것인지를 살펴보는 방향으로 이끌어 나갔습니다. 그가 어떻게 자기의 인생을 다르게 살고 싶은지에 대해 이야기를 나누었습니다.

이런 실질적 죄책감과 같은 해결되지 않은 감정을 다루기 위한 한 가지 전략은 역할극을 하는 것입니다. 상담사와 의뢰인이 각각 역할을 맡아, 사과할 수 있는 기회를 마련하는 것이 한 가지 방법이 될 수 있습니다. 또 다른 방법은 시각화입니다. 즉, 의뢰인이 마음속으로 치유되는 생각을 떠올릴 수 있는 이미지를 생각하는 것입니다. 예를 들어, 고인에게 직접 사과는 못 하더라도, 고인에게 편지를 써서 묘지에서 읽어주는 것을 시각화함으로써 상징적으로 사과할 수 있습니다.

유족에게 고인의 물건 중 무엇을 남겨놨는지 물어보거나, 상담할 때 몇 가지 사진이나 물건을 가져올 의향이 있는지도 물어보아야 합니다. 고인과 관련된 물건을 손에 들고 있거나 그들의 사진을 보고 있는 것은 유족으로 하여금 다른 세부 사항, 생각 또는 감정을 떠올리게 할 수 있으며, 이를 표현하는 것이 사랑하는 사람의 죽음에 적응하는 데 도움이 될 수 있습니다.

고인이 없는 새로운 삶을 설계할 수 있도록 도움을 주어야 합니다. 캐서린 쉬어 교수[31]에 의하면, "의뢰인에게 비통함이 마법같이 없어질 수 있다면 자신들을 위해 무엇을 원할지 묻고 함께 구상하고, 고인 없이 성취될 수 있는 새로운 인생 목표를 함께 만들어 나가야 합니다."[32]

모든 문화권은 구성원들의 애도하는 방식을 미묘하게 혹은 명백하게, 암묵적으로 혹은 명시적으로 규제합니다.[33] 앞에서 언급했듯

---

31 Shear, K., "Adapting imaginal exposure to the treatment of complicated grief," 2006; Shear, Katherine, Distinguishing Grief, Complicated Grief, and Depression, *Medscape.* Dec 26, 2014.

32 이것은 Insoo Kim Berg and Steve DeShazer의 "해결중심치료"에 나오는 기술을 응용한 것입니다.

이 이중 처리 모델(Dual Process Model)은 상실 중심의 대처 및 회복 중심의 대처 사이에 오가는 움직임에 있어 균형의 중요성을 나타냅니다. 클라스와 차우[34]는 2008년 중국 쓰촨성 지진 이후 유족들을 관찰한 결과, 회복 중심 대처법이 지나치게 강조됐다고 보고했습니다. "지진 발생 후 1년 이내에 재혼한 과부/홀아비 수가 상당했으며, 이는 상실 중심의 대처보다 회복 중심의 대처에 초점 두어졌음을 나타낸다." 따라서 본 모델은 지나치게 회복에만 중점을 두는 것은 상실의 다양한 측면을 구분하고 체험할 적절한 기회를 놓치게 한다고 주장합니다.

의뢰인의 회복을 더욱 잘 이해하려면, 그의 현재 사회적 관계에 대해 질문해야 합니다. 그들의 사회적 관계가 변했을까요? 변했을 확률이 높습니다. 이는 의뢰인의 적응력에 어떠한 영향을 끼쳤나요? 친구를 잃게 되었나요? 유족이 배우자와 사별을 했을 때 거리를 두는 (특히 기혼인) 친구들이 종종 있습니다.

또한, 의뢰인이 그의 비통함의 끝을 어떻게 묘사하는지에 귀를 기울여야 합니다. 물론 언어마다 표현의 차이는 있을 수 있을 것입니다. 하지만 영어의 경우 다음과 같은 용어가 사용됩니다. recovering(회복되다), letting go(놓아주다), closure(종결), resolution of grief(비통함을 해결하다), acceptance(수용), adaptation(적응). 의뢰인이 사용하고 있는 단어

---

33 Klass, Dennis and Chow, Amy Yin Man, *Culture and ethnicity in experiencing, policing, and handling grief,* 2011, p.344.

34 Klass, Dennis and Chow, Amy Yin Man, *Culture and ethnicity in experiencing, policing, and handling grief,* p.348.

나 표현이 혹시 상실에 대처하는 데에 있어 걸림돌이 되고 있지는 않은가요?

VI. 마지막 인사 도와주기

고인이 죽음에서 돌아오지 않을 것이라는 사실을 받아들여야 합니다. 마지막 작별인사는 큰 안도감을 선사합니다. 유족에게 언제 마지막 작별인사를 할 준비가 될지를 물어보아야 합니다.[35] 어쩌면 사랑하는 사람이 죽고 수년이 지나서야 마지막 '안녕'을 할 준비가 될 수도 있습니다. 마지막 작별인사는 유족이 준비되어 있어야만 효과적입니다. 그들이 생각하는 이 비통이라는 과정의 끝은 어떨까요? 비통함을 끝마치게 된다면 무엇을 잃거나 포기하게 되는지 물어보아야 합니다. 예를 들어, 그들은 현재 사랑하는 사람을 잃음으로 다른 사람들의 관심을 받고 있을지도 있습니다. 비통을 마무리한다면 이러한 관심을 잃게 되는 걸까요? 혹시 유족 주변의 누군가가 더 이상 애통해하지 않는 것을 못마땅해하는지 물어보아야 합니다. "비통 상담학에서 '준비됨'이 간과되는 경우가 종종 있습니다."[36] 따라서 준비되지 않은 비통 상담사로 인해 상처를 입는 유족들이 많습니다. 서툰 상담사는 조급하게 유족들에게 비통함을 끝내거나, '비통의 단계'를 따르도록 할 수 있습니다.

---

35 Worden, J. William, *Grief Counseling and Grief Therapy (4th edition)*.

36 Worden, J. William, *Grief Counseling and Grief Therapy(4th edition)*, p.110.

사랑하는 사람의 죽음에 건강하게 적응하기 위한 긍정적 결과물의 예로는 고인의 유산을 지켜나가는 프로젝트가 있습니다.[37] 이 프로젝트는 다양한 형태를 취할 수 있습니다. 예를 들어 예술 작품이 될 수도 있고, 다른 유족들을 돕는 프로그램 개설 또는 고인에 대한 기억, 가치 등을 이어나가고 지속시킬 많은 방법들이 있을 것입니다.

유족들이 생각하는 "성공적 대처"가 무엇인지에 따라 이를 확인하는 것은 매우 어려울 수 있습니다. 상담 결과의 평가기준이 될 수 있는 세 가지 변화는 다음과 같습니다.

의뢰인이 스스로 보고하는 주관적인 경험: 자존감 향상과 죄책감 감소가 있음을 보고하나요? 시간이 지날수록 고인에 대한 긍정적인 감정이 늘어난다고 할 것입니다.

행동적 변화: 그들의 혼란스러운 '탐색 행동'이 멈추었나요? '탐색 행동' 중에는 고인이 자주 가던 곳을 집착적으로 찾는 것이 있을 수 있습니다. 그들이 필요에 따라 새로운 관계를 형성하였습니까? 이전에 의미를 두던 종교활동에 복귀했습니까? 묘지를 방문하는 것이 가능합니까? 이전에 카리브해 바르바도스에서 강의를 하던 중, 묘지를 방문하는 것이 그 나라 문화권에서는 정상적인 것이 아니라는 것을 배웠습니다. 따라서 바르바도스에서는 묘지를 찾아가고 싶은 마음이 성공적인 대처의 척도가 될 수 없을 것입니다.

증상 완화: 상담 시작 당시 보고했던 증상이 완화되었거나 없어졌

---

37 Lichtenthal, Wendy, "Keynote presentation. Annual Conference of the Association for Death Education and Counseling. Portland, Oregon," 2017.

다고 말하나요?[38] 상담을 시작하는 환자들은 주로 그들을 괴롭히는 증상에 대해 이야기를 합니다. 예를 들어 깊은 슬픔, 불안함, 불면증, 삶에 정상적으로 활동하지 못함 등을 애기합니다.

상담은 의뢰인과 상담사만의 개별 상담이 될 수도 있고, 유가족이 함께하는 그룹 상담이 될 수 있습니다. 후자의 경우, 훈련된 상담사의 진행 하에 이루어지며, 상호지원 그룹(mutual-support group)은 이미 성공적으로 죽음의 적응을 한 유족이 이끄는 형태로 이루어집니다. 그룹 상담 또는 상호지원 그룹은 "사람들이 서로의 이야기를 나누고, 각자 경험의 의미에 이름과 형태를 부여할 수 있어" 효과적입니다.[39] 프랑스 출신 시인 알퐁스 드 라마르틴(1790-1869)은 두 명 이상이 서로의 사별에 관한 이야기를 나눌 때에 형성되는 감정적, 영적 유대감에 대해 다음과 같이 말했습니다. "비통함은 행복보다 더 두 사람의 마음을 이어줄 수 있으며, 함께 나누는 고통의 연이 함께 나누는 기쁨의 연보다 훨씬 강하다."

가족 구성원들이 각자 상실과 비통함을 다르게 경험하는 것은 흔한 일입니다. 또한 비슷한 상실을 겪은 다른 사람이 적응하는 것과 자신이 적응하는 과정을 비교하여 자신의 적응 속도가 더디다고 느낄 수도 있습니다. 워든은 사별경험에 영향을 미치는 몇 가지 변수들을 구분했습니다. 이러한 요소들은 왜 비슷한 상실을 경험한 사람들이 다른 반응을 보이는지 설명하는 데 도움이 됩니다.

---

38 Worden, J. William, *Grief Counseling and Grief Therapy: A Handbook for the Mental Health Practitioner (4th edition).*

39 John Harvey. Neimeyer, R. A., *Lessons of loss: A guide to coping,* 2006.

① 죽음의 형태: 자살, 타살, 사고, 암 등. 암으로 인한 죽음의 경우, 유가족은 사랑하는 이의 죽음을 준비할 시간이 있었을 것입니다. 반대로 자살, 타살, 사고의 경우, 죽음은 갑작스럽게 그리고 잔인하게 다가와 유족의 세계관에 훨씬 큰 충격이 될 것입니다. 또한 특정 죽음에 대해서는 문화적으로 오명이 입혀질 수 있습니다.

② 죽음의 장소: 집, 병원, 다른 나라. 어떤 문화권에서는 죽음이 집에서 일어날 경우가 높으며 다른 근대적 문화권에서는 병원과 같은 시설에서 죽음이 일어날 확률이 높습니다. 다른 나라에서 일어난 죽음의 경우 시신을 데려오는 과정의 복잡함이 추가될 수 있습니다.

③ 어린아이나 청소년의 경우, 특정 문화권의 장례식 및 장례의식을 위한 준비가 있었나요? 이전에 죽음과의 경험이 있었나요?

④ 가족의 성별 및 가족 내에서의 역할: 미국 문화에서 어머니를 가족을 묶는 "접착제"에 비유할 때가 많습니다. 따라서 한 어머니의 죽음 이후 가족들은 어머니가 가족모임을 열 때만큼 자주 모이지 않을 수 있습니다. 반대로 경제적 부양을 책임진 아버지의 죽음 이후 가족들이 경제적인 어려움을 겪을 수 있습니다.

⑤ 유족과 고인의 관계: 가깝고 따뜻했던 관계를 애도하는 것에 비해 갈등이 많았던 관계는 애도하기 어려울 것입니다. 어려운 관계일수록 유족은 혼란스러운 감정을 느끼게 될 것입니다.

⑥ 아내는 자녀와 함께 동일인물을 애도하더라도, 비통함에 있어

다른 경험을 할 것입니다. 부부간의 관계는 부모-자녀 간에 관계와는 다릅니다.

⑦ 나머지 가족들의 기능 수준: 예를 들어 부모 중 한 명이 죽을 시, 아이들의 적응 능력은 남은 부모에 달려있을 것입니다. 아이들의 식사를 챙겨 주는 것에서부터 아이들을 학교나 다른 활동에 데려다주는 역할을 얼마나 수행할 수 있느냐가 중요합니다.

⑧ 사망 전 가족의 친밀감: 가깝고 친밀한 가족 구성원들은 사랑하는 사람이 죽었을 때 서로 도움이 될 수 있습니다.

⑨ 개인과 가족의 서로 다른 부담: 예를 들어, 한 가족의 가장이 죽는다면, 앞으로 남은 가족들은 전처럼 살기에 충분한 수입이 있을 것인가요? 만약에 죽음에 앞서 긴 투병이 있었다면, 상당한 병원비의 부담이 남아있을 것입니다. 만약 타살로 인한 죽음이었다면, 사후 법적 조치가 유가족이 죽음에 적응하는데 오래 걸리게 할 것입니다.

⑩ 능동적인 혹은 수동적인 대처 방법: 능동적인 대처 스타일의 사람들이 주로 잘 적응을 합니다. 또한 자기 효능감이 높은 사람이 잘 적응할 것입니다. 자기 효능감이란, 자신의 인생의 어려움에 대처할 수 있는 능력에 대한 자신감입니다.

⑪ 가족의 경제적, 재정적 상태: 생명 보험이 없는 가족의 경우, 장례식 비용으로 어려움을 겪을 수 있습니다.

⑫ 사랑하는 사람이 죽을 당시 유족의 나이: 예를 들어, 나이에 따라 인지적 능력에 차이가 있을 것입니다.[40]

VII. 애도에 도움이 되는 활동들

① 기본적인 청취 및 대화 기술: 이는 공식적인 상담이나 비공식적인 친구 사이의 관계에서 도움이 될 것입니다. 의역(paraphrasing)이란 다른 사람이 한 말을 요약하는 기술입니다.

유족: "어머니의 죽음 이후 아무도 내 감정을 이해 못 하는 것 같아. 이야기할 사람이 없어."

친구: "같이 이야기를 나눌 사람이 없는 것처럼 느껴지는구나."

유족: "응, 아무도 신경을 안 쓰는 것 같아⋯⋯."

도움이 되는 다른 기술 중에 인식 확인이 있습니다.

상담사: "아이들이 어떻게 적응할지에 대한 걱정이 많은 것 같이 들리는데, 맞나요?"

② 풍선 날리기: 의뢰인이 준비되었다고 느낄 경우 상담사가 활용할 수 있는 마지막 작별인사 기법입니다. 유족은 고인에게 하고 싶은 말을 쪽지에 적어 풍선에 묶으면 됩니다. 풍선을 날리기 전에 풍선과 시간을 갖고 싶어 할 수도 있습니다. 풍선 날리기는 묘지, 상실의 장소 또는 유족이 특별히 고르는 장소에서 이루어질 수 있습니다. 풍선 날리기의 변형된 버전으로는 물고기 풀어주기가 있습니다. 살아있는 물고기를 사서 풀어주는 것

---

40 Worden, J. William, *Grief Counseling and Grief Therapy: A Handbook for the Mental Health Practitioner (4th edition).*

을 통해 슬픔, 불안함, 공포를 상징적으로 놓을 수 있습니다. 이러한 활동을 시행할 시, 상담사는 이 과정에서 생길 수 있는 감정을 충분히 해소할 시간을 주어야 합니다. 예를 들어, 상담 시간 중에 이러한 활동을 할 시에, 본 활동을 상담의 앞 시간에 진행하여 아직 경험하거나 표현해야 할 강력한 감정이 남아있는 상태에서 상담 시간이 끝나지 않게 주의해야 합니다.

③ 일기 쓰기: 하루 동안 갖는 생각 또는 감정을 '일기에 쓰거나' '노트에 기록'하는 것입니다. 이 글들은 죽음과 관련한 내적 갈등 또는 아이디어 위주일 수 있습니다. 떠오르는 대로 글을 써도 되고, 상담사가 매주 다른 주제를 제시해 글을 쓰게 할 수도 있습니다. 예를 들어, 만일 한 주의 상담 주제가 분노였다면, 의뢰인은 분노에 대한 글을 숙제로 받을 수 있습니다. 일기 쓰기를 시작하기 위한 좋은 팁은 '밤에 잠을 설치게 하는 것에 대해 서술하는 것'입니다. 밤에 잠을 못 자게하고 가장 힘들게 하는 감정적 격변은 언제나 글을 시작하기에 좋은 소재입니다.[41]

④ 미술 작품: 말하거나 글 쓰는 것의 대안은 다양한 유형의 미술 작품 활용입니다. 이 활동은 의뢰인의 나이에 따라 달라질 것입니다. 예를 들어, 어린아이에게는 종이를 반으로 접어 한쪽에서는 죽음이 일어나기 전 가족의 모습을, 그리고 반대쪽에는

---

41 Pennebaker, J. and Evans, J., Expressive Writing: Words that Heal, Washington: Idyll Arbor, 2014.

죽음이 일어난 뒤 가족의 모습을 그리게 할 수 있습니다. 조각, 페인트, 그림 그리기, 잡지에서 그림이나 글을 오려 콜라주 만들기 등 거의 모든 유형의 미술은 치료의 목적으로 사용될 수 있습니다. 글쓰기나 미술 작품에 활용되는 촉감은 치료에 도움이 될 수 있으며, 유족들이 감추어뒀던 감정들을 끄집어내게 할 수 있습니다.

⑤ 편지: 갑작스러운 죽음의 경우, 유족은 고인에게 얼마나 사랑하고 아끼는지 이야기해주고 싶었을 수 있습니다. 혹은 죽음 이후에 어떻게 지내는지, 사랑하는 사람이 죽은 뒤 삶이 어떻게 변했는지에 대해 이야기해주고 싶을 수 있습니다. 편지에 애정 표현 혹은 죽음 전에 하지 못하거나 말하지 못한 무언가에 대한 사과가 실릴 수 있습니다. 이 편지들은 간직해둬도 되고, 풍선과 함께 날리거나 묻히거나 태워질 수 있습니다.

⑥ 추도식: 고인을 위한 추도식이 진행될 수 있습니다. 관련 활동으로는 고인을 기념하는 글을 써서 비석에 올려놓는 것입니다. 또는 추도식이 이미 지났더라도 유족 또는 자신에게 특별한 의미를 지닌 추도식을 기획하게 할 수 있습니다. 예를 들어, 전통적인 추도식에서는 친구들의 역할이 주어지지 않을 수 있지만, 그들 또한 고인을 위해 특별한 무언가를 하고 싶을 수 있습니다.

　지금까지 살펴 본 상담 이론 또는 기술은 서양문화에서 비롯된 것입니다. 이를 각자의 문화에 적용하기 위해서 배운 것들을 알맞게 변형 그리고 응용하는 것은 여러분의 과제일 것입니다.

　한편 유족과 함께 일하기 전에 상담사는 다음과 같은 준비를 해야합니다. 우선, 상담사들은 의뢰인이 표현한 격한 감정들을 받아들이고 그들을 압도할 감정들을 함께 다루어줄 준비가 되어있어야 합니다.[42] 그리고 유족을 상대할 정신 상담사들은 우선 자신의 상실에 직면해야 합니다. 그렇다고 해서 그들이 겪는 모든 상실을 완벽하게 해소해야 한다는 것은 아닙니다. 그러나 최소한 스스로 이 상실들을 인정했어야 합니다. 시간이 지나도 완전히 해소되지 않는 상실이 있을 수 있습니다. 그러나 우리는 그런 상실에 대해 인지하고 있어야 합니다. 그러지 않으면, 해소되지 않은 감정들이 예상치 못한 순간, 예를 들어 유족을 도우려 하는 순간에 불쑥 마음속에서 나타날 것입니다. 상담사로서, 다른 사람을 도와주려는데 본인의 슬픔에 압도되고 싶지는 않을 것입니다. 다르게 말해, 의뢰인을 도와주지 못할 정도로 오열하고 싶지는 않을 것입니다. 도와주는 사람으로서 감정을 느끼거나 눈물을 보이는 건 문제가 안 됩니다. 그런 순간에는, 그 감정을 수용하고 말로 표현하세요, "당신의 아버지의 죽음에 대해 들으니 슬프다." 이렇게 함으로써 본인의 슬픔을 극복할 수 있을 것입니다.

　본인의 상실을 직면할 수 있는 방법 중에는 "비통함 회복 핸드

---

42 Worden, J. William, *Grief Counseling and Grief Therapy (4th edition)*.

북[43]"에 나오는 상실 흐름도(loss history graph)를 그려보는 것이 있습니다. 가로선을 그리세요. 왼쪽 끝에는 당신의 첫 번째 기억을 기록하세요. 이 기억은 상실에 대한 기억이 아니어도 됩니다. 그냥 당신이 가졌던 첫 기억이면 됩니다. 그리고는 왼쪽에서 오른쪽으로 이동하면서 살면서 당했던 상실의 순간마다 수직의 표시를 남기세요. 각 상실에 해당하는 년도 또한 기록하세요. 이 상실들은 누군가의 죽음으로 인한 상실일 수도 있고, 가장 아끼는 귀걸이와 같은 아끼는 물건의 상실일 수도 있습니다. 당신의 가족이 다른 도시로 이사했을 때, 혹은 가장 친한 친구가 다른 데로 이사했을 때 발생한 상실일 수 있습니다. 많은 사람들은 이 활동을 하면서 자신들이 살면서 얼마나 많은 상실을 겪었는지에 놀라곤 합니다.

교사, 상담사 또는 성직자 같은 분들이 옆에서 당신의 지난 상실에 대해 함께 이야기를 나누고 피드백을 줄 수 있다면 더욱 도움이 될 것입니다. 각 상실의 순간에 대해 글을 쓰거나 신뢰하는 사람과 이야기를 나누는 것을 추천합니다. 본인의 상실 경험에 대해 인지하는 것은 상담사로서 다른 사람의 비통함에 참여할 수 있게 할 것입니다. 그렇지 않으면 그들이 자신들의 상실에 대해 이야기를 하려 할 때 대화의 주제를 바꾸면서 이를 피하려 할 수 있습니다.

상담사는 자기 자신 또한 돌보아야 합니다. 유족을 상담하는 것은 감정적으로 많은 것을 요구하는 일이며 중요한 일입니다. 저는 개인적으로 매우 의미 있는 일이라고 생각합니다. 하지만 많은 사람들의

---

43 James, John W. and Friedman, Russell, The *Grief Recovery Handbook,* New York: William Morrow and Company, 1998.

슬프고 때론 충격적인 이야기들을 듣고 공감한다는 것은 쉬운 일이 아닙니다. 건강한 식습관, 적당한 수면 양, 운동, 영적 생활 그리고 무엇보다 즐겁게 사는 것의 중요성을 과소평가하면 안 됩니다. 우리가 유족에게 바라는 최종점은 결국 사랑하는 사람을 잃었더라도 선하고 행복한 인생을 살아갈 수 있게 하는 것입니다. 그건 분명히 가능합니다. 그리고 선하고 좋은 삶을 사는 것이 우리에게도 삶의 목적이 되어야 하지 않을까 싶습니다.

비통함을 다루는 데는 시간이 걸립니다. 사별을 당한 사람의 필요사항은 상실을 겪고 난 뒤 몇 주, 몇 달, 몇 년 동안 다양하게 나타날 것입니다. 당신은 그들의 인생길에 있어 단 한 사람에 불과합니다. 여러분이 할 수 있는 역할만 하면 됩니다. 여러분은 그 사람이 비통함을 겪는 과정에 있어 필요할 모든 지원을 해줄 수는 없을 것입니다. 다른 사람들도 그 비통함의 여정의 일부가 될 것입니다.

Ⅷ. 상실 이후의 삶의 기쁨

마지막으로 두 가지 이야기를 들려드리고 싶습니다. 첫 번째는 작은 친절과 동정심의 행동이 가질 수 있는 영향에 대해서입니다. "물방울이 작다고 얕보지 말고, 친절한 작은 행동을 무시하지 말라." 종종 간단하지만 친절한 말이 다른 사람들에게 얼마나 많은 영향을 미치는지에 놀라곤 합니다. 최근에 한 제자가 저에게 이메일로 본인이 겪는 삶의 고충들에 대해 이야기를 해주었고, 저는 단순하게 답변을 했습니다. 저는 그녀가 현재 많은 어려움을 겪고 있음을 인정해주었고, 또한 그녀가 지금 겪는 어려움들이 언젠가는 다른 사람들을 상담하는데 도움이 될 것이라고 격려해주었습니다. 이에 그녀는 제 말이 자신에게 큰 위로가 되었다고 답했습니다.

다음은, 조기 노화를 유발하는 조로증으로 아들을 잃은 해롤드 쿠쉬너 랍비(1986)의 말입니다. "당신이 사는 법을 배우면, 인생 자체가 보상입니다."[44] 아마 많은 사람들이 죽음이 되었든 다른 고통스러운 상실이 되었든 상실의 경험을 가지고 있을 것입니다. 저는 이들이 사랑하는 사람을 잃고 난 후에 우리가 더 명확하게 볼 수 있는, 삶의 기쁨을 누릴 수 있기를 소망합니다.

여기 오신 여러분은 어떻게 하면 유족을 도울 수 있는지 배우러 오신 것이지만, 여러분 중에는 죽음이 되었든 다른 고통스러운 상실이 되었든, 여러분 자신의 상실을 직면한 적이 있는 분들도 많으실 겁니다. 저는 여러분이 유족들과 일하는 것을 격려해드리고 싶습니다. 그리고 여러분들이 사랑하는 사람을 잃고 난 후에 우리가 더 명확하게 볼 수 있는 삶의 기쁨을 누릴 수 있기를 소망합니다.

---

44 Kushner, Harold, *When All You've Ever Wanted Isn't Enough: The Search for a Life That Matters,* New York: Touchstone Books, 1986, p.152.

참고문헌

Attig, Tom, *How We Grieve: Relearning the World,* Oxford: Oxford University Press, 1996.

Berger, K. S., *The Developing Person Through the Life Span,* New York: Worth Publishers, 1988.

Boss, Pauline, *Loss, Trauma, and Resilience: Therapeutic Work with Ambiguous Loss,* New York: Norton, 2006.

Chan, Cecilia L. Y. and Chow, Amy Yin Man, *Death, Dying, and Bereavement: A Hong Kong Chinese Perspective,* Hong Kong: Hong Kong University Press, 2006.

Colgrove, M., Bloomfield, H. H. and McWilliams, P, *How to survive the loss of a love: 58 things to do when there is nothing to be done,* New York: Bantam Books, 1976.

Dershimer, Richard A., *Counselling the Bereaved: Conceptual Framework, Assessment and Counselling Strategies,* Boston: Allyn & Bacon, 1990.

Frankl, Viktor, *Man's Search for Meaning,* Boston: Beacon Press, 1968.

Freud, S., "Mourning and melancholia," in J. Strachey ed. and trans., *Standard Edition of the Complete Psychological Works of Sigmund Freud,* London: Hogarth Press, 1917.

Harris, D. L. and Winokuer, H. R., *Principles and Practice of Grief Counseling (2nd Ed.),* New York: Springer Publishing Company, 2015.

James, John W. and Friedman, Russell, *The Grief Recovery Handbook,* New York: William Morrow and Company, 1998.

Katafiasz, K. ed., *Grief therapy,* St. Meinrad, IN: One Caring Place: Abbey Press, 1993.

Klass, D. and Silverman, P. R. and Nickman, S., *Continuing Bonds: New Understandings of Grief,* Taylor & Francis, 1996.

Klass, Dennis and Chow, Amy Yin Man "Culture and ethnicity in experiencing, policing, and handling grief," pp.341-353, in R. A. Neimeyer, D. L. Harris, H. R. Winokuer and G. F. Thornton et al. eds., *Grief and Bereavement in Contemporary Society: Bridging Research and Practice,* New York: Routledge, 2011.

Kushner, Harold, *When All You've Ever Wanted Isn't Enough: The Search for a Life That Matters,* New York: Touchstone Books, 1986.

Kushner, Harold, *When Bad Things Happen to Good People,* New York: Avon, 1983.

Lichtenthal, Wendy, "Keynote presentation. Annual Conference of the Association for Death Education and Counseling. Portland, Oregon," 2017.

Meagher, David K. and Balk, David E., *Handbook of Thanatology: The essential body of knowledge for the study of death, dying, and bereavement (2nded.),* London: Association for Death Education and Counseling: Routledge, 2011.

Miller, J. E. and Cutshall, S. C., *The art of being a healing presence: A guide for those in caring relationships,* Fort Wayne: Willowgreen, 2001.

Miranda, A. O., Molina, B. and MacVane, S. L., "Coping with the murder of a loved one: Counseling survivors of murder victims in groups," *The Journal for Specialists in Group Work* 28, 2003, pp.48-63.

Mok, B-H, "Self-help group participation and empowerment in Hong Kong," *Journal of Sociology and Social Welfare* 31, 2004, pp.153-168.

Mok, B-H. et al., "Empowerment effect of self-help group participation in a Chinese context," *Journal of Social Service Research* 32, 2006, pp.87-108.

Neimeyer, R. A., *Lessons of loss: A guide to coping,* Memphis, TN: Center of the Study of Loss and Transition, 2006.

Neimeyer, Robert A. Harris, Darcy L., Winokuer, Howard R. & Thornton, Gordon F. eds., *Grief and Bereavement in Contemporary Society: Bridging Research and Practice,* New York: Routledge, 2011.

Neimeyer, Robert A., *Techniques of Grief Therapy: Assessment and Intervention,* New York: Routledge, 2012.

Neimeyer, Robert A., *Techniques of Grief Therapy: Creative Practices for Counseling the Bereaved,* New York: Routledge, 2015.

Pennebaker, J. and Evans, J., *Expressive Writing: Words that Heal,* Washington: Idyll Arbor, 2014.

Pennebaker, James and Smyth, Joshua M., *Opening Up by Writing It Down: How Expressive Writing Improves Health and Eases Emotional Pain (3rdEdition),* New York: The Guilford Press, 2016.

Pennebaker, James, *Opening Up, Second Edition: The Healing Power of Expressing Emotions,* New York: The Guilford Press, 1990/1997.

Raphael, Beverley, *The Anatomy of Bereavement,* New Jersey: Aronson, 1983.

Redmond, L. M., *Surviving: When someone you love was murdered: A professional's guide to group grief therapy for families and friends of murder victims,* Clearwater, FL: Psychological Consultation and Education Services, 1990.

Richards, Sue and Hagemeyer, Stanley, *Ministry to the divorced: Guidance, structure, and organization that promote healing in the church,* Michigan: Zondervan, 1986.

Rubin, Simon Shimshon, et al., *Working with the Bereaved: Multiple Lenses on Loss and Mourning,* NY: Routledge, 2012.

Sandler, I. N. et al., "The family bereavement program: Efficacy of a theory-based prevention program for parentally bereaved children and adolescents", *Journal of Consulting and Clinical Psychology* 71(3), 2003, pp.587-600.

Shaw, E., *What to do when a loved one dies,* Irvine, CA: Dickens Press, 1994.

Shear, K., "Adapting imaginal exposure to the treatment of complicated grief," in B.O. Rothbaum ed., *Pathological anxiety: Emotional processing in etiology and treatment,* New York: Guilford Press, 2006, pp. 215 - 226.

Shear, Katherine, Distinguishing Grief, Complicated Grief, and Depression, *Medscape,* Dec 26, 2014.
https://www.medscape.com/viewarticle/836977

Silverman, Phyllis R., *Window to Window: How the bereaved help one another* (2nd ed.), New York: Brunner-Routledge, 2004.

Smith, H. I. and Jeffers, S. L., *ABC's of healthy grieving: Light for a dark journey,* Kansas: Shawnee Mission Medical Center Foundation, 2001.

Smith, H. I., *Facilitating a mutual help grief group: The grief care guide: Resources for counseling and leading small groups,* Kansas: Beacon Hill Press, 2003.

Stroebe, M. S. and Schut, H., "To continue or relinquish bonds: A review of consequences for the bereaved," *Death Studies* 29, 2005, pp.477-494.

Tolstoy, Lev "Leo" N., *Childhood, boyhood, youth,* New York: Thomas Y, Crowell Co., 1856.

Weeks, O. D. and Johnson, C. et al. eds., *When all the friends have gone: A guide for aftercare providers,* New York: Baywood Publishing, 2001.

Wolfe, B., "A hospital-based grief support center: The nuts and bolts of development," in O. D. Weeks and C. Johnson's et al. eds., *When all the friends have gone: A guide for aftercare providers,* NY: Baywood Publishing, 2001.

Wolfelt, A. D., *Understanding grief: Helping yourself heal,* Bristol, PA: Accelerated Development, 1992.

Wolpe, David, *Making Loss Matter: Creating Meaning in Difficult Times,* New York: Riverhead Books, 2000.

Worden, J. William, *Grief Counseling and Grief Therapy: A Handbook for the Mental Health Practitioner (4th edition),* New York: Springer, 2008.

Worden. J. W. and Winokuer, H. R., "A task-based approach for counseling the bereaved," p.57-67, in R. A. Neimeyer, D. L. Harris, H. R. Winokuer and G. F. Thornton et al. eds., *Grief and Bereavement in Contemporary Society: Bridging Research and Practice,* New York: Routledge, 2011.

Yalom, Irvin D., *Existential Psychotherapy,* New York: Basic Books, 1980.

Yun, H., *Let go, move on: Between ignorance and enlightenment V,* Hacienda: Buddha's Light Publishing, 2003.

제6장

문학치료와 애도[*]

아랑설화 속 신원(伸冤)을 중심으로

하은하(서울여대 국문과 교수)

○●○○

Ⅰ. 신원 대리자와 애도

최근 내러티브 연구방법론에서는 인간에게 서사화 행위(이야기 만들기)는 필수적인 것이라 보고 있다. 인간이 사태를 이해하고, 파편화된 시간을 의미 있게 만들기 위해서는 경험을 조직화하고 의미화하는 서사화 행위를 거칠 수밖에 없다고 보기 때문이다. 이와 같은 인식이 강조되면서 문학 작품을 연구대상으로 삼는 학문 분과 외에 사회학, 경제학, 의학에 이르기까지 다양한 영역에서도 서사와 이야기의 중요성을 강조하게 되었다. 모든 사태의 근원에 이야기가 있고

---

[*] 이 글은 『고전문학과 교육』 28집(2014)에 게재된 논문을 일부 수정한 것입니다.

이에 대한 이해 없이는 개인, 문화, 사회의 변화는 일어나지 않는다
고 보기 때문이다.

문학치료학은 문학 연구의 궁극적 목표를 인간학에 두고서, 문학
을 연구할 때에 장르적 전략이나, 형상화 기법을 다루는 것에 앞서
텍스트가 다루고 있는 인간 삶의 문제를 먼저 해석할 것을 제안한
다. 이것은 서사의 주체가 어떤 입장에서 인간관계의 형성과 위기에
대해 이해하고 운영해 나가고 있는지 설명해 내려는 것으로, 이와
같은 해석이 독자들의 삶의 문제로 쉽게 전유될 것으로 기대하고 있
기 때문이다. 이 글에서는 우리 고전 가운데 대중들에게 널리 알려
져 있을 뿐 아니라 오늘날에도 장르와 매체를 달리하여 반복적으로
재생산 되고 있는 원귀 이야기를 대상으로 문학치료학적 해석의 일
단을 살펴보려 한다. 특히 원귀의 맺힌 원한을 풀어주는 과정인 신
원을 중심으로 그것이 우리들의 삶 속에서 생겨난 상실을 처리하는
애도의 문제와 어떻게 관련될 수 있는지 생각해 보려는 것이다.

아랑설화는 우리의 대표적인 원혼 설화이다. 아랑은 한 맺힌 처녀
귀신의 원형이 되어 근대문학과 대중문화 속에서 다양한 방식으로
변형, 재생산되고 있다. 늦은 밤 촛불이 켜졌다 꺼졌다 할 때 목에 칼
을 꽂고 머리를 풀어헤친 채 온 몸에 피를 흘리면서 나타나는 처녀
귀신은 원귀의 전형적 형상이라 해도 과언이 아닐 것이다. 이런 강
력한 이미지 탓인지 아랑설화 연구에서도 아랑에 대한 관심은 압도
적이었다. 문학적 소재 전통의 차원으로 접근한 연구[1], 분석심리학

---

1 손진태, 『한국민족설화의 연구』, 서울: 을유문화사, 1947, 39-50쪽. ; 김열규, 『한
국문학의 두 문제: 원한과 가계』, 서울: 학연사, 1985.

적 관점에서 아랑이 지닌 상징성을 해석한 연구[2], 원혼의 형상성과 설화 내적 의미의 상관성에 대한 연구[3], 처녀 원귀의 현대적 변화에 관한 연구 등[4] 아랑의 형상을 둘러싼 다양한 논의가 있었다.

한편 아랑설화의 의미에 대한 연구에서 쟁점은 원귀의 신원(伸寃) 방식이었다. 아랑은 상사뱀 원귀들과는 달리 가해자에게 직접 복수하지 않는다. 아랑은 다른 사람 특히, 관인(官人) 남성의 힘을 빌어서 신원을 하는 것이 특징이다. 이와 같은 신원 방식에 대해 조현설은 원귀 출현이 갖는 전복적인 힘을 현실 구조 안에 포획시켜 버리는 것이라고 했다. 조현설은 아랑이 범인을 밝히려 하는 것은 겉모습일 뿐, 그녀가 재구해 낸 것은 훼손된 정절 관념의 복원과 이데올로기의 강화라고 보았다.[5] 김영희는 조현설과는 달리 아랑의 귀환 목표가 열녀되기에 있다고 보지는 않았다. 김영희는 <아랑설화>에서 남성 관원을 통해 해원이 이루어지는 방식에 주목한 뒤 그것이 성적 폭력으로 상실된 것을 공적 영역에서 애도 받는 것이라 보았다. 그러나 공적 애도가 남성 대리자의 몸을 빌려야만 한다는 것은 여전히 아랑설화에 남겨진 우울증적 요소라 보았다.[6]

2 이부영, 「원령전설화 한의 심리」, 『한국민담의 심층분석』, 집문당, 1982.

3 강진옥, 「원혼설화에 나타난 원혼의 형상성 연구」, 『구비문학연구』 12, 한국구비문학회, 2001, 1-44쪽.

4 백문임, 「미지와의 조우-아랑형 여귀」, 『현대문학의 연구』 17, 한국문학연구학회, 2001. ; 황인순, 「아랑설화」의 현대적 변용 양상 연구」, 『여성문학연구』 29, 한국여성문학학회, 2013. 등이 있다.

5 조현설, 「원귀의 해원 형식과 구조의 안팎」, 『한국고전여성문학연구』 7, 한국고전여성문학회, 2003, 65-96쪽.

6 김영희, 「밀양아랑제(현 아리랑대축제) 전승에 대한 비판적 고찰」, 『구비문학연구』 24, 한국구비문학회, 2007. 6, 179-245쪽.

그런데 타인이 매개하고 있는 아랑의 신원은 좀 더 면밀하게 고찰될 필요가 있다. 아랑은 몇 번의 실패 끝에 겨우 자신의 신원을 해 줄 수 있는 대리자를 만나게 되었다. 그렇기에 텍스트 내 아랑은 "삼생숙원(三生宿怨)을 하소연할 수 있는 길을 비로소 얻게 되었다."고 칭송했었다. 텍스트 내 원귀의 칭송은 작가와 향유자들의 소망과도 관련이 있다. 따라서 아랑과 신원 대리자의 만남에 대해 굴절과 왜곡을 감수한 타협이라거나 우울증적 징후라고 평가하고 말 것은 아니다. 게다가 아랑과 소통한 신원 대리자들은 귀신과의 만남 이후로 괄목한 변화와 성장을 보인다. 이런 점을 염두에 두면 아랑과 신원 대리자의 만남을 좀 더 긍정적으로 이해할 필요가 있다. 이를 위해 기존 연구에서는 크게 주목하지 않았던 신원 대리자들을 좀 더 전면적으로 검토할 필요가 있다.

이에 본고에서는 애도라는 관점을 활용하여 신원 대리자의 역할과 그 의미에 대해 살펴보겠다. 아랑설화의 경우 다양한 이본이 존재한다. 이에 구비자료와 문헌자료 속 아랑설화들을 두루 살피고 나아가 TV 드라마 <아랑사또전>까지 상호 참조하면서 신원 대리자들이 지닌 특징을 검토해 보겠다.[7] 문헌 소재 아랑설화에는 그간에 우리들이 익숙하게 알고 있는 아랑설화들과 조금 다른 면모를 보이는 내용이 많다. 또 드라마 <아랑사또전>은 그간의 어떤 작품보다 신원 대리자를 전면에 내세워 아랑 사건을 이해하고 있다고 할 수 있다. 이 점이 본고가 목표로 하는 바와도 부합하기에 아랑설화의 신

---

7 기존의 연구에서는 원님을 담대한 인물 정도로 해석하고 있다.

원이 갖는 의미를 살피는 데 도움을 받을 수 있다고 생각된다. 설화와 드라마를 서로 비춰가며 아랑설화가 갖는 의미를 새롭게 이해해 보는 것은 아랑설화의 반복적 등장을 이해하는 것에도 도움을 줄 것이다.

따라서 본고에서는 다음과 같은 구성을 펼쳐 보이겠다. 2장에서는 애도와 관련한 논의들을 소개하고 그것을 문학치료와 관련하여 정리할 것이다. 또 3장에서는 문헌과 구비 속 <아랑설화>에 나타난 신원자 들의 형상화 방식 및 그 특징에 대해 살피고, 4장에서는 드라마 <아랑사또전>과의 비교를 통해 애도 정치학의 관점에서 신원자(伸冤者)들의 행위가 갖는 의미에 대해 살펴보겠다.

Ⅱ. 애도와 문학치료

애도에 관한 대부분의 논의는 프로이트의 글 <슬픔과 우울증>를 출발점으로 삼고 있다. 프로이트는 이 글에서 병적인 우울증과 정상적인 슬픔을 구별하였다. 일상생활에서 흔히 볼 수 있는 '꿈'이 나르시시즘적인 정신 장애와 그 메커니즘이 유사한 것처럼 슬픔과의 비교를 통해 우울증의 본질을 밝히려 한 것이 이 글을 쓴 프로이트의 의도였다.

우선 프로이트의 논의를 정리하면 다음과 같다. 슬픔과 우울증의 상관관계는 그것을 자극하는 환경적 요인이 동일하다는 점에서 찾을 수 있다. 슬픔과 우울증은 모두 사랑하는 사람 또는 조국, 자유,

어떤 이상(理想) 등의 상실에서 기원하는 반응이다.

그러므로 슬픔과 우울증 두 경우 모두, 그동안 자아가 부과했던 리비도를 철회해야 한다는 요구가 제기됨으로써 자아에게는 고통이 수반될 수밖에 없다. 슬픔에 빠진 사람이나 우울한 사람은 심각할 정도로 고통스러운 낙심을 보이며, 외부 세계에 대한 관심이 중단되고, 사랑할 수 있는 능력이 상실되는 등 모든 행동이 억제되는 모습을 보인다. 하지만 슬픔의 경우에는 시간이 지나면 현실을 존중하는 가운데 사랑하던 대상을 대신할 대체물을 찾아 리비도의 이탈이 이루어지는 반면, 반면 우울증의 경우에는 슬픔으로 인한 비상적인 태도 이외에 자신을 비난하는 자기 비하감, 급기야는 자기를 징벌해 줄 것을 바라는 망상적 기대를 갖게 된다. 슬픔에는 없지만 우울증에만 나타나는 특징이 바로 '자애심'의 추락이라는 것이다.

프로이트는 슬픔과의 비교를 통해 우울증을 설명하면서 몇 가지 주요한 사실들을 말했다. 일단 원인에 관한 것으로 우울증에서는 슬픔과 다른 원인으로 의식적 상실 외에 무의식적 상실의 중요성을 지적하였다. 우울증을 보이는 사람들은 자신이 상실한 것이 무엇인지 알지 못한다. 혹시 상실한 사람이 누구인지 알고 있다 해도 많은 경우 어떤 것을 상실했는지 모르는 경우가 있다.

이어 프로이트는 우울증의 병적인 특징으로 자애심의 급격한 저하, 자아의 빈곤(貧困)을 언급하면서 그 구체적인 모습은 자신을 쓸모없고, 무능력하며, 도덕적으로 타락한 자라며 공개적인 비난을 하고, 스스로에게 욕설을 퍼부으며 이 사회에서 추방되고 처벌받기를 기대하는 것이라 했다. 또 우울증 환자들은 자신에게 일어난 변화에 대해서는 전혀 고려하지 않은 채 도리어 과거로까지 자신에 대한 비난을 확대하면서 예전에도 지금도 자신은 쓸모없는 존재였음을 선언하기도 한다고 했다.

프로이트는 우울증 환자들의 이와 같은 모습으로부터 인간 자아의 구조를 다시 생각하게 되는데 우울증 환자들의 자기 비난은 곧 자아의 특정 부분이 나머지 부분과 대립하여 그 부분을 대상처럼 취급하고 비판한 결과 생겨난 것이라 보았다. 즉 우리들 자아 내에서 도덕적이고 비판적인 기능을 담당하는 기관이 병이 나 다른 자아에 대해 불만을 표현하는 것인 바, 도덕적이고 비판적인 기능을 담당하는 자아의 일부는 우울증 환자들의 자애심이 급격히 저하되는 것을 두려워하면서 그것을 스스로 인정하는 발언을 하게 된 것이라 설명했다.

따라서 우울증의 경우에는 대상과 관련한 상실감이 문제가 아니라 자아와 관련된 상실감이 중요하며, 우을증 환자들의 자기 비난은 겉으로 드러난 수사일 뿐 리비도적으로는 대상에게 집중된 것을 거두어 새로운 대상에게 전위(轉位)시키지 못하고 오히려 자아 속으로 들어가 자아를 포기된 대상과 동일시하도록 하는 데 활용되게 된 것이라 했다. 따라서 우울증 환자에게 자아와 사랑하는 사람 사이의 갈등은 자아의 비판적 활동과 동일시에 의해 변형된 자아 사이의 분열로 바뀌게 된 바, 자아는 자기 비난을 통해 사랑하는 대상에 대한 비난을 은폐하고 있는 것이 우울증 형성의 주요 메커니즘이라 했다.[8]

슬픔과 우울증을 이분적으로 구분하고 정상과 비정상으로 나누는 프로이트의 구도에 대한 여러 가지 반론이 제기되었다. 그럼에도 불구하고, 프로이트는 우리들로 하여금 슬픔이라는 정동이 사소한 것이 아니며 개인과 인류를 설명하고 이해하는 데 주요한 기준이 될 수 있다는 것을 깨닫게 했다. 특히 우울한 개인, 우울증에 걸린 사회를 이해하고, 치유하며, 나아가 예방하려 할 때 상실에 관련하여 슬픔을 다루는 방식에 대해 말해 주었다. 상실은 개인과 인간의 역사에서 누구도 피할 수 없는 사건이기에 이것을 잘 처리하지 못하면 누구라도 슬픔을 벗어나지 못해서 우울증으로 옮겨갈 수 있는 가능성이 상존하기 때문이다.

프로이트가 슬픔과 우울증을 비교한 목적이 둘을 구별하는 것에 초점이 맞추어져 있었다면 후기 프로이트, 크리스테바에 오면 슬픔과 우울증을 확연히 경계 짓지 않고 슬픔에서 우울증으로 우울증에서 슬픔으로의 전환이 상시로 생겨난다는 관점의 전환이 생겨난다. 두 가지는 경계가 모호할 뿐 아니라 슬픔 역시 대체하고 극복할 대상으로 보지 않게 된다. 그 결과 애도의 모습도 새로워졌다.

특히 주디스 버틀러와 같은 이는 '애도는 슬픔을 대체하고 극복하는 것이 아니라 슬픔에 잠겨 슬픔이 내가 되게 하는 것'이라 말했다. 데리다 역시 죽음을 대상을 떠나보내는 망각의 출발점으로 보지 않는다. 데리다는 죽음을 타자와 사는 기억의 출발점으로 본다. 데리다는 지속적인 애도를 강조하고 이를 위해 타자를 내면화하거나 동일화하는 방식인 아닌 암호(encryptment)의 방식으로 기억할 것을 권한

---

8 프로이트, 「슬픔과 우울증」, 『무의식에 관하여』, 파주: 열린책들, 1997.

다. 암호의 방식으로서의 동일시란 자아가, 자신의 정체성을 상실한 대상의 무덤-너머 삶을 살아가는 유령으로 변경하는 것을 말한다.[9] 또 Heather Pool의 경우에는 애도의 정치학을 제안하기도 했다.

강조점은 다르지만 후기 프로이디안들이 제안한 애도의 과정에서 가장 중요한 요소는 상실한 것에 대한 기억회복이라 하겠다. 이는 프로이트가 우울증 발병 요인 중 하나로 의식화되지 못한 상실을 언급한 것과도 관련이 있다. 프로이트 식으로 말하면 상실한 것에 대한 기억회복은 우울증의 원인을 해결할 수 있는 중요한 방법이라 하겠다. 또 Heather Pool의 애도의 정치학에서 기억하기는 희생자를 가시화시키고 눈에 보이게 만듦으로써 약자를 수용하는 단계에 해당한다.

그럼 애도에 관한 심리학적, 사회학적 접근들이 문학치료와 만날 수 있는 것은 무엇 때문일까? 그것은 건강한 애도가 의식화하기 그리고 기억의 재조정이라는 과정과 긴밀하게 연관되어 있기 때문이다. 앞에서 이미 인용한 주디스 버틀러의 말을 다시 떠올려 보자면 '애도란 슬픔을 대체하는 것이 아니다. 애도는 자신이 겪은 상실로 인해 어쩌면 자신이 영원히 바뀔 수도 있을 것이라는 점을 받아들이는 것'이라 하겠다. 그런데 상실을 기억해 내게 하고 그것을 받아들이게 하는 것이야말로 문학이 지금껏 해 온 일이다. 전통적으로 동양에서는 문학의 효능에 대해 논하는 대표적인 생각으로 공자 말을 자주 언급해 왔다. 공자는 『논어』에서 시(詩)란 "흥관군원(興觀群怨)"하

---

9 김주영, 「상실, 애도, 기억의 예술」, 『철학논총』 86, 새한철학회, 2016. 10, 90-91쪽.

게 하는 것이라 말한 바 있다. 이 가운데 특히 흥(興)은 작품이 수용자
로 하여금 여러 생각을, 감정을, 인식을 떠오르게 하는 기능을 하고
있다는 것을 단적으로 보여준다.

　문학치료에는 흥관군원을 '서사접속능력' 즉 '서사능력'이 잘 발
휘된 상태를 이르는 것이라 보고 있다.[10] 문학치료에서는 모든 문학
장르의 형식적 차이보다 우선하여 그 작품의 심층에 자리하면서 작
품이 그런 모습을 갖추게 하는 서사를 주요하게 다룬다. 이것을 '작
품서사'라 하면서 작품서사의 구성이 작품 이해의 중요한 밑바탕이
된다고 생각한다. 동시에 다양한 인간 삶의 심급에도 각각의 인생들
이 그와 같은 모습이 되도록 이끌어 가는 서사가 있다고 전제하며
그와 같은 역할을 하는 서사를 '자기서사'라 부르고 있다. 결국 텍스
트를 접하고 감상하는 것은 작품서사를 통해 자기서사를 떠올리는
과정이라 볼 수 있다. 또 수용자의 작품 해석과 평가에는 작품서사
와 자기서사가 상호 영향 관계를 주고받는다. 뿐만 아니라 자신과
타인의 인생에 대한 평가, 및 이해, 설계 등에도 자기서사가 주요한
역할을 한다고 보고 있다. 이런 단계가 곧 앞에서 애도에서 심리학
및 사회학자들 말하는 기억하기와, 상실에 대한 인정 그리고 이에
따른 주체의 변화와 관련될 수 있다.

　이제 본고에서는 그 한 예로, 문학치료학의 여러 서사이론들 중
아랑설화의 주요한 서사 주체인 신원대리자의 입장에서 그가 아랑
이라는 원귀를 신원해 나가는 과정을 추적해 보겠다. 이러한 서사는

---

10 정운채, 「서사접속 및 서사능력과 문학연구의 새 지평」, 『문학치료연구』 제24집,
　한국문학치료학회, 2012, 163쪽.

애도의 과정에 필적하는 것으로 신원 대리자는 원귀를 신원하면서
자신이 상실한 것을 기억하고 상실한 대상을 인정하며 더불어 살게
되면서 어떤 방식으로 주체가 변화해 나가고 있는지 그 과정과 의미
에 대해 해석해 보겠다.

Ⅲ. 아랑설화에 나타난 신원 대리자의 형상과 특징

아랑설화는 문헌자료와 구비자료에서 두루 그 모습을 확인할 수
있다. 아랑설화가 실려 있는 문헌자료에는 『청구야담』, 『고금소총』,
『동야휘집』, 『금계필담』, 『일사유사』가 있고, 구비자료에는 『반만년
간 죠선긔담』에 한 편, 『한국구전설화(임석재전집)』에 두 편, 『한국구비
문학대계』에 약 열다섯 편 정도가 있다.

문헌과 구비자료 모두 겁탈당하고 죽은 여인이 원귀가 되어 세상
을 떠돌다가 담대한 남성을 만나 위로받는다는 대체적인 흐름은 서
로 비슷하다. 그러나 문헌 및 구비 자료 각 편들을 꼼꼼히 살펴보면
각기 다른 특징을 찾아볼 수 있다. 특히 원귀인 아랑의 원한을 풀어
주고 있는 신원 대리자들의 형상이 그러하다. 먼저 『청구야담』 소재
아랑설화를 살펴보겠다.

    (1) 옛날 밀양원의 딸이 유모와 함께 사라져버렸다. (2) 원은 낙담해
    서 벼슬을 그만두고 서울로 돌아갔는데 병이 들어 죽었다. (3) 그 뒤 밀
    양에는 도임하는 원님들마다 죽는 일이 생겼다. (4) 아무도 밀양 원으

로 가지 않으려 하자 조정에서는 자원자가 나타나기만 기다렸다. (5) 하루는 나이 육십에 배고픔이 뼈 속에 이르고 문 밖에 나가지 못한 지 오래된 무변 하나가 밀양원에 대한 소식을 듣게 되었다. (6) 무변은 아내에게 밀양의 원님으로 자원하고 싶지만 죽을까 두렵다고 했다. (7) 무변의 아내는 망설이는 남편에게 죽게 되더라도 태수의 이름을 얻을 수 있는 기회라며 자원을 권했다. (8) 무변은 아내의 설득 때문에 자원을 해서 임금의 허락을 얻었지만 막상 가려니 두려웠다. (9) 무변의 아내는 남편을 안심시키며 동행을 약속하였다. (10) 밀양에 도착한 무변의 아내는 밤이 되자 남편 대신 남복을 하고 관아에 앉아서 동정을 살폈다. (11) 삼경쯤 되어 한 처녀가 피를 흘리며 손에 붉은 기를 들고 방으로 들어왔다. (12) 무변의 아내는 처녀에게 억울한 일을 호소하러 온 것일 터이니 자신이 원수를 풀어 주겠다고 했다. 그러면서 앞으로는 다시 나타나지 말라고 했다. (13) 무변의 아내는 남편에게 원귀가 다녀갔다고 말하고 외아(外衙)로 나가 자라고 했다. (14) 다음 날 아내는 무변에게 귀신이 손에 붉은 기를 들었으니 이름이 주기인 자를 잡아드리라 했다. (15) 무변이 아내의 말대로 주기라는 집사를 잡아들인 뒤 사건의 자백을 받았다. (16) 무변이 처녀의 시체를 본가로 보내어 장사지내니 이후로 고을이 무사하였다. (17) 무변의 신명함이 널리 알려져서 그가 이르는 곳에서는 언제든 선정을 베풀 수 있었다.[11]

위에서 정리한 자료는 『청구야담』 소재 아랑설화이다. 『청구야

11 최웅, 「雪幽冤婦人識朱旗」, 『주해 청구야담』 III, 권지십팔, 국학자료원, 2011, 275-281쪽.

담』속 신원 대리자는 몰락한 무변(武弁)이다. 그는 미관말직으로 떠돌다가 벼슬을 잃은 지 이십 년 남짓 된 육십 노인이다. 먹고 입는 것도 궁핍해서 삼순구식(三旬九食)에 십년일의(十年一衣)하면서 살고 있다. 배고픔과 추위는 뼈 속까지 이르고 오랫동안 문 밖 출입도 하지 않았다고 했다. 그러다보니 명사나 재상 중에 알 만한 사람은 더욱 줄어들고 이제는 어찌해 볼 도리가 없는 처지에 이른 인물이다. 그러던 무변이 밀양 원의 자리가 비어있다는 사연을 듣게 되지만 선뜻 자원하지는 못한다. 죽는 것이 두려웠기 때문이다.

이런 무변을 설득한 이가 그의 아내이다. 무변의 아내는 남편에게 전날에 목숨을 잃은 원님들은 모두 당자(當者)의 명(命)이 그러한 것일 뿐이라 하면서, 가서 죽게 되면 태수의 이름을 얻게 되어 득이요, 요행이 살게 되면 그것 역시 행운이니 자원하라고 설득한다. 결국 무변은 아내의 권유에 힘입어 자원과 부임을 결심하게 된다.

무변 아내의 활약은 남편에게 밀양 원으로 자원하게 하는 것에서 그치지 않는다. 무변은 조정에서 임금의 허락까지 받은 뒤에도 반드시 죽게 될 것 같아 괴로워 탄식했다. 그러자 무변의 아내는 자신이 모든 것을 담당하겠다면서 동행을 약속한다. 실제로 밀양에 도착한 무변의 아내는 남편을 내아로 들여보내고 자신은 남복을 하고 관아에 앉아서 귀신을 만나 신원을 약속한다. 무변의 아내는 이런 일련의 과정을 끝낸 뒤 남편을 안심시켜 외아로 돌려보내 자리를 지키게 했다. 이런 아내의 지략과 조언 덕에 무변은 다음날 아침부터 관속들을 장악할 수 있게 된다. 그 외에 처녀를 죽인 범인을 밝혀냄으로써, 이후 무변의 신명함이 널리 알려지게 되었다. 물론 무변의 벼슬은 그

215

날 이후로 차차로 높아지게 되었고 선정도 베풀게 되었다 한다.

위에서 살펴본 것처럼 『청구야담』에 나타난 신원 대리자의 실제 모습은 기존의 논의에서 강조하던 공권력의 상징 또는 담대함과는 거리가 멀다. 이런 괴리가 생긴 까닭은 해원의 절차를 진행시키는 일과 아랑을 만나 호소를 듣는 일 두 가지가 서로 다른 두 사람에게로 구분되어 있기 때문이다. 『청구야담』에서 실제적인 신원 대리자는 남성이 아니라 여성인 무변의 아내이다. 하지만 그녀의 담대함은 그녀의 존재만큼 깊숙이 감추어져 있다. 반면 드러난 신원 대리자인 그녀의 남편 무변은 한미한 신분에 겁 많고 우유부단한 존재일 뿐이다.

이처럼 드러나 신원 대리자와 감추어진 신원 대리자 두 사람으로 역할이 구분되는 경우는 다른 문헌설화에서도 쉽게 찾아볼 수 있다.

다음으로 살펴 볼 자료는 『동야휘집』 소재 아랑설화이다.

> (1) 옛날에 밀양 부사 한 사람이 부인을 잃고서 딸을 유모에게 맡겨 키웠는데 어느 날 딸이 유모와 사라져버렸다. (2) 부사는 낙담하여 사방으로 딸을 찾았지만 간 곳을 알 수 없어 병이 나서 죽었다. (3) 그 뒤 밀양 부사로 오는 이들은 모두 죽게 되니 사람들이 모두 부사의 자리를 피했다. (4) 나라에서 김씨 성을 가진 무변을 원님으로 임명했다. (5) 김부사는 아는 것이 많고 기개가 있는 친구, 이상사(李上舍)를 찾아가 동행해 달라고 했다. (6) 이상사는 김 무변을 따라 밀양으로 내려갔다가 영남루에서 귀신을 만나 원통한 사정을 듣게 되었다 (7) 다음날 이상사는 김부사에게 귀신의 사연을 전해주면서 주기라는 자를 찾아

문초하고 자백을 받으라고 했다. (8) 부사는 이상사의 말대로 주기를 문초하여 범행을 자백 받고 처녀의 시신을 찾아 장사지냈다. (9) 그 뒤 이상사는 과거에 급제하여 이름을 떨치게 되었다. (10) 일찍이 한 관찰사가 떠돌다 밀양에 이르러 영남루에서 잠을 잤는데 꿈속에 한 처녀가 나타나서는 "영남루월야봉이상사읍설전생원채(嶺南樓月夜逢李上舍泣設前生冤債)"라는 글귀를 시제로 주고 상(上) 글자를 세 번 쓴 시권을 장원으로 뽑으라고 했다. (11) 관찰사는 이상하다는 생각에 처녀가 알려 준 시제를 걸었는데 과연 상 글자를 세 번 쓴 시권이 있어 뽑아 불러 보니 배익소라는 열여섯, 일곱 먹은 아이였다. (12) 관찰사가 배익소에게 시를 짓게 된 까닭을 물었다. 배익소는 백일장 중에 잠깐 졸았는데 꿈에 한 여자가 찾아와 이 시를 외웠기에 깨어나서 그것을 받아 적은 것이라고 하였다. (13) 그 시 내용은 다음과 같다. <중략>[12]

위 『동야휘집』에서도 아랑의 신원을 대리하고 있는 사람은 김부사와 이상사 두 사람이다. 신임 밀양 원님들이 연이어 죽자 모든 사람들이 꺼려하는 밀양 땅에 나라에서는 김씨 무변을 원님으로 임명한다. 그가 걸출하고 명성이 있어 특별히 뽑아 보낸 것이다. 그런데 김씨 무변은 혼자 가지 않는다. 그는 절친한 벗 이상사(李上舍)에게 함께 가 줄 것을 청하고 있다. 무변이 이상사에게 동행을 요청한 이유는 이상사가 아는 것이 많고 담력이 세어 귀신을 누를 수 있다는 것을 알고 있었기 때문이다. 김씨 무변의 기대처럼 밀양에 도착한 이

---

12 이원명, 동국대 한국학연구소, 『동야휘집(東野彙集)』 권5, <南樓擧朱旗訴冤>, 『한문문헌설화전집』 4, 태학사, 1991, 74-80쪽.

상사는 김 무변은 관아에서 자게한 뒤에 자신은 영남루로 나가서 동정을 살피다 처녀 귀신의 호소를 듣고 돌아온다. 『청구야담』과 달라진 점이 있다면 처녀 귀신이 관아 대신 영남루에 출현했다는 점과 아랑을 만나 신원을 대리한 이가 무변의 아내에서 부사의 동성 친구로 변한 것이다.

그러나 『동야휘집』 역시 나라에서 명을 받고서 파견된 이와, 실제로 처녀 귀신을 만나 사정을 듣는 사람이 다르다는 점에는 변함이 없다. 영남루에서 처녀 귀신의 사정을 전해들은 이상사는 다음 날 『청구야담』에서 무변의 아내가 그랬던 것처럼 김부사에게 귀신의 사연을 전하면서 범인을 밝혀내고 시신을 수습하여 본가로 돌려보낸다. 이런 일련의 일들을 처리한 뒤 결국 이상사는 과거에 급제하고 이름도 널리 떨치게 된다.

이번에는 이상사의 모습을 조금 더 구체적으로 확인할 수 있는 『반만년간 죠선긔담』을 살펴보자.

(1) 영남루 아래 대숲에는 낭자사(娘子祠)가 있는데, 그 사당에 모셔진 영혼은 예전 부사 윤 모의 무남독녀였다. (2) 명종 때 밀양 부사였던 윤 모에게는 딸이 있었는데 자색이 절등하였다. (3) 어느 날 밤 유모가 별안간 달려와 낭자가 범에게 물려갔다고 했다. (4) 윤부사가 사방으로 찾았지만 행적을 알 수 없자 병이 나서 사직하고 서울로 돌아갔다. (5) 그 뒤 밀양 부사로 내려 오는 이들마다 모두 죽어 버리자 사람들은 흉가라 말하면서 밀양을 피했다. (6) 이때 경성 동촌에 이진사란 이가 나이 사십이 되도록 초사도 못하고 명산대천을 유람하다가

영남루에 이르러 처녀 귀신을 만나게 되었다. (7) 처녀 귀신은 신관이 도임할 때마다 원정을 호소하려 했지만 모두 놀라 죽는 바람에 원수를 갚지 못했는데 대인을 만나 원통함을 씻게 되었다고 하면서 자신의 사정을 말했다. (8) 처녀의 말을 들은 이진사는 자신은 포의로 사방을 떠도는 가난한 선비라 도와줄 도리가 없다고 했다. (9) 처녀는 지금 조정에서 과거를 본다는 영이 내렸으니 서울로 올라가 과거를 보라고 하였다. 그러면서 급제하게 되면 밀양 부사로 자원해서 백일장을 열라고 당부하였다. (10) 이상사가 서울로 올라가보니 처녀가 알려준 것처럼 과거 일이 박두해서 과장에 들어가 응시했다. (11) 그랬더니 문득 공중에서 처녀가 내려와서 이상사의 시권을 가지고 당상으로 올라갔다. (12) 이상사는 장원급제를 하게 되었고 밀양 부사로 가겠다고 했다. 임금은 매우 기뻐하면서 허락하였다. (13) 이상사가 도착하자 밀양의 관속들은 어차피 죽을 사람이라며 공경하지 않았다. (14) 다음날 이상사는 관속들을 꾸짖고 문서를 뒤져 적체된 송사를 결단하니 마을 사람들이 모두 신인이라 불렀다. (15) 이상사는 처녀 귀신의 부탁대로 백일장을 열고 '영남루월야봉이상사설전생원채(嶺南樓月夜李上舍設前生冤債)'를 시제로 내건 뒤 일천(一天) 즉, 처음으로 바치는 글을 기다렸다. (16) 그 때 백일장에는 처녀를 죽인 괴한이 있어 십분 조심했지만 낭자의 혼이 접한 까닭에 남들은 해제를 알지 못해 고민하는데 재빠르게 적어 바치니 낭자를 유인하여 죽이던 일의 전말이었다. (17) 이상사가 그 자를 잡아 엄문하자 그 자는 주기라는 이로 윤부사 때의 통인이었다. 그는 소저의 아름다움에 병이 들어 남루에 꾀여 정욕을 채우려다 뜻대로 되지 않자 죽였다고 자백하였다. (18) 이

상사는 그 일을 감영에 고하고 괴한과 유모는 법에 따라 죽인 뒤 시체를 찾아 선산에 안장시켰다.[13]

위 『반만년간 죠선긔담』에서 이상사는 나이 사십이 되도록 벼슬한 번 하지 못하고 죽장망혜로 명산대천을 유람하는 인물이다. 떠돌다가 우연히 영남루에 이르게 된 이상사는 깊은 달밤에 처녀 원혼을 만나 호소를 듣게 된다. 그런데 『반만년간 죠선긔담』의 특이한 점은 위 두 편의 문헌들과는 달리, 원혼의 호소를 듣긴 했지만 이상사가 처음에는 그 문제를 처리할 수 없었다고 하는 점이다. 『반만년간 죠선긔담』에서 이상사는 원혼의 요구를 처리할 힘을 지닌 부사와 동행하지 않았다. 이 때문에 그는 처녀의 사정은 참혹하나 자신은 벼슬 없는 일개의 선비로 사방을 떠돌고 있어 처리해 줄 형편이 못 된다고 말한다. 그러자 처녀 귀신은 이상사에게 과거 날짜를 알려주고 응시하게 만든 뒤, 과거 날에는 공중에서 내려와 이상사의 시권을 당상에 올려 장원급제로 만들었다. 그런 뒤 이상사를 밀양 원으로 자원케 해서 자신의 사건을 처리하게 만들고 있다.

지금까지 세 편의 문헌 소재 아랑설화에 나타난 신원 대리자들의 모습을 살펴보았다.[14] 그런데 어느 자료에서도 원귀의 호소를 듣고

---

13 최인학 편저, 『반만년간 죠선긔담』, <영남루에서 원정을 호소하다>, 박이정, 1999, 64-67쪽.

14 본고에서는 『청구야담』, 『동야휘집』, 『반마년간 죠선긔담』세 자료를 검토했지만 『고금소총』, 『일사유사』, 『금계필담』에서 신원 대리자의 사정은 앞에서 살펴본 세 종류의 문헌들과 크게 다르지 않다. 예로 『고금소총』에 그 소재를 『교수잡사』로 밝히고 있는 <冤鬼雪恨>에서는 영남의 한 고을이 흉읍으로 변해 물산이 풍풍하고 넉넉한 고을임에도 아무도 가지 않으려 하자 서울 사는 한 사람이 자원을 하는

신원을 대리하는 인물들에게서 파괴된 상징계를 재구축하려는 의
도나, 나라에서 파견한[15] '공권력'의 상징을 찾아 볼 수는 없다. 이들
신원대리자들의 특징을 정리해 보면 첫째, 원귀의 호소를 들을 수
있는 자와 원귀의 호소를 해결할 수 있는 원님의 역할이 구분된 경
우가 많았다. 그런데 실제로 사건을 재조사하고 범인을 잡아들이는
원님들조차 처음부터 힘이 센 존재는 아니었다. 그들이 밀양 원으로
지원하게 된 동기만 살펴보아도 그런 사정을 짐작할 수 있다. 『청구
야담』의 무변은 현실의 배고픔과 추위를 극복하기 위한 궁여지책으
로 밀양 원을 자원했다. 또 『동야휘집』의 김무변, 『반만년간 죠선긔
담』 이상사는 나라의 명을 거절할 수 없었다. 또 죽장망혜로 명산대
천을 떠돌다 우연히 처녀 원혼을 만난 이상사의 경우에는 원혼이 그
를 밀양부사로 파견시켰다 해도 과언이 아니다.

둘째, 신원 대리자들 중 원귀의 호소를 들을 수 있는 능력을 지녔
던 인물들은 대개 그들이 지닌 능력과 겉모습 사이에 괴리가 있다.
『동야휘집』이나 『반만년간 죠선긔담』에 등장하는 이상사가 그랬다.
『동야휘집』의 이상사는 아는 것이 많고 담력도 세었지만 친구인 김
씨 무변만이 이를 알아주었다. 김씨 무변의 명성은 장안에 자자해
서 특별 사신으로 뽑혀 밀양으로 파견될 정도였다. 하지만 김씨 무
변이 실력과 담력을 겸비한 인물로 인정하고 있는 이상사는 조정에

데, 그는 관직을 얻지 못해 집안 살림이 말이 아니라, 사흘에 한 끼 밥도 제대로 못
먹는 처지라고 했다.

15 조현설, 「원귀의 해원 형식과 구조의 안팎」, 『한국고전여성문학연구』 제 7호, 한
국고전여성문학회, 2003, 65-96쪽.

서 거론조차 되지 못했다. 또 『반만년간 죠선긔담』 속 이상사는 자신을 알아봐 주는 친구조차 없다. 그래서 나이 사십이 되도록 죽장망혜로 사방을 떠돌았다. 두 명의 이상사는 모두 숨겨진 인재였던 것이다.

셋째, 능력과 현실의 지위가 보여주는 불일치는 급기야 신원 대리자를 여성으로 형상화하기도 한다. 『청구야담』 속 무변의 아내가 그랬다. 그녀는 처녀 원귀를 한 번만 보고도 그녀가 온 이유를 짐작했다. 또 원귀가 붉은 깃발을 손에 쥐고 있는 것을 보고서 범인의 이름을 추론했다. 무변의 아내는 세심하고 명민했지만 자신의 실력을 드러낼 수 없어서 두려움 많고, 우유부단한 남편을 설득하고 격려하며 지도할 뿐이었다.

이처럼 원귀를 직접 만나 사정을 듣게 되고 신원을 대리하는 이들은 모두 가난하고 권력이 없다. 이들 대부분은 벼슬에 한 번도 나가보지 못한 선비이거나, 다른 사람들 앞에서는 자신의 능력을 감추어야 하는 여성이다. 이 두 존재는 비록 생물학적인 성은 달라도 자신의 능력을 뒷받침할 신분을 지니지 못했다는 점과 세상에서 실력을 제대로 인정받지 못하는 현실적 조건에 처해있다는 점이 비슷하다.

이런 신원 대리자들의 특징은 구비설화에서도 반복적으로 확인된다. 대부분의 구비설화에서는 원님 지원자와 신원 대리자가 일치한다. 하지만 처녀 원귀의 신원을 대리하는 원님들은 문헌설화의 경우와 같이 별 볼일 없는 사람들이다. 그들은 집안에서는 천덕꾸러기이고, 거지, 건달처럼 신분이 비천하거나, 초라한 지위의 양반들이다. 『한국구비문학대계』 소재의 설화에서는 술 잘 먹고 싸움 잘하고

욕 잘 하는 망나니 아들이 밀양 원으로 자원하게 된다. 그의 아버지
가 원님으로 도임하기만 하면 죽는 마을에서 원님 지원자를 찾는다
는 광고를 보고서 골치 아픈 자식 죽어버리라는 마음에서 아들에게
그 자리를 권했는데 망나니 아들은 선뜻 자원한 경우도 있다.[16] 또
다른 이본에서는 고을이 비어 있는 기간이 길어지자 나라에서 지위
고하를 문제 삼지 않고 누구라도 보내자고 해서 거지가 밀양 원으로
가게 되는 경우[17], 무당이 처녀의 사연을 전해주는 경우[18], 붓 장사를
하면서 떠돌아다니는 과객(科客)이 하루를 살다 죽더라도 원님 노릇
을 해보고 싶어 자원하는 경우[19], 임금의 능을 돌보며 벼슬이 높아질
날만 기다리던 능참봉 하나가 아무런 조짐도 보이지 않자 밀양 고을
원님으로 자원하는 경우[20], 문헌 설화에서와 같이 과거에 낙방하고
전국을 떠돌던 이진사라는 과객이 영남루에서 처녀 원귀의 원정을
듣게 되는 경우[21] 등이 있다. 이처럼 구비설화에서는 원님으로 자원
하게 되는 계기가 제각기 다르다. 하지만 세상의 주변부에 위치한

16 한국정신문화연구원, 『한국구비문학대계』 5-4, 성남: 한국학중앙연구원, 2002, 157-159쪽, 군산시 설화31, 원님이 된 건달, 정난수(남, 69).

17 한국정신문화연구원, 『한국구비문학대계』 8-8, 66-72쪽, 삼랑진읍 설화16, 운동옥 전설, 류영수(남, 60).

18 임석재, 『한국구전설화(임석재전집)』 12(경상북도), 서울: 평민사, 1993, 조랑각, 35-36쪽, 선산구읍, 정태진(남, 51).

19 한국정신문화연구원, 『한국구비문학대계』 7-13, 308-312쪽, 대구시 설화82, 밀양 아랑각 전설, 김분선(여, 76).

20 한국정신문화연구원, 『한국구비문학대계』 4-1, 294-296쪽, 송산면 설화9, 현명한 원님, 김봉한(남, 67).

21 한국정신문화연구원, 『한국구비문학대계』 8-7, 137-146쪽, 밀양읍 설화41, 아랑 전설, 김동선(남, 64).

약자들이라는 점, 현재 자신이 처한 조건을 벗어나기 위해 밀양 원을 자원하게 된다는 점이 닮아있다. 이처럼 문헌설화와, 구비설화 모두에서 원귀의 사정을 듣고 신원을 대리하거나 도맡는 이들은 현실적인 조건이 그리 좋다고 할 수 없다. 차라리 불우하다고 하는 쪽이 맞다.

그렇다면 혈연적 유대감이 있는 것도, 지위가 높은 것도 아닌 존재들이 아랑의 원통한 사정을 듣게 되는 이유는 무엇일까? 이런 궁금증은 아랑은 왜 이런 사람들을 택할 수밖에 없었는지, 이런 신원 대리자에게 억울한 사정을 전함으로써 궁극적으로 달성하려 한 목표는 무엇인지와 연결된다. 다음 장에서는 이러한 의문들을 검토해 가면서 아랑설화에서 신원이 갖는 의미를 밝혀 보겠다.

Ⅳ. 드라마 〈아랑사또〉와의 비교를 통해 본 신원(伸冤) 속 애도의 의미

앞 장에서도 살펴 본 것처럼 아랑의 호소를 듣고 대변할 수 있었던 사람들은 타고난 신분이 미천한 자, 여성, 몰락한 양반들이었다. 다소 초라한 존재들이 다른 원님들은 해 내지 못한 귀신과의 소통을 달성했다. 이들의 성공 비결이 담력이나 건장한 기운에 있지 않음은 앞 장에서 이미 검토했다. 신원 대리자들 대부분은 사회로부터 인정받지 못하는 약자들이었다. 혹시 그래서 그들의 마음 한구석에 억울함이 자리 잡고 있었던 것이고 이 억울함으로 말미암아 희생당한 아랑의 마음을 공감할 수 있었던 것은 아닐까?

다소 엉뚱한 생각이라 할지도 모르겠다. 하지만 이런 추론을 가능케 하는 근거들을 설화 각 편에서 찾을 수 있다. 먼저, 아랑이 관인에게 죽임을 당하고 사라진 직후부터 다시 검토할 필요가 있다.

ㄱ) 그래 인자 윤부수는 말이지 이 뭐 딸로 잃어 뿐 기라. 그래 뭐 나졸들 시키 가지고 동서남북을 찾아 봐야 도저히 말이지 행방이 묘연하고. 이래 가지골랑 이래 이래 뭐 도저히 이거 뭐 찾을 수 없다. 이래 가지고 영 마 결정하기로, 뭐 호석(虎食)에 갔다. 예전에 호석에 갔다. 범이 물어 갔다. 이렇게 단안을 내려 뿐 기라. 범이 물어 갔으니 산 골짜기 어디 가서 뭐 뜯어 무뿐지 그건 모르니 모를 모양이니까 못 찾는 기고 이래 가지고 그래 가지고 마 낙심이 되 가지골랑 마 부사 벼슬도 그만 하직하고 고향을 서울로 돌아가 뿟는 기라요.[22]

ㄴ) (1) 선산 조군수가 비봉산으로 달구경도 할 겸 홀로 수양을 하러 갔다. (2) 그때 이방이 조군수의 딸을 겁탈하려 했는데 처녀가 말을 듣지 않았다. (3) 이방은 군수가 돌아와서 알게 되면 모가지가 날아갈 판이라 딸을 죽여 시신을 대밭에 묻어버렸다. (4) 집으로 돌아온 조군수는 딸이 억울하게 죽임을 당한지도 모르고 딸의 나이가 과년하여 부모 몰래 다른 곳으로 도망을 쳤다고만 생각했다. (5) 세월이 흘러 조군수는 다른 곳으로 전근을 가고, 그 곳에 새로운 군수가 부임을 받았다. 그

225

런데 원혼을 풀지 못하고 죽은 조군수의 딸이 매일 밤 나타나서 새로 부임한 군수들이 모조리 죽었다.[23]

ㄷ) 아랑은 부친이 밀양태수로 부임하자 따라갔다. 그런데 고을 통인과 유모의 음모에 빠져 영남루로 야경을 보러갔다가 갑자기 나타난 통인 백가에게 욕을 당했다. 처음에는 연정을 호소했지만 거절하자 백가가 겁간을 하려고 했다. 아랑이 백가가 만진 젖을 잘라버리며 저항하자 백가는 아랑을 죽여 낙동강 섶에 버렸다. 태수는 딸이 야반도주한 것으로 믿고 양반가문의 불상사라 여겨 사임하고 낙향했다. 그 후 신관 사또가 올 때마다 그 날로 변사하여 자원자를 구하던 중 이상사란 이가 자진부임하게 되었다. 도임하던 날 밤 불을 밝히고 있는데 산발한 여인이 가슴에서 피를 흘리며 목에 칼을 꽂은 채 나타나 신원을 호소했다. 다음날 통인을 문책해 자백을 받은 후 참형에 처하고 시신을 수습해 목에 칼을 뽑고 잘 매장해 주었다. 그 후 다시는 원귀가 나타나는 일이 없어졌다.[24]

ㄹ) (1) 선산군청에서 서쪽으로 한 마정 떨어진 곳에 조랑각이라 불리는 사당이 있었다. (2) 조랑은 조부사의 딸이었는데 방년의 나이에 억울하게 죽었다. (3) 조랑은 인물이 잘 생기고 행실이 얌전할 뿐 아니라 재질이 현숙하여 모든 사람이 칭송하고 흠모했다. (4) 그때 사또 옆

---

23 한국정신문화연구원,『한국구비문학대계』7-15, 455-457쪽, 무을면 설화2, 선산 조색씨 전설, 지양식(남, 80).

24 손진태,『한국민족설화의 연구』, 서울: 을유문화사, 1947, 42-43쪽; 조현설,「원귀의 해원 형식과 구조의 안팎」,『한국고전여성문학연구』7, 한국고전여성문학회, 2003, 70-71쪽 재인용.

에 있던 통인 하나가 조랑의 아름다움에 반해서 유모에게 많은 뇌물을 주고 만나게 해달라고 부탁했다. (5) 유모는 어느 달밤 조랑에게 꽃구경을 가자고 했다. (6) 통인은 동원 대밭에 숨어 있다가 조랑에게 달려들어 겁탈하려 했다. (6) 조랑이 반항하자 통인은 조랑을 죽이고 시체는 대밭에 던져두고 달아났다. (7) 조어사는 딸이 하루 밤 사이에 행적도 없이 사라진 것이 집안의 수치라며 쉬쉬하고 숨겼다. (8) 이렇게 해서 죽은 조랑은 원한을 풀지 못하고 원귀가 되어 비바람이 음산하게 부는 밤에는 동원을 돌아다니며 울면서 원수를 갚아 달라고 호소하였다.[25]

ㅁ) 於時에 遂刃其頸斃之ᄒ고 投屍竹林中ᄒ니 家人이 實不知也라 明朝에 覺之ᄒ고 遍索不得ᄒ니 人이 目之以遙奔일ᄉᆞᆯ l 府使恥之ᄒ야 遂解印徑歸하니라[26]

위 다섯 편의 자료에서 주목할 점은 통칭 아랑이라 불리는 처녀가 사라진 후 아버지들이 보이는 태도이다. 인용한 자료에 따르면 아랑은 밀양 부사 윤씨의 딸 윤동옥으로, 또는 선산 부사 조씨의 딸로도 등장하고 있다. 그녀들은 대부분 어미를 잃고 유모 손에 길러지다가 어느 날 갑자기 행적이 묘연해진다. 처녀와 함께 유모가 사라지는

25 임석재, 『한국구전설화(임석재전집)』 12(경상북도), 조랑각, 35-36쪽, 선산구읍, 정태진(남, 51).
26 장지연, 「嶺樓貞娘 井邑冤女」, 『일사유사』 5, 한국정신문화연구원, 1991; 조동일, 『조동일 소장 국문학연구자료』 29, 서울: 박이정, 1999, 474-476쪽.

경우도 있지만 유모가 자신의 죄를 덮으려고 원님 딸이 간밤에 호식 당해 갔다며 거짓으로 고하는 경우도 많다. 그런데 ㄱ)자료에서는 딸을 잃은 아버지가 처음에는 사방으로 찾다가 계속 딸의 행방이 묘연하자 범이 물어 가서 어느 산골짜기에서 먹어 버려 찾을 수 없는 것으로, 즉 호식으로 단안(斷案)을 내린 뒤 서울로 돌아가 버린다. ㄱ)자료의 아버지는 실종된 딸을 필사적으로 찾으려 하기 보다는 호식당한 쪽으로 사건을 몰아간다는 느낌을 지울 수 없다.

상식적으로 생각할 때, 부모는 모든 사람들이 포기해도 자식을 찾기 위해 일평생을 떠돌며 딸을 찾을 법도 하다. 그래서 사건을 급히 덮어버리려 하는 아버지들의 태도가 조금 야박해 보인다. 그런데 ㄴ)~ㅁ)까지의 자료를 참조하면 아버지가 박절한 태도를 취하는 곡절을 짐작할 수 있다. ㄴ), ㄷ)의 아버지는 과년한 딸이 부모 몰래 다른 곳으로 야반도주 한 것으로 믿고 있다. 자료 ㄹ)속 아버지는 딸이 사라진 일을 양반가문의 수치, 집안의 불상사라 여기고 쉬쉬하면서 숨기다가 자신은 원님 자리를 사임하고 귀향한다. 그런데 나이 찬 처녀의 실종을 두고 의심을 하는 것이 부모들뿐이 아님을 ㅁ)자료에서 알 수 있다. 그녀를 찾는 일에 참여했던 사람들조차 차차 멀리 달아난 것이라 짐작하자 부사가 부끄러워 귀향했다고 한다. 그러니까 호식으로 몰아서 사건을 마무리 지으려 했던 아버지의 태도란 시간이 갈수록 딸에게 가해지는 음험한 눈초리들을 막고 가문을 지키려는 주도면밀함이었다고 할 수도 있겠다.

그런데 설혹 딸이 남자와 눈이 맞아 달아났다 해도 자식의 안위를 걱정하고 행복을 빌어주는 것이 품이 넓은 부모의 태도라 한다면 아무리 이해하려 해도 야속함이 말끔히 사라지지는 않는다. 게다가 억울하게 죽임을 당한 아랑으로서는, 자신의 존재 자체를 감추려 하는 아버지이기에 고을의 부사인 아버지 앞에 나타나 그녀의 원통한 사정을 호소할 수 없었던 것이다.

이런 사정은 아랑의 정체가 부사의 딸에서 관의 수청 기생이나 시묘 사는 남자의 아내로 변형된 각 편에서는 더욱 분명하게 나타난다. 기생으로 등장하는 각 편의 경우, 본관이 자리를 비운 방에 혼자 있던 수청 기생이 통인 총각에게 통간할 것을 강요당하다 살해되어 문루에 있는 북 속에 버려지고 만다. 하지만 이 각 편에서는 수청을 들던 기생이 갑자기 사라진 일에 대해 어느 누구도 슬퍼하면서 기생을 찾아다녔다는 이야기는 없다. 본관 부사나 기생의 가족들조차 기생이기 때문에 그랬을 것이라 짐작한다.[27] 기생의 정절을 의심하는 시선은 시집갈 나이의 처녀가 실종된 일을 두고 사람들이 가진 의심과 연장선상에 있다.

이런 양상은 남편이 시묘 살이 간 사이에 남편처럼 변장하고 들어온 남자에게 겁탈 당한 아내 이야기에서도 찾아 볼 수 있다. 이 각 편에서 아내는 한밤중에 굴건제복을 갖추고 시묘 사는 남편인 냥 들어와서 자신과 하룻밤을 보낸 남자 때문에 임신을 하게 된다. 그런데 시묘를 마치고 집에 돌아온 남편은 아내의 임신 사실을 알고서 아내의 정절을 의심했다. 사실 아내는 남편 행세를 하는 남자에게 겁탈당한 것이나 마찬가지였는데 말이다. 이런 사정을 몰라주자 결국

---

27 한국정신문화연구원, 『한국구비문학대계』 6-4, 523-527쪽, 주암면 설화45, 기생의 원수 갚아 준 사또, 조동윤(남, 65).

아내는 억울한 마음에 자살을 하고 원한이 맺혀 원님들 앞에 나타났다.[28]

이런 정황들을 고려해 보면 아랑에 해당하는 처녀, 기생, 아내는 아버지, 사또, 남편 그리고 함께 살고 있는 이웃들로부터 충분히 보호받지 못했음에 틀림없다. 그들은 그녀의 행복보다는 부모나 관장의 허락 없는 야합이나 훼절 사건이 발생했을까 불안해하고 감추기에 여념이 없었다. 아랑과 가장 가까운 존재들은 밀양에 새로 부임해 와서 죽은 원님들처럼 그녀들의 진실에는 관심조차 없었다. 그저 조용히 빨리 사람들의 뇌리에서 이 사건이 잊히기만 기대하는 것처럼 보인다.

따라서 처녀 원귀의 반복적인 출현은 그 자체만으로도 진실을 감추려는 힘에 대한 도전이라 하겠다. 그러나 도전은 싸움일 뿐 문제를 해결하는 것이라 할 수는 없다. 또 직접적인 응징은 복수일 뿐 충분한 근절이 될 수 없다. 이에 원귀는 자신과 함께할 세력을 선택하지 않을 수 없었다. 이 점이 바로 아랑설화의 신원이 갖는 특별한 점이다. 이것은 타자를 경유한 것도, 타자에게 포획된 것도 아닌 타자와의 '연대(連帶)'하기를 꾀한 것이라 하겠다. 이를 신원 대리자의 입장에서 설명한다면, 부모와 마을 사람들의 의식에서 가능한 밀쳐 버리고 싶어 했던 그 상실을 기억해 내는 과정, 희생자를 가시화함으로써 애도의 출발점으로 삼는 것이라 하겠다.

이미 살펴본 것처럼 원귀가 선택한 신원 대리자들은 공통적인 특

---

28 한국정신문화연구원, 『한국구비문학대계』5-4, 157-159쪽, 군산시 설화31, 원님이 된 건달, 정난수(남, 69).

징을 지니고 있다. 가난하고 권력은 없지만 뛰어난 실력을 지닌 존재들이었다. 하지만 이들은 그 능력을 제대로 인정받고 있지 못했다. 벼슬에는 한 번도 나아가지 못하고 중년이 되도록 명산대천을 떠도는 신세였다. 이들은 현실의 부조리를 경험하고 있으며 현 체제 내에서는 공정한 평가를 기대할 수 없는 존재들이었다. 아랑만큼 보호받지 못했던 존재들이며 존재 자체가 의심의 대상이 되어 쓰임 받지 못한 인재들이라 할 수도 있다. 어찌 생각하면 두 존재는 모두 사회적 약자를 넘어 희생자에 가깝다. 그러나 현 체제로부터 보호받은 바 없기에 새로운 판짜기를 기대할 만큼 자유로운 존재들이기도 하다. 그래서 두 존재는 서로를 만나 서로의 참혹한 사정에 공감하고 그것을 해결할 방도를 찾게 된 것이다.

이와 같은 과정은 드라마 <아랑사또전>에서 아주 잘 그려지고 있다. 논의를 위해 <아랑사또전>의 내용을 간략히 정리하겠다. 그런 뒤 <아랑사또전>의 신원 과정과 구비, 문헌자료 속 해원 과정을 비교해 가면서 아랑설화의 신원이 갖는 새로운 의미를 논의해 보겠다.

(1) 신관 사또들이 잇달아 죽어나가 흉악한 마을로 소문이 난 밀양 고을로 은오라는 총각이 찾아온다. 그는 귀신을 볼 줄 아는 능력을 가졌는데 갑자기 사라져버린 어머니를 찾아 그 고을로 들어왔던 것이다. (2) 아랑은 황천길로 가던 중 자신이 누구이며 왜 죽게 되었는지 알 수가 없어 저승사자로부터 달아나 밀양을 떠돌고 있었다. (3) 어느 날 은오는 사라진 어머니의 비녀와 같은 모양의 비녀를 꽂고 있는 아랑을 보게 되었다. (4) 은오는 어머니를 찾기 위해 아랑이 자신의 기억을 찾

는 일을 돕기로 했다. (5) 아랑은 자신의 정체를 밝히려고 은오를 비어 있던 관아의 사또로 만들어 주었다. (6) 은오 사또 덕에 아랑은 자신은 전임 부사의 딸 이서림으로 약혼자가 있었다는 것을 알게 되고 시신도 찾을 수 있게 된다. (7) 하지만 여전히 자신이 왜 죽게 되었는지를 알 수 없었던 아랑은 저승으로 옥황상제를 만나러 간다. (8) 아랑은 옥황 상제와 자기 죽음의 진실을 걸고 내기를 한 뒤 약간의 말미와 영생의 몸을 얻어 지상으로 되돌아왔다. (9) 한편 최대감 집 도령은 아랑이 자신의 정혼자였던 이서림인 줄 알지 못한 채, 그녀를 죽여 귀녀인 홍련의 제물로 바쳤다. (10) 영생의 몸을 얻어 죽지 않고 도망쳐 나온 아랑 덕에, 사또는 숲 속 폐가를 조사하다가 여러 구의 뼈가 묻힌 골묘를 찾아내게 된다. (11) 마을의 세도가인 최대감은 신관 사또가 골묘 사건을 재조사하는 것에 불안감을 느끼고 사또의 신분이 서얼임을 들춰내 쫓아내려했다. (12) 그러나 사또는 최대감의 골묘와 아랑의 죽음, 어머니의 실종이 서로 연관되어 있다는 확신 때문에 최대감 집을 염탐한다. (13) 그러던 중 사또는 최대감 집 사당 지하에서 자신이 찾고 있는 어머니의 모습을 하고서 악령을 제멋대로 부리는 귀녀를 만나게 되었다. (14) 아랑은 자신의 기억을 추적하다 자신의 죽음에 사또의 어머니가 관여되어 있음을 알게 되고, 귀녀가 자신이 가진 영생의 몸을 원한다는 것도 깨닫게 된다. (15) 아랑은 사또 어머니를 구하기 위해 귀녀에게 자신의 몸을 내주려 했다. 하지만, 사또는 어머니의 몸은 죽이는 대신 어머니의 혼을 자유롭게 만들고 아랑을 구해내었다. (16) 그러나 아랑은 여전히 자신을 죽인 자를 알 길이 없어 천상에 가지 못하고 사또와 함께 명부전을 찾아갔다. (17) 명부전에서 사또는 아랑을 죽인 자는 아랑 자신이라는 점과, 자신은 이미 어려서 한 번 죽은 몸인데 옥황상제의 뜻으로 연명을 하여 지금까지 살고 있다는 것을 알게 된다. (18) 사또는 아랑을 천상으로 보내려고 자신이 대신 지옥에 가는 것을 택했다. (19) 사또와 아랑은 죽어 모두 하늘로 올라갔지만 곧 다시 이승의 남녀로 환생하여 다시 만나게 되었다.

<아랑사또전>은 2012년 8월부터 10월까지 20회에 걸쳐 MBC에서 방영되었던 드라마이다. 죽은 아랑이 자기 죽음의 진실을 밝히기 위해 되살아온다거나 밀양의 신관 사또가 그 일을 도와서 원귀의 한을 풀어준다는 전체적인 흐름은 아랑설화와 비슷하다. 그러나 사또의 어머니, 밀양 땅의 실세로 자처하는 최대감, 아랑의 정혼자인 최대감의 아들, 또 최대감 집의 가운을 도와주는 대가로 인간을 잡아먹는 귀녀 홍련이라는 인물은 기존의 아랑설화에서는 찾아볼 수 없다. 얼핏 보면 다른 이야기가 아닌지 의심스러울 정도이다. 그러나 핵심이 되는 인물과 갈등이 유사해서 아랑설화가 확장된 것으로 다룰 여지가 있다.

특히 이 작품에서는 신원 대리자의 특징이 문헌 및 구비설화와 유사하면서, 신원 대리자와 원귀의 연대(連帶) 과정이 단계적으로 잘 형상화되어 있어 비교할 가치가 있다. 먼저 아랑의 신원을 위해 대리자 역할을 하고 있는 은오라는 인물에 대해 살펴보겠다. 드라마에서 은오의 신분은 서얼이다. 그의 아버지는 권세 높은 대감이었지만 은오의 외가는 역적의 집안이었기 때문이다. 은오의 어머니는 역적 집안의 유일한 생존자로 종이 되었다. 그런데 그 집안의 몰락이 부당

하다고 생각했던 은오의 아버지는 그녀를 첩으로 거두었다. 은오는 절반은 양반이지만 나머지 절반은 천민이라 집안과 주변의 냉대를 참아야 했다. 은오는 집을 나와서 어머니와 단둘이 살고 싶어 했지만 어머니는 양반 아버지와 살라고 하면서 아들을 밀쳐낸다. 그러다가 어머니는 아들의 미래를 위해서 숨어버리고 만다.

은오는 양반이되 양반 노릇을 제대로 할 수 없고 주변의 수모도 피할 수 없다는 점에서 아랑설화에서 아랑의 신원을 대리했던 사람들 대부분이 신분이 미천하거나, 현실에서는 자신의 능력을 충분히 인정받지 못하거나, 비록 양반이라 하여도 몰락한 상태라 어떤 일도 도모할 수 없다는 점과 상통한다.

그런데 설화나 드라마 모두 밀양은 이런 존재들의 감추어진 재능을 발휘하기에 적합한 공간으로 나타나고 있다. 중앙의 통제가 제대로 전달되지 않아서 신분고하 죄과유무를 따지지 않고 원님이 될 수 있기 때문이다. 물론 은오는 처음에는 원님이 되는 일에 관심이 없었다. 그것은 은오가 어릴 적 병을 앓고 보이기 시작한 귀신 때문이었다. 어린 은오는 귀신들의 요구에 일일이 응해주었다. 그러다 귀신 들린 아이라고 소문이 나서 곤혹을 겪은 바 있었다. 그 뒤로 은오는 불의를 보면 그냥 참고 세상사에는 관심을 두지 않는 것을 인생의 목표로 정하게 된다. 세상일은 자신이 어찌 할 수 없는 것이니 어머니와 단둘이 행복하게 살기만 하면 된다고 생각한 것이다. 이런 태도는 아랑설화 속 신원 대리자들이 계속되는 낙방에 명산대천을 떠돌며 유랑이나 일삼거나, 집안 망나니로 아버지조차 골치 아파 하던 것과 비슷하다. 이들은 아무 것도 할 수 없는 존재의 무력감 때문에 세상일에서 언제나 한 발 물러나 있거나 까칠하게 굴면서 자신이 받게 될 상처를 최소화하는 삶의 자세를 견지하고 있다.

그랬던 은오가 아랑 때문에 고을 원님이 된 이후로는 점차로 변해 간다. 그 과정이 <아랑사또전>에서는 잘 나타난다. 은오가 처음부터 아랑의 일에 관심을 둔 것은 아니었다. 처음에 은오는 그녀의 사정을 듣고 싶지도, 알고 싶지도 않다고 했다. 알아도 자신이 해 줄 수 있는 것은 아무 것도 없기 때문이다. 그러나 어머니의 비녀와 같은 모양의 비녀를 아랑이 가지고 있는 것을 보고서 자신의 유일한 목표인 어머니 찾기와 아랑의 기억 회복이 관련되어 있을지 모른다는 생각에 무주공산의 주인 노릇을 잠시 맡기로 한다. 아랑으로서도 유일하게 자기 존재를 보고, 듣고 소통할 수 있는 인간이기에 그런 그가 원님이 되면 자기 문제를 해결하는 데 큰 보탬이 될 것이라 여길 수밖에 없었다. 이렇게 해서 둘은 각자의 문제를 해결하기 위해 서로 돕기로 한다.

이것은 설화에서 신원 대리자들이 원혼이 나타나도 놀라지 않고, 원통하고 억울한 일이 있으되 풀어 내지 못해서 호소하러 온 것이라 짐작하는 것과 비슷하다. 신원 대리자들의 안타까운 마음이 원혼들에게 전달되었기에 원혼들은 신원 대리자에게 보은을 약속하거나, 권력을 가지지 못해 일을 할 수 없는 경우 과거 날을 알려주고 장원 급제할 수 있도록 돕기까지 한다.

<아랑사또전>에서는 신원 대리자와 원혼과의 연대가 신원 대리자를 빠른 속도로 성장시키는 계기로 작용하는 있는 것을 잘 보여준다. 은오는 원님이 된 덕에 아랑의 가족, 신분, 약혼자를 찾게 되고

그녀의 시신까지 수습하게 된다. 또 그 과정 중에 발견하게 된 여러 구의 뼈가 묻힌 골묘의 정체에 대해서도 관심을 갖게 된다. 사또인 은오는 아랑의 장례를 치르기 전에 또 골묘의 물건들을 처리하기 전에 마을 사람들에게 관아로 와서 조문할 것을 명한다. 은오는 마을 사람들이 사라진 부사의 딸을 두고서 마을 통인과 눈이 맞아 달아났다고 수군숙덕 했던 일을 사죄할 필요가 있다고 보았다. 또 골묘에 묻힌 이름 모를 희생자들에게도 애도가 필요하다고 믿었다. 그런데 은오의 생각과는 달리 마을 사람들은 아무도 찾아오지 않았다. 마을 사람들은 사건의 진실에는 관심이 없었던 것이다. 그들은 이 일로 마을의 세도가인 최대감의 마음이 불편해질까 염려했고, 그 바람에 자신들이 그의 눈 밖에 벗어나지 않도록 조심하는 것이 중요했던 것이다.

마을 사람들의 이와 같은 태도 속에서, 은오는 부조리함을 바꾸는 일에 어떤 역할도 할 수 없는 자신과, 귀신을 보고 듣는 능력을 갖게 된 것은 재앙에 가까운 것이라 여기면서 눈과 귀를 닫고 살려하던 예전 자신의 모습을 확인하게 된다. 또 은오는 마을 사람들처럼 자기 또한 감당할 수 없다는 것을 핑계로 내세우면서 자신의 아픔밖에는 모르는 무감각한 존재가 되어있다는 사실을 깨닫게 된다. 마을 사람들의 이와 같은 자세는 설화에서 아랑 주변의 사람들이 과년한 처녀가 부모 몰래 남자와 눈이 맞아 달아난 것이라 짐작하며 부끄럽게 여기고, 감추고, 모르는 척하면서 사건을 무마시키려 했던 것과 닮아있다.

은오는 이 깨달음을 계기로 마을 사람들의 뇌리에서 사라지고 감추어졌던 사건들을 기억해 내고 진실을 밝히기로 마음을 바꾼다. 은오의 노력 덕에 아랑의 죽음, 어머니의 실종, 마을 사람들의 무관심, 이 모든 것의 밑바탕에 밀양의 세도가 최대감이 관계하고 있다는 것이 밝혀지고 은오는 최대감에게 천벌이 내려질 것이라 확신하게 된다.

이것은 처음에 불의를 보면 그냥 참는다는 은오의 자세와는 확연하게 달라진 것이다. 물론 은오의 태도가 변한다 해서 세상의 인정까지 바뀐 것은 아니었다. 이는 최대감이 자신에게 도전하는 은오를 서얼이 원님 노릇을 하면서 자신과 비슷한 처지의 사람들을 선동하고 역모를 꾀한다는 누명으로 제거해 버리려 하는 것에서 알 수 있다. 이것은 강고한 현실의 힘일 것이다. 그러나 <아랑사또전>에서는 은오와 아랑으로부터 시작된 변화가 민심을 움직이고 은오의 아버지, 급기야 임금에게까지 전달되어 어명으로 은오를 구하고 최대감을 파멸시키는 방향으로 이야기를 진행시키고 있다.

은오의 이런 변화 과정은 아랑설화에서는 신원을 대리했던 이들이 원귀의 해원을 위해서 벼슬길에 나아가거나, 동료 관원의 힘을 적극적으로 활용하는 것과 일맥상통한다. 설화에서도 아랑을 살려내지는 못한다. 하지만 아랑을 구해내기 위한 첫 걸음으로 그녀의 죽음에 관한 진실을 낱낱이 밝혀내고 있다. 범인을 색출하고 범행의 동기를 천하에 드러내어 응징했다. 그 다음으로는 원귀의 시신을 수습하여 본가로 돌려보냈다. 이것은 장례 절차이기도 하지만 가까운 부모, 이웃들조차 의심했던 그녀의 진실을 증명해 보임으로써 그녀의 명예를 회복하는 과정이라 하겠다.

아랑과 관련된 사건이 일단락되고 나면 신원 대리자들은 비로소 세상에 알려져 쓰임을 받게 된다. 이미 밀양의 원으로 임명되었던 경우에는 신명을 얻어서 그가 이르는 마을은 저절로 다스려 지는 일들이 뒤따르기도 한다. 이것은 불편한 진실을 덮어 두지 않고 기억을 복원한 신원 대리자들의 의지가 세상에 공감을 얻게 되자 신원 대리자들은 모두 새로운 판을 주도해 가는 인물이 된 것으로 설명해 볼 수 있다.

드라마와, 설화에서 마지막으로 주목해야 할 사건은 아랑에 대한 해원이 일 회로 끝나지 않는다는 점이다. 드라마에서 은오는 서얼 출신의 양반이었던 자신을 믿고 끝까지 보호하며 따랐던 충복과 충복의 아내 무녀에게 밀양 고을을 맡긴다. 그리고 자신은 아랑을 대신하여 지옥에 자청해 갔다가 두 사람 모두 이승의 남녀로 환생하고 있다. 매우 비현실적인 결말이라 생각할 수도 있다. 그런데 문헌이나 구비설화의 경우에도 처녀 원귀가 자신의 죽음에 대한 해원을 마친 후에 나라에서 보낸 경시관의 꿈에 다시 나타나 시제를 알려주면서 백일장을 열게 하는 사건이 이어지기도 한다.[29] 또는 원귀를 위한 사당을 짓고 해마다 제사를 지내는 내용[30]이 덧붙기도 한다. 이 때 아랑이 경시관에게 주는 시제는 <영남루 달밤에 이상사를 만나 전

---

29 『동야휘집』, 『금계필담』, 『반만년간 죠선긔담』에서 이와 같은 장면을 확인할 수 있다. 또 김영희는 「밀양아랑제(현 아리랑대축제) 전승에 대한 비판적 고찰」에서 아랑설화가 과체시(科體詩)의 소재로 채택되면서 사대부들에게 폭넓게 애창되던 것을 주목한 바 있다.

30 장지연, 『일사유사』; 한국정신문화연구원, 『한국구비문학대계』 8-7, 밀양읍 설화 41; 임석재, 『한국구전설화(임석재전집)』.

생의 원한을 말하다(嶺南樓月夜逢李上舍說前生冤債)>이다. 아랑은 시제뿐 아니라 장원으로 뽑힐 글귀도 알려주고 있다. 이것은 감추어져 있던 아랑 사건에 대한 기억의 복원뿐 아니라 그 기억을 후손에게까지 전승하고 각인시켜야 한다는 필요성과 관련되고 있다.

<아랑사또전>에서 아랑과 은오가 진실을 밝혀나가는 과정에서 필연적으로 기성세대의 부정이나 악한 권력과의 갈등을 겪은 것처럼 아랑설화에서 아랑의 희생이 반복되지 않기 위해서는 신원 대리자, 특히 이상사와 같은 덕성, 즉 약자들의 원망에 민감하게 반응하고, 처리할 능력을 새로운 사회의 관인들은 갖출 필요가 있다는 것을 거듭 상기시키고 있는 것이라 하겠다.

이 시제가 과체시(科體詩)의 소재들로 주로 활용되었다는 점도 이와 같은 추측을 뒷받침한다. 작품 속에서 이 시제에 답안을 제출하고 장원급제로 뽑히는 이는 열여섯 어린 나이의 배극(익)소[31]라는 인물이다. 배극소는 앞으로 다가올 세상을 열어갈 인재이다. 그래서 이 시제에 공감할 수 있는 능력의 유무가 백성들을 관리할 관원으로서의 자질을 품평하는 준거가 된다고 보아도 무방하다. 배극소는 과거장에서 문득 정신이 흐릿해지고 비몽사몽과 같은 상태에서 한 여자가 외워준 것을 깨어나 적은 뒤 답안으로 제출했다고 한다. 그러나 이것은 배극소란 인물이 이상사가 아랑의 참혹한 사정에 공감한 것을 기억하며, 몸에 체득하여 아파하고 분노할 수 있는 성정을 갖춘 인물임을 말하는 서사적 장치이다. 여기에 이르러서야 아랑의 원한

---

31 『금계필담』에는 배극소(裵克紹)로, 『동야휘집』에는 배익소(裵益紹)로 나와있다.

은 온전한 해결된다.

이상으로 기존의 연구에서는 크게 주목하지 않았던 신원 대리자들의 특성을 중심으로 아랑설화의 신원에 대하여 새롭게 해석해 보았다. 신원 대리자들의 공통된 특징을 살폈고 그것을 기반으로 그들이 아랑의 원한에 접속할 수 있었던 까닭을 추론했다. 또 아랑설화 속 신원이 갖는 의미를 새롭게 설명해 보았다. 신원 대리자들의 입장에서 그 의미를 정리해 보면 다음과 같다. 신원 대리자들은 사회가 덮어버리고 감추려한 아랑 사건에 대한 기억을 복원함으로써 애도의 대상이 되는 희생자를 가시화하고 사건의 진실을 드러내는 것이라 보았다. 또 신원 대리자들은 여자들을 보호하지 않고 희생시킨 크고 작은 세력에 분노하며 범인을 색출하고 아랑의 시신을 본가로 돌려보내었다. 이것은 죽음을 유발한 원인에 관한 책임 소재를 확정하는 것이라 하겠다. 마지막으로 신원 대리자들이 벼슬에 직접 진출하거나 과체시의 시제로 아랑의 신원을 다루었다는 것은 새롭게 펼쳐질 새 세상에서 필요한 인재상은 아랑 사건과 이상사의 일에 무시로 접근할 수 있는 인물임을 강조하고 있는데 이것은 주체가 경험한 슬픔을 기억하면서 자신의 정체성을 변화시키며 애도의 과정을 마무리 하고 있는 것이라 볼 수 있겠다.

V. 신원 대리자와 아랑의 연대

이 논문에서는 아랑설화 연구에서 관심의 대상이 되지 못했던 신원 대리자를 주목함으로써 아랑설화 속 신원의 의미를 새롭게 밝히는 것을 목표로 한다. 문헌과 구비로 전승되는 아랑설화를 검토한 결과 각 편들 간에 편차가 크고 아랑만큼 변화가 큰 인물이 신원 대리자라는 점에 착목해서 그들의 특징과 의미를 면밀히 논의한 것이다.

논의를 위해 본고에서는 『청국야담』, 『고금소총』, 『동야휘집』, 『금계필담』, 『일사유사』, 『반만년간 죠선긔담』과 같은 문헌 소재 아랑설화와 『한국구비문학대계』, 『한국구전설화(임석재전집)』에 수록된 구비 전승 아랑설화, 그리고 드라마 <아랑사또전>을 분석 대상으로 삼았다. 그 결과는 다음과 같다.

문헌자료를 검토한 결과 신원 대리자는 첫째, 원귀의 호소를 들을 수 있는 자와, 원귀의 문제를 처리하는 자로 나누어진 경우가 많았다. 둘째, 원귀의 호소를 들을 수 있는 자들 대개는 그들이 지닌 능력과 겉모습 사이에 큰 괴리가 있었다. 몰락한 양반이나, 실력은 있지만 세상에 널리 알려지지 않은 인물이었다. 셋째, 능력과 현실적 지위의 불일치로 인해 여성이 신원 대리자인 경우도 있었다.

문헌 소재 아랑설화에서 확인할 수 있었던 위 세 가지 특징은 구비설화에서는 신원 대리자들의 지위가 미천할 뿐 아니라 가정과 세상으로부터 천덕꾸러기 취급을 받는 인물로 형상화되고 있었다. 이들이 밀양의 원으로 자원하게 되는 계기는 제각기 다르지만 그들이 처한 현실적 조건에서 벗어나기 위해 주체적인 결정의 과정을 거쳐 밀양 원님을 선택하게 된다는 점에서는 일치한다. 이런 특징은 드라마 <아랑사또전>의 신원 대리자인 사또 은오에게도 반복되고 있었다.

문헌설화, 구비설화, 드라마 속의 신원 대리자들의 특징을 요약하면, 신분으로나 사회적 처우 면에서나 결코 공권력을 상징한다고 할 수 없을 정도로 초라한 존재들임을 알 수 있었다. 신원대리자들은 감추어진 사건의 희생자인 아랑만큼이나 소외받고 인정받지 못한 이들이다.

따라서 아랑이 신원대리자를 찾아간 것 또는 신원대리자가 아랑과 대화를 나눈 것이란 바로 소외되고 억압된 존재들 간의 만남과 연대로 볼 수 있다. 아랑은 가장 가까운 존재인 부모에게 자신의 신원을 부탁하지 않았다. 그것은 부모조차도 그녀의 정절을 의심했으며 소문이 두려워 감추는 일에 급급했기 때문이다. 따라서 아랑의 신원을 단순히 정절 이데올로기의 회복이라거나 공적인 애도의 과정으로 볼 수만은 없다. 아랑과 신원 대리자의 소통은 우선 같은 문제를 안고 있는 소외된 존재들이 연대해서 권력의 문제를 고발하는 것을 목표로 하는 것이다. 둘째는 침묵으로 동조하는 있는 가족과 이웃에 대한 원망의 표출이다. 셋째는 죽음의 진실을 밝힌 신원 대리자의 과거 급제를 계기로 새로운 판짜기를 시도하는 것이다. 마지막으로 백일장의 시제(詩題)로 아랑의 해원을 상기시키는 것은 새 판이 지속되기 위해서 잊지 말아야 할 기억을 각인해 나가는 과정이라 할 수 있다.

참고문헌

강진옥, 「원혼설화에 나타난 원혼의 형상성 연구」, 『구비문학연구』 12, 한국구비문학회, 2001.

김열규, 『한국문학의 두 문제 - 원한과 가계』, 서울: 학연사, 1985.

김영희, 「밀양아랑제(현 아리랑대축제) 전승에 대한 비판적 고찰」, 『구비문학연구』 24, 한국구비문학회, 2007.

김주영, 「상실, 애도, 기억의 예술」, 『철학논총』 86, 새한철학회, 2016.

백문임, 「미지와의 조우-아랑형 여귀」, 『현대문학의 연구』 17, 한국문학연구학회, 2001.

서유영, 송정민 역, 『금계필담』, 서울: 명문당, 1995, 265-267쪽.

손진태, 『한국민족설화의 연구』, 서울: 을유문화사, 1947.

신재홍, 「고전 소설의 재미 찾기」, 『고전문학과 교육』 26, 한국고전문학교육학회, 2013.

『아랑사또전』, 김상호 연출, MBC, 2012.

이가원, 『조선문학사』 下, 서울: 태학사, 1997.

이부영, 「원령전설화 한의 심리」, 『한국민담의 심층분석』, 집문당, 1982.

이원명, 동국대 한국학연구소, 「南樓擧朱旗訴冤」, 『동야휘집(東野彙集)』 5, 『한문문헌 설화전집』 4, 파주: 태학사, 1991, 74-80쪽.

임석재, 『한국구전설화(임석재전집)』 12, 서울: 평민사, 1993.

장지연, 「嶺樓貞娘 井邑冤女」, 『일사유사』 5, 한국정신문화연구원, 1991.

정운채, 「서사접속 및 서사능력과 문학연구의 새 지평」, 『문학치료연구』 제 24집, 한국문학치료학회, 2012.

정운채·강미정·하은하 외, 『문학치료 서사사전』 1-3, 서울: 문학과치료, 2009.

조동일, 『조동일 소장 국문학연구자료』 29, 서울: 박이정, 1999, 474-476쪽.

조현설, 「원귀의 해원 형식과 구조의 안팎」, 『한국고전여성문학연구』 7, 한국고전여성문학회, 2003.

최귀숙, 「'여성 원귀'의 환상적 서사화 방식을 통해 본 하위 주체의 타자화 과정과 문화적 위치」, 『고소설연구』 22, 한국고소설학회, 2006.

최웅, 「雪幽冤婦人識朱旗」, 『주해 청구야담』 Ⅲ, 권지십팔, 국학자료원, 2011, 275-281쪽.

최인학, 「영남루에서 원정을 호소하다」, 『조선조말 구전설화집 : 반만년간 죠선긔담』, 서울: 박이정, 1999, 64-67쪽.

프로이트, 「슬픔과 우울증」, 『무의식에 관하여』, 파주: 열린책들, 1997.

한국정신문화연구원, 『한국구비문학대계』 81, 성남: 한국학중앙연구원, 2002.

황인순, 「「아랑설화」의 현대적 변용 양상 연구」, 『여성문학연구』 29, 한국여성문학학회, 2013.

제7장

3.11 대지진 이후 재난지역의 '지속적 유대감'에 대한 연구[*]

공동체 사이의 차이

호리에 노리치카堀江宗正(도쿄대 사생학·응용윤리센터)

○○○○

Ⅰ. 지속적 유대감

2011년 3월 11일 동일본대지진은 일본 동북부지방에 심각한 피해와 트라우마를 남겼다. 이 연구는 죽은 자와의 관계나 그 재현에 있어서 이른바 '친숙한 영혼'과 '낯선 영혼'이라는 두 가지 유형이 있음을 고찰한다. 어느 유형이 지배적인가는 해당 공동체의 관계의 친밀성에 깊이 연관된다.

자원봉사의 경험과 개인인터뷰를 통해 이미 고인이 된 사랑하는

---

[*] 이 글은 호리에 노리치키의 논문 "Continuing Bonds in the Tōhoku Disaster Area: Locating the Destination of Spirits," *Journal of Religion in Japan* 5, pp.199-226. 을 토대로, 생사학연구소사 주최한 제7회 국제학술대회에서 발표한 원고를 번역한 것이다.

이와의 영적 경험에 관한 서사가 재해지역의 피해자들 사이에서 공유되는 것을 종종 볼 수 있었다. 이와 같은 이야기들은 대중매체나 소셜미디어를 통해서는 거의 들을 수 없다. 이런 이야기를 퍼뜨리는 것은 분별없는 행동이라는 합의가 있는 듯이 보였다. 그러나 피해자들은 그들의 영적 경험을 자연스럽게 그리고 열정적으로 이야기하곤 했다. 그들로부터 '친숙한 영혼'이라고 부르는 가족, 친척, 친한 친구의 영혼을 인식하는 주관적인 경험 이외에도 '낯선 영혼'이라 부르는 익명의 낯선 영혼과의 두려운 조우의 경험들에 대해서도 들을 수 있었다. 예를 들어 알 수 없는 무수한 '낯선 영혼'들에게 홀렸다고 토로하는 한 자원봉사자를 만난 적도 있다.

'지속적 유대감'이라는 개념을 둘러싸고 비탄(grief)에 대한 많은 심리학적 연구가 축적되어 왔다. 이것은 유족이 내면적인 재현을 통해 죽은 이와 이어가는 감정적인 연결에 대한 것이다.[1] '친숙한 영혼'의 경험들은 지속적 유대의 이론으로 이해할 수 있다. Klass, Silverman과 Nickman에 따르면, 죽은 자의 내적 재현을 지속하는 것은 반드시 병적인 것이라 할 수 없으며, 장기적으로 보면 유족들의 일상적인 생활에 종종 도움을 주는 것이기도 하다. 비탄에 대하여 전통적인 카운슬러들은 그 유대를 끊어야 한다고 했지만, 이들은 살아있는 이들이 죽은 이와의 유대를 무너뜨려서는 안 된다는 점을 강조한다.

지속적인 유대감을 지지하는 사람들은 사망한 사람의 존재를 감

---

1 Dennis Klass et al. eds., *Continuing Bonds,* Washington, D.C.: Taylor and Francis, 1996.

지하는 경험, 그 일종의 영적인 경험에 주의를 기울인다. 그러나 Field[2]는 비탄의 초기 단계에는 일반적으로 망자의 존재감을 경험할 수 있지만, 사별의 초기 단계가 지난 다음까지 이것이 오랫동안 지속된다면 이는 부적응의 증거라고 지적했다.

Stroebe와 Schut[3]은 연구자들이 어떠한 조건 속에서 지속적인 유대감이 병리학적으로 변질되는가를 연구해야 한다고 제안했다. *Continuing Bonds*의 저자 중 한 명인 Klass[4] 역시 문화나 역사와 관련하여 지속적인 유대감을 연구할 필요성을 강조했다. Yamamoto[5] 등에 따르면, 남편을 잃은 일본여성들은 불단 앞에서 공양을 하고 기도를 하는 등 사망한 남편과의 유대를 유지하면서 남편을 잃은 영국여성들보다 정신적으로 더 건강한 경향을 보였다. 서구인들은 그들의 유대감을 끊으려고 하지만, 고요한 태도로 인해 가려진 지연된 비탄, 그 '복잡한 비탄'으로 고통을 받았다.

Walter[6]는 슬픔과 지속적인 유대의 표현 방식이 역사적 단계와 관련되어 있다는 개념을 보다 포괄적으로 논의했다. 전통적으로 일본

---

2 Nigel P. Field, "Whether to Relinquish or Maintain a Bond with the Deceased," in Margaret S. Stroebe et al. eds., *Handbook of Bereavement Research and Practice,* Washington D. C.: American Psychological Association, 2008, pp.113-132.

3 Margaret Stroebe and Henk Schut, "To Continue or Relinquish Bonds," *Death Studies* 29, 2005, p.477-494.

4 Dennis Klass, "Continuing Conversation about Continuing Bonds," *Death Studies* 30, 2006, pp.843-858.

5 Yamamoto, Joe et al., "Mourning in Japan," *American Journal of Psychiatry* 125-12, 1969, pp.1660-1665, p.1662.

6 Tony Walter, *On Bereavement,* Philadelphia: Open University Press, 1999.

의 조상숭배는 자손이 기억하지 못하는 선조를 숭배하는 것을 포함한다. 그러나 전후의 핵가족 추세에 따라 생생하게 기억하는 가까운 가족이 강조되기 시작한다. 스미스[7]는 이와 같은 조상숭배가 압축된 모습을 '메모리얼리즘'이라 칭한다.

최근 Valentine은 영국인과 일본인의 인터뷰를 통해 영국인이 기존에 생각했던 것처럼 개인화되지 않았음을 발견했다. 덧붙여 그녀는 일본인이 개인 서사를 중요하게 생각하며 공동체 전통을 역동적인 방식으로 개인화하고 있다고 주장했다.[8] Klass, Silverman 그리고 Nickman과 Walter는 사별의 개념 차이를 구별했다. 즉, 죽은 자와의 감정적인 유대를 이상화했던 19세기 낭만주의, 유대를 깨는 것이 정상적이며 건강한 것으로 간주되었던 20세기 모더니즘, 그리고 다문화주의를 배경으로 비탄의 다양한 형태를 인식하고 수용했던 21세기 포스트모더니즘이 그것이다.[9]

쓰나미가 재난지역을 강타했을 때, 이 지역의 사회문화적 조건은 이미 복합적이었다. 도호쿠 지방의 종교적 믿음은 일본 서부처럼 높지 않았다. 이와테현 주민의 27%와 미야기현의 22%만이 종교를 가졌다고 보고된 바 있다.[10] 그러나 대부분의 주민들은 지역의 불교 사

---

7 Robert Smith, *Ancestor Worship in Contemporary Japan,* Palo Alto: Stanford University Press, 1974.

8 Christine Valentine, "Continuing Bonds after Bereavement," *Bereavement Care* 28-2, 2009, pp.6-11.

9 Dennis Klass et al. eds., *Continuing Bonds,* pp.40‑41.

10 NHK, <Naki hito tono 'Saikai': Hisaichi, Sandomeno Natsu ni 亡き人との'再会'～被災地　三度目の夏に> (2013. 8. 23)

원에 속해 있었으며 지역 사회의 끈은 도쿄보다 돈독했다. 그러나 인구가 백만 명이 넘는 센다이도 있기 때문에, 우리는 이 지역을 시골이라 묘사할 수 없다. 반면 해안의 농촌 지역 사회는 인구 감소로 어려움을 겪었고 쓰나미 이후에는 훨씬 더 많은 사람들을 잃었다. 그렇기에 복합적인 지리적 및 사회문화적 조건 하에서 '지속되는 유대감'의 형태와 기능은 무엇인가? 라는 질문을 던지는 것이 적절할 것 같다.[11]

II. 연구의 방법

지진과 쓰나미, 그리고 쓰나미 이후 이어진 악조건 속에서 (가족 및 친지를 포함하여) 자신에게 소중한 사람을 잃은 사람들에게 설문 조사를 배포하고 2014년 7월과 9월 사이에 양적 연구를 실시했다.

응답자는 총 100명이었고, 60명은 이와테현, 40명은 미야기현 주민이었다. 재난 피해자들에 나쁜 영향을 미치지 않기 위해서, 필드워크는 내가 이미 피해자들과 개인적인 친분을 형성하고 있는 지역, 혹은 나와 공동연구를 한 종교 전문가가 필드워크를 해도 문제되지 않을 것이라고 소개한 장소로 제한을 두었다.

응답자의 평균 연령은 66세였다. 이는 아마도 과소지역 사회의 연

---

11 설문지에서 응답자가 이해하기 어려운 용어이므로 '지속적인 유대감 continuing bonds'이라는 용어 대신 고인과의 이어짐을 표현하기 위해 '마음의 이어짐(인연)'(kokoro no kizuna 心の絆)이라는 표현을 사용했다.

령 분포, 특히 쓰나미 이후의 인구분포가 반영된 결과 일 것이다. 잠재적 응답자로서 일부 젊은 사람들이 있었지만, 그 중 상당수는 질문에 답하지 않았다. 응답자의 59%가 노화로 인한 시력 저하로 설문지를 읽을 수 없었기 때문에, 내가 질문을 읽었고 그들이 답을 적었다. 많은 사람들이 질문과 관련하여 자신의 이야기를 상세히 들려주는 것을 자연스러워했고, 그 덕분에 이 연구의 절반은 비공식적인 (semi- structured) 인터뷰에 가깝게 이루어졌다.

Ⅲ. 공동체 사이의 차이

1. 비탄, 추억, 그리고 긍정성

이 조사는 쓰나미로 사망했거나 실종된 사람 중에서 응답자에게 가장 먼저 떠오른 사람을 묻는 것으로 시작되었다. 그 후 고인과 관련된 꿈, 영적 경험, 그리고 종교적 실천에 대해 질문했다. 그런 다음 응답자들에게 종교와 내세에 관한 자신의 믿음, 그리고 그들이 어떻게 다른 사람들과 함께 고인에 대한 이야기를 나누는가를 질문했다.

고인과 응답자와의 유대는 종교적인 것이라기보다는 심리적인 측면이 많았다. 응답자들이 고인과의 유대를 떠올리게 되는 매개는 무엇인가에 대한 질문에 대해 '추억'(47%), '사진'(27%)이 '무덤'(13%)이나 '비석'(3%), '불단'(3%)에 비해 훨씬 큰 비중을 차지했다.

'남겨진 것들'인 유품들은 슬픔(60%)과 그리움(39%)이 교차하는 감

정을 불러일으키며, 그럼에도 유품을 통해 이야사레다(癒された) 즉, 힐링이 되었다거나 위로가 되었다라고 꼽은 응답자(10%)는 예상보다 적었다. 그러나 슬픔과 향수를 반드시 부정적인 영향으로 받아 들여서는 안 된다. 왜냐하면 72%의 응답자가 '내적인 마음의 유대를 소중히 할 때 나는 더 긍정적으로 느낀다'(이 구절은 '지속적 유대감'에 해당한다)고 확언했기 때문이다. 위의 반응은 비탄 그 자체가 치유로 이어지지는 않지만, 그리움 혹은 강화된 내면의 표상을 통해 고인을 떠올림으로써 보다 긍정적으로 살아가게 됨을 시사한다.

2. 자연스러운 영적 경험

응답자의 절반 이상은 고인은 '내 마음 속에 살고 있다'(66%), '나를 보고 있다'(56%)라고 대답하여 고인이 가까이에 존재하는 것으로 느끼고 있었다. 일부는 '나는 고인에게 말을 걸면 응답이 오는 것을 느낀다'(37%)거나 '고인에게서 메시지를 받았다'(23%)는 등의 생생한 상호작용을 언급했다. 응답자의 64%는 '나는 불단이나 무덤 앞에서 고인과 소통 한다'고 했고, 60%이상은 고인과 대화를 시도했고, 그 절반은 대답을 받았다는 응답을 통해 이를 더 잘 이해할 수 있다. 응답자 중의 25%는 고인의 '존재(the presence)'를 느낀다고 했다. 이와 같은 경험은 흔히 초자연적인 것으로 여겨진다. 그러나 응답자들은 훨씬 자연스러운 방식으로 이를 경험한다.

전형적인 유령 이야기는 죽은 영혼과의 초자연적 만남을 강조한다. 그러나 응답자들은 자신의 경험에 대해 그와 같이 이야기를 하지 않았다. 고인의 목소리가 들리거나 존재감이 느껴져도 이를 두려움이나 놀라움 없이 정상적이고 자연스러운 영적 경험으로 받아들였다.

응답자의 78%는 '설문지에 포함된 문제에 대해 다른 사람들과 이야기했다'고 했다. 그리고 70%는 '고인의 존재나 목소리에 관한 이야기'를 들었다고 했다. 따라서 그들에게 있어 영적인 경험은 유족들이 다른 사람들과 나눌 수 없는 사적인 이야기가 아니었다.

응답자의 78%는 내세를 믿었고, 52%는 종교를 믿는다고 답했다. 지진 이전인 1997년의 NHK의 조사에서 이와테 지역에서 종교를 믿는 사람은 27%, 미야기 현에서는 22%에 불과했기 때문에 이 수치는 주목할 만하다. 이들의 종교적 믿음이 늘어난 것은 재난 이후 죽은 자와의 경험이 큰 영향을 미친 것일 수도 있다. 덧붙여서, 조사에 참여한 것 그 자체가 응답자들의 종교적인 의식을 높였을지도 모르고, 그들이 지역의 절에 속해있다는 것을 상기시켰을지도 모른다.

그러나 응답자 중 단지 29%만이 종교인과의 상담을 원했다. 적지 않은 응답자들이 그들이 종교인과 상담하기를 원치 않는다는 답을 하면서 미소를 짓거나 놀라움을 표시했다. 앞서 제시한 바와 같이, 64%의 응답자는 고인과 대화를 했다. 고인과의 관계를 가지는 것이 종교인과 상담하는 것보다 생활의 정신적 건강을 위해 더 이로운 것으로 여긴다고 볼 수 있을 것이다. 또한, '종교적 믿음'을 가지고 있다는 비율이 늘어나는 것은 지역의 전문적인 종교인과의 강한 유대가 아니라, 고인과의 지속적인 유대에 따른 것으로 설명할 수 있을 것이다.

3. 두 공동체의 차이

이 연구에서, 서로 다른 두 도시간의 현저한 차이를 발견했다.

〈표 1〉 A지역과 B지역의 비교: 고인에 대한 친숙함, 그리고 종교적 믿음

질문	고인은 나를 보고 있다.	고인은 내 마음 속에 있다.	죽은 후의 영혼은 내가 있는 여기에 존재한다.	나는 고인과의 내적인 심리적 유대를 통해 긍정적인 느낌을 가진다.	나는 신앙심을 가지고 있다.
City A, n=60	33 (55%)	40 (67%)	10 (17%)	47 (78%)	32 (53%)
City B, n=16	4 (25%)	7 (44%)	0 (0%)	8 (50%)	3 (19%)
Two-tailed p-value of Z-test	0.0329*	0.0936+	0.0787+	0.0243*	0.0137*

*p<0.05 +p<0.1

A지역의 응답자들은 B지역의 응답자보다 고인을 친밀한 존재로 느꼈다. 그리하여 '고인은 내 마음 속에 있다' (+:10 % 수준의 유의한 경향) 혹은 '나를 보고 있다'(*:5 % 수준의 유의한 차이)라고 대답했다. A지역의 어떤 이들은 '죽은 후의 영혼은 내가 있는 여기에 존재한다'라고 했으나, B지역에서는 그와 같은 응답이 없었다(+). A지역 주민들은 B지역 주민들보다, 유대감이 그들에게 긍정적인 것으로 느껴진다고 답했다(*). '신앙심'에 대한 긍정적인 대답도 A지역이 B지역보다 훨씬 높았다.

이러한 차이는 두 공동체의 상이한 조건에서 비롯된다. A지역은 돈독한 공동체를 구성하며, 공동체 구성원들은 고인들의 영혼을 여전히 커뮤니티의 멤버로 간주했다. A지역은 시골 지역에 있으며 쓰

나미가 발생하기 전까지 일반적인 의미에서 아주 '세속화되지' 않았었다. 또한 대부분의 응답자가 살았던 임시주택은 피해지역과 가까웠다. 침수지역의 가장자리에 고지대가 있었고, 응답자들이 속한 사원이 그곳에 위치했다. 사원의 대부분은 산허리에 위치하고 있고 피해를 입지 않았다. 기존 사원은 기록적인 쓰나미에서 살아남아 안전한 지역에 위치해 있었다.

응답자의 대부분이 살았던 지역사회 사원의 주지스님은 희생자를 지원하는 일에 적극적이었다. 그는 지진 직후 피난소로 절을 개방했다. 피해자들이 임시 주거시설로 옮긴 후, 그는 재난 지역에서 일하는 자원봉사자에게 절의 홀을 내주었다. 2012년 6월 학생들과 자원 봉사자로서 절을 방문했을 때 그를 처음 만났다. 스님은 무덤을 만들 수 있을 때까지 사원에 고인들의 유골을 보존했으며, 그는 여전히 미확인 사망자의 뼈를 보존하고, 편의를 돕고 있다.

반면 B지역은 A지역과는 상이했다. 이 도시는 일본의 가장 큰 도시 중의 하나인 센다이 근처에 위치한다. 연구를 수행하던 임시주거는 침수지역에서 꽤 떨어져 있어, 차로 20분 정도 걸렸다. 이 공동체는 두 그룹으로 나뉜다. 한 그룹은 바다에서 멀리 떨어진 높은 지역으로의 이주를 지지했고, 다른 그룹은 쓰나미에 의해 침수된 원래 장소의 복구를 지지했다. 공동체의 사원이나 무덤은 완전히 파괴되었고, 한 수도승은 달아났다. 센다이와 도쿄 출신의 사람들의 접근이 용이하여 많은 자원 봉사단체가 임시 주거시설을 방문했고, 회의실 일정은 다양한 자선 단체가 제공하는 행사로 가득 찼다. 그러나 그 행사들은 주민들의 주도로 개최되지 않았다. 임시 거주지의 지역

사회에서 사교적인 거주자와 비사교적 거주자들 사이에 분열이 있었고, 후자의 일부는 자기 방에서 혼자만의 시간을 보내는 경향이 있었다.

응답자들은 설문조사에 참여하는 것을 거부한 사람들, 설문조사를 무신경한 것으로 여기는 사람들, 매우 협조적이며 흥분하면서 무서운 이야기를 묘사하는 사람들로 나뉘어졌다. 후자의 그룹은 분명히 협조적이었지만, 고인의 영혼과의 유대를 소중히 여긴 A지역에서 종종 목격한 차분한 태도는 결여되어 있었다. 응답자들이 들려준 거의 모든 이야기는, 여기서 '낯선 영혼'이라고 일컫는, 낯선 이의 영혼에 관한 무서운 이야기의 범주에 속하는 것이었다.

A지역의 재난 피해자는 B지역의 주민들보다 고인을 더 가까운 존재로 경험했다. 지속적인 유대감은 B지역보다 A지역에서 더 강하고 자연스러웠다. 이러한 차이를 유발하는 원인으로 세 가지 요소를 구별해볼 수 있다. 한 가지는 지리적 요인이다. B지역의 응답자들은 침수지역에서 떨어져 있었다. 밤에는 가로등도 없으며, 누구도 폐허뿐인 칠흑 같은 어둠 속으로 감히 들어가려 하지 않았다. B지역의 누구도 고인의 영혼이 유족들에 가까이 존재한다고 대답하지 않았는데, 어쩌면 그들 마음속에서 사랑하던 이들의 영혼은 침수지역에 남아있는 것일지도 모르겠다.

두 번째 요인은 종교적인 것이다. 지역의 성직자가 부재하고, 공동의 의례를 행하기 위한 장소가 부족한 것이다. 사람들은 사원과 무덤을 매개로 고인과 상호작용할 수 있다. 불교 승려는 치료사는 아니지만 사원과 무덤, 불단을 통해 살아있는 이들이 죽은 이들과 연결될 수 있도록 죽은 자와의 지속적 유대감의 틀을 지켜주는 의례의 사제로 존재한다.

세 번째는 인물들의 심리적 요소이다. B지역에 서술된 낯선 영혼은 두려움과 매혹의 대상이었다. B지역 주민들이 죽은 자에 대해 가지는 태도의 기저에는 이러한 양면성이 존재했다. 위에서 언급한 바와 같이 그들의 존재가 지리적으로 영혼으로부터 떨어져 있고, 영혼과의 종교적 상호작용이 결여되어 있기 때문이다.

4. 친숙한 영혼에 대한 전형적인 따뜻한 이야기

이 부분에서는 '친숙한 영혼'과 '낯선 영혼'의 전형을 예시하기 위해 응답자들이 들려준 이야기들의 일부를 소개하겠다.

남편의 영혼을 가까이에서 느낀 여성

그녀를 처음 만났을 때, 그녀는 지진으로 인해 남편을 잃은 상태였다. 그녀는 50년 동안의 추억이 열쇠가 되어 남편과의 내면적인 심리적 유대감이 지속되고 있음을 느끼고 있다고 했다. 딸이 남편의 죽음 (인터뷰 직전) 후에 금혼식을 열어주었을 때, 그녀의 눈은 기쁨의 눈물로 가득했다. 그녀는 불단 앞에서 남편에게 매일 공양을 했다. 남편은 노래방을 좋아했기 때문에, 그녀는 그가 좋아하는 가수의 CD를 틀어놓았고, 가수가 새 음반을 발매할 때마다 그녀는 남편을 위해 그것을 사고 CD를 틀었다. 그녀는 자신의 마음속에 그가 존재하며, 때때로 질문에 대답하며 때때로 메시지를 보낸다고 느꼈다. 그녀는 그가 꿈속에 나타나기를 부탁했고, 때때로 그는 꿈에 나타났다. 그녀는 종종 그의 존재를 감지하고 그가 그녀를 보고 있다고 느꼈다. 그녀는 가족과 남편의 가족들이 속한 모든 조상들에게 기도했다. 그녀는 실제로 아무도 재해로 사망하지 않았으며 인간의 영혼은 어디로도 가지 않으며 여전히 우리 사이에 존재한다고 말했다(70세 여성, 2014년 8월 1일).

나는 그녀가 주위 사람들에게서 받은 지지뿐만 아니라 고인과의 지속적인 유대 덕분에 유쾌하다는 것을 알 수 있었다. 이 이야기는 '친숙한 영혼'으로 분류 할 수 있다. 남편과 같은 사랑하는 영혼은 침수지역에서 야밤에 나타나는 무서운 유령 이야기로는 절대 나타나지 않는다. 이는 바로 그가 그녀 옆에 머물며, 안정된 상태에서 상상하게 되는 영혼이기 때문이다.

5. 낯선 영혼의 무서운 이야기

친숙한 영혼 이야기의 내레이터는 모두 A지역의 응답자였다. 대부분 '낯선 영혼'에 대한 이야기였던 B지역에서는 이러한 유형의 이야기를 좀처럼 들을 수 없었다.

대부분의 질문은 고인이 된 사랑하는 사람들과의 관계에 대한 것이었고, 응답자 중 절반은 '고인과의 내면의 심리적 유대 관계 덕분에 긍정적인 느낌을 가진다'고 대답했다. 그럼에도 불구하고 응답자들은 아래 제시된 바와 같이 낯선 영혼에 대한 소문을 이야기하는데 더 많은 시간을 할애했다.

문 닫은 편의점

B지역에서 침수지역으로 연결되는 교차로에 위치한 편의점이 재건축되었지만, 판매원들이 그만두는 바람에 편의점은 곧 문을 닫았다. 그들은 아무도 없는데 자동문이 열리고, 그곳에 알 수 없는 발자국도 나타난다고 얘기했다(67세 남성, 2014년 9월 24일). 이 이야기는 거의 전형적인 소문 또는 지역 전설의 형식을 취하고 있다. 다음의 이야기는 이 사건에 대한 사람들의 의견을 담고 있다.

> 저는 예지력을 가진 심령술사를 알고 있는데, 그녀는 B지역에서 '도와주세요!'라는 유령의 울음소리를 듣습니다. 그래서 B지역의 편의점이 문을 닫은 겁니다. 저는 거기에서 일하려는 점원이 없다고 들었습니다. 한 번은 C절의 스님께 어떻게든 손을 써야 한다고 말씀을 드렸습니다. 그러나 그는 '죽은 자들을 위한 기념비가 곧 거기에 세워질 것이니 걱정하지 마라'라고 했습니다. 그 후로 그는 이에 대해 더 이상 언급하려 하지 않았습니다(65세 여성, 2014년 9월 29일).

심령술사와 스님, 내레이터인 여성의 세 가지 관점이 이 서사에 공존한다. 그들 모두는 죽은 자들을 달래거나 정화하기 위한 추도 의식이 필요하다는 대중적인 믿음을 어느 정도 공유하고 있다. 불교적 용법에서는 추모기간 동안 얻은 공양물을 고인들에게 돌림으로써, 그들이 부처가 되는 길로 나아가는 것을 돕는다. 여성은 불안한 영혼의 징후를 감지할 수 있는 심령술사의 능력에 의지하면서, 스님이 이 영혼들을 평화의 상태로 이끌어줄 것을 기대했다. 그러나 스님은 여성의 호소에도 불구하고 나서기를 꺼렸기 때문에, 그녀는 실망했다.

'그때 수도사(수도승은)는 침묵했다.'는 부분은 그가 뭔가를 고려하고 있음을 말해준다. 나레이터는 이 침묵을 스님에게는 그 무수한 불안한 영혼을 평화로 이끌 힘이 없다는 것을 애석해하는 것으로 해석할 것이다. 종교학의 관점에서 볼 때 스님은 영혼이나 영혼의 존재에 관해서 불가지론이라는 근대 불교적 입장이었을 것이다. 물론 나레이터는 평신도이기 때문에 그러한 교리를 알지 못했을 것이다. 이 서사의 주된 플롯은 스님이 영혼을 인도할 것이라는 기대, 그리고 그렇게 하지 못했음에 대한 여성의 실망이다. 또한 이 이야기의 함축적인 메시지는 낯선 영혼의 존재가 너무도 많아 불교 승려조차도 그에 대처할 수 없다는 것이다.

A지역의 주민들은 죽은 이들이 유족들 가까이에 머물고 있다고 여겼기 때문에, A지역에서는 불안한 영혼의 문제가 발생하지 않았다 대조적으로 B지역의 어느 누구도 망자의 영혼이 가족들과 가깝다고 말하지 않았다. 논리적으로 이 믿음은 영혼이 여전히 침수지역에 머물거나, 다른 세계로 떠났거나, 쓰나미가 발생한 당시에 바로 사라졌다는 생각으로 이어진다. 추모장, 사원 또는 무덤이 완전히 파괴되었기 때문에 그들이 다른 세계로 떠났다는 것은 확실한 것이 아니다. 망자의 영혼의 이와 같은 정체된 상태는 낯선 영혼의 이야기가 유통되는 원인이기도 하다.

IV. 각 지역사회의 고유성

이 연구에서 고찰한 바를 요약하면, 재해 발생 이후 '지속되는 유대감'의 강도를 결정짓는 두 가지 사항은 1) 고인과의 지리적 및 심리적 거리, 그리고 2) 공동체의 상호연결성이다. 유족이 고인의 존재를 느끼고 고인에 대한 의사소통이 개방적이고 풍부하다면, 망자의 영혼과의 유대는 강해질 것이다. 그렇지 않은 경우, 친숙한 영혼에 대한 따뜻한 이야기보다는 낯선 영혼의 무서운 유령 이야기가 퍼지게 된다.

이 연구는 재난 이후의 일본사회 전체를 대상으로 '세속화' 혹은 '종교 부흥'을 일괄적으로 논의하는 것이 얼마나 어려운지를 보여준다. A지역과 B지역의 서로 다른 반응은 동일한 재해에서 유래한 것이다. 앞으로 연구자들은 각 지역사회의 고유성을 보다 주의 깊게 살펴야 할 것이다. 특히 우리는 지역사회 외부로부터의 종교 전문가들이 제공하는 영적 보살핌이, 종교인과 그 장소가 사라진 B지역과 같은 곳에서 어떻게 기능하는가를 더욱 세심하게 살펴야 할 것이다. 인구 감소로 인해 일본 전역에서 이와 유사한 지역을 발견하게 될 것이다.

참고문헌

Christine Valentine, "Continuing Bonds after Bereavement: A Cross-Cultural Perspective," *Bereavement Care* 28-2, 2009, pp. 6-12.

Dennis Klass, "Continuing Conversation about Continuing Bonds," *Death Studies* 30, 2006, pp. 843-858.

Dennis Klass et al. eds., *Continuing Bonds: New Understandings of Grief,* Washington, D.C.: Taylor and Francis, 1996.

Margaret Stroebe and Henk Schut, "To Continue or Relinquish Bonds: A Review of Consequences for the Bereaved," *Death Studies* 29, 2005, pp. 477 - 494.

NHK, <*Naki hito tono 'Saikai': Hisaichi, Sandomeno Natsu ni 亡き人との'再会'～被災地 三度目の夏に*>, http://www.nhk.or.jp/special/detail/2013/0823/ (2013. 8. 23 방송).

Nigel P. Field, "Whether to Relinquish or Maintain a Bond with the Deceased," in Margaret S. Stroebe et al. eds., *Handbook of Bereavement Research and Practice: Advances in Theory and Intervention,* Washington D. C.: American Psychological Association, 2008.

Robert Smith, *Ancestor Worship in Contemporary Japan,* Palo Alto: Stanford University Press, 1974.

Tony Walter, *On Bereavement: The Culture of Grief,* Philadelphia: Open University Press, 1999.

Yamamoto, Joe et al., "Mourning in Japan," *American Journal of Psychiatry* 125-12, 1969, pp. 1660-1665.

제8장

4차 산업혁명 시대에서
요청되는 치유

이영의(강원대 인문과학연구소)

I. 들어가는 말

인류의 삶은 역사적, 문화적, 지리적, 경제적, 과학기술적 요인을 비롯한 다양한 요인들에 의해 영향을 받는다. 특히 그중에서도 근대에 들어서 과학기술적 요인은 점차로 인류의 삶을 결정하는 주요 요인으로 작용해 왔다. 18세기의 기계화를 바탕으로 성립된 1차 산업혁명과 19세기 말경 대량생산을 바탕으로 나타난 2차 산업혁명에 이어서 20세기 초반 컴퓨터와 인터넷을 기반으로 하는 3차 산업혁명, 그리고 인간과 기술의 결합을 특징으로 하는 4차 산업혁명을 통해 삶의 풍요로움은 과학기술의 함수라는 점이 드러났다. 지금까지의 산업혁명들을 고려할 때 4차 산업혁명을 통해 구현되고 있는 우리의 생활세계는 이전 시대와는 현저하게 차이가 날 것으로 예상된다.

이 글은 4차 산업혁명 시대에서 구현될 것으로 예상되는 삶과 거기서 요청되는 치유를 검토한다. 먼저 1장에서는 미래사회에서 생활하게 될 주체의 특징을 연결성, 확장성, 분산성을 중심으로 검토한다. 2장에서는 그 세 가지 특징을 갖는 주체를 인간-기계 공진화 논제와 포스트휴먼 세계를 중심으로 살펴보고 존재들의 관계를 현인류(homo sapiens)와 미래인류(posthuman), 현실과 가상이라는 기준을 중심으로 논의한다. 3장에서는 미래사회에서 위력을 발휘할 것으로 보이는 기계치료를 전망하고 그와 관련된 문제점을 지적하면서 미래사회에서 요청되는 '인간다운' 치료의 지향점을 제시한다.

II. 주체 개념의 변화

1. 연결성

4차 산업혁명 시대를 이전 시대와 구별 짓는 근본 요인은 초연결성(super-connectivity)이다. 우리에게 보다 친숙한 '사물 인터넷'이라는 용어를 통해서 알 수 있듯이 인류는 점차로 정보통신망과 인터넷을 매개로 스마트한 기계들 및 사물들과 연결되어 가고 있는데 이처럼 인간, 네트워크, 전산체계, 물리적 대상들의 완벽한 통합을 기반으로 구축된 체계를 사이버 물리 체계(cyber-physical system)라고 한다. 2016년 세계경제포럼(World Economic Forum)이 사이버 물리 체계를 4차 산업혁명의 핵심으로 지목했고, 미국과학재단(NSF)도 그것을 핵심연구 영역으로 지정할 정도로[1] 초연결성은 4차 산업혁명 시대를 근본적으로 특징짓는 요소이다.

4차 산업혁명 시대에서 전개될 생활세계는 "인간 ⊕ 지능적 기계 ⊕ 사물"의 세계이다. 여기서 기호 '⊕'는 관계항들의 단순한 물리적 결합을 넘어 정신적 차원과 물리적 차원에서의 융합을 나타낸다. 이처럼 물리적·정신적 차원에서 초연결성을 지닌 사회에서의 인류의 삶은 그렇지 않은 삶과는 본질적으로 다른 양상을 보일 것이고, 그에 따라 주체 개념도 큰 차이를 보일 것이다. 전통적으로 주체는 자신과 세계에 대해 성찰할 수 있는 정신을 소유하고 자율적으로 자신의 행위를 결정할 수 있는 존재로 이해되어 왔다. 자율적 주체는 라이프니츠의 단자(monad) 개념에서 드러나듯이 타자와 소통할 필요가 없는 '닫혀 있는 전체'는 아니며, 타자와의 관계가 주체를 규정하는 데 본질적인 역할을 한다는 점에서 세계와 연결되지 않은 주체이다.

인류는 점차로 연결되지 않은 존재는 주체로서 활동하기 어려우며, 연결되지 않은 것은 가치가 없다는 점을 깨닫고 있다. 개인 간 관계는 편지와 전화라는 전통적 소통 수단이 아니라 전자 우편, 문자, 소셜 네트워킹 서비스 등을 중심으로 이루어지고 있으며, 이런 현상은 가족 간의 관계에서도 나타나고 있다. 인류를 지구상의 다른 존재들과 구별 짓는 것으로 간주되어 온 창의성과 그 산물인 지식과 문화는 연결성을 전제로 하지 않는 한 설명 불가능할 정도로 시대는

---

1 https://www.nist.gov/el/cyber-physical-systems. (2017.2.2 검색).

변하고 있다. 스티브 잡스(S. Jobs)는 2005년에 스탠퍼드대학 졸업식 연설에서 "여러분들의 '경험', '사건', '지식', '사물' 등을 연결해서 관계성을 갖게 하라"고 주문했다. 4차 산업혁명 시대에서는 관계성은 연결성으로부터 나타나며, 연결성이 없으면 관계성은 성립하지 않는다.

2. 확장성

전통적인 주체와 달리 미래사회의 주체는 사이버 물리 체계에서 뛰어난 확장성을 갖게 될 것이다. 여기서 확장성은 4차 산업혁명이 제공하는 진보된 과학과 기술을 이용한 신체적 능력의 증강과 더불어 지적, 정신적 능력의 확장을 의미한다. 이런 의미에서의 확장성은 트랜스휴머니즘(transhumanism)이라는 사상을 통해 구체적으로 예시되는데 그것은 노화를 예방하거나 제거하고 인간의 지적, 신체적, 심리적 능력을 크게 증강시킴으로써 인간을 근본적으로 향상시키려는 노력을 지지한다.[2] 나중에 다시 논의되겠지만 트랜스휴먼은 인류가 포스트휴먼으로 진화하는 과정에 등장하는 중간적 존재이다.

인지적 확장성을 이해하기 위해 한 가지 예를 살펴보자.[3] 서울에 사는 철수와 영희는 어느 날 국립현대미술관에서 그들이 평소에 매

---

2 Bostrom, N., 「The Transhumanist FAQ」 version 2.0,
   http://www.nickbostrom.com/views/transhumanist.pdf. (2018.2.2.검색)

3 위의 예는 다음에서 제시된 예를 각색한 것이다. Clark, A. and Chalmers, D., "The Extended Mind", *Analysis* 58(1), 1998, pp.12-16.

우 보고 싶어 했던 전시회가 열리고 있다는 사실을 알게 되었다. 영
희는 기억을 더듬어 미술관이 과천에 있다는 것을 기억해내고 지하
철을 타고 그곳을 향해 출발했다. 한편 가벼운 알츠하이머병을 앓고
있는 철수는 기억력이 상실되고 있기 때문에 항상 메모장을 휴대하
고 다니면서 기억해야 할 일이 있으면 거기에 기록하고 필요할 경우
에 참조하고 있다. 철수는 전시회 소식을 듣고 자신의 메모장을 꺼
내 미술관의 위치를 확인하고 그곳을 향해 출발했다. 여기서 철수의
메모장에 기록된 정보는 영희의 뇌에 저장된 정보와 동일한 기능을
수행한다는 의미에서 그 메모장은 영희의 기억과 동일한 기능을 수
행한다. 브렌타노(F. Brentano)가 강조했듯이 우리의 믿음 체계는 지향
성을 갖는다. 즉 우리는 일정한 조건이 충족되면 특정한 행동이나
믿음이 야기되는 성향을 갖고 있다. 영희의 경우 국립현대미술관이
과천에 위치하고 있다는 믿음은 전시회에 가고 싶다는 욕구와 결합
하여 미술관으로 걸어가는 행위를 유발했다. 철수의 경우도 마찬가
지이다. 클락과 찰머스(A. Clark and D. Chalmers)는 철수의 메모장은 문자
그대로 영희의 믿음과 동일한 정보를 담고 있기 때문에 그의 인지는
뇌의 경계를 넘어 세계로 확장될 수 있다고 주장한다. 철수의 메모
장은 그의 인지의 한 부분이고, 이런 의미에서 인지는 몸의 경계를
넘어 세계 내 대상으로 확장되었다.

　인지 또는 마음이 몸의 경계를 넘어서 세계로 확장될 수 있다는
생각은 생소하게 들릴 수 있지만 그것은 이미 철학자 스피노자의 실
체 개념이나 메를로-퐁티(M. Merleau-Ponty)의 현상학, 깁슨(J. Gibson)의
생태학적 심리학 등을 통해 이론으로 제시되었고 최근에는 체화된

마음 이론(theory of embodied mind)으로 제시되었다. 유기체로서의 개체와 외부 환경으로 연결된 확장된 체계에서 뇌와 몸 외부에 있는 자원들은 신체적 자원에 못지않게 의미를 창출하는데 있어 능동적으로 인과적 역할을 수행할 수 있고, 그 과정을 통해 주체는 신체적 경계를 넘어 외부로 확장될 수 있다.

3. 분산성

주체는 다양한 방식으로 확장 가능한데 그 주요한 방식은 분산이다. 우선 인지의 분산(distribution of cognition)을 검토해 보자. 인지의 분산은 크게 두 가지 유형으로 구분되는데 그 하나는 개별 인지의 분산이고 또 다른 하나는 사이버 물리 체계에 걸친 인지의 분산이다. 전자를 국소적 분산(local distribution)이라고 하고 후자를 전체적 분산(global distribution)이라고 하자. 인지의 국소적 분산에 대한 예는 확장된 인지를 통해 쉽게 이해할 수 있다. 예를 들어, 앞에서 논의되었던 철수와 영희의 예에서 철수의 인지는 그의 메모장으로 분산되었다. 우리는 다양한 도구들을 활용하여 주어진 과제를 효율적으로 수행하는데 여기서도 인지의 분산이 발생한다. 예를 들어, 보통 사람의 경우, "234 x 567"을 암산하기는 어렵지만 종이와 연필이 준비되어 있으면 쉽게 계산할 수 있다.

전체적 분산을 보여주는 좋은 예로서 힉스 입자(Higgs boson)의 발견이 있다. 2013년 유럽입자물리학연구소(CERN)는 그동안 이론적 실재로만 생각되어 왔던 힉스 입자를 발견했다고 발표했다. 매우 흥미

롭게도 힉스 입자의 발견을 발표한 논문은 2015년 유명 학술지에 게
재되었는데 저자의 수가 무려 514명에 달했고, 총 33쪽의 논문 분량
에서 저자들의 이름이 24쪽을 차지했다.[4] 이와 관련하여 크노르-세
티나(K. Knorr-Cetina)는 대규모의 실험 시설과 매우 많은 연구자들이 하
나의 연구 과제에 참여한 경우에 개별 연구자는 인식 주체가 아니라
'집합적' 인식 주체로서 기능함으로써 인지 체계의 한 요소가 되었
고 그 결과 개인 차원에서의 저작권 개념은 사라지고 저작권은 팀,
단체, 그룹에 분산되었다고 주장한다.[5] 이점을 힉스 입자의 발견을
다룬 논문에 적용하면 514명의 저자들은 각각 1/514의 저작권을 갖
는 것이 아니라 공동으로 오직 하나의 저작권만을 갖는다는 것을 의
미한다.

　그러나 이는 크노르-세티나가 의도하는 것은 아니다. 크노르-세
티나는 수백 명의 연구자들이 하나의 인식적 주체는 될 수는 없으므
로 인식 주체는 연구자들과 실험 시설 등으로 구성된 확장된 실험
그 자체라고 주장한다. 그렇다면 이 경우 개별적 인식 주체뿐만 아
니라 집합적 인식 주체도 성립하지 않으며 확장되고 분산된 체계만
이 주체로 남게 된다. 이상에서 볼 수 있듯이 미래사회에서는 독립
적 주체만이 아니라 연결되고 확장되고 분산된 주체들도 진정한 인

4　Aad, G. et al., "Combined Measurement of the Higgs Boson Mass in pp Collisions
　　at s √ =7 and 8 TeV with the ATLAS and CMS Experiments", *Physical Review
　　Letters* 114(19), Maryland: American Physical Society, 2015, pp.1-33. 최근에는
　　무려 1014명의 공동 저자를 가진 논문도 발표되고 있다.

5　Knorr-Cetina, K., *Epistemic Cultures,* Cambridge, MA: Harvard University
　　Press, 1999, p.25.

식 주체가 될 수 있다. 철학자들은 그동안 주체와 객체 간 구분을 통하여 인간 존재를 설명해왔다. 주체-객체의 이분법에 따르면 주체는 의식을 갖고 있는 관찰자이며 객체는 관찰되는 대상인데, 인간은 주체가 될 수 있고 객체도 될 수 있다. 데카르트의 "나는 생각한다, 고로 나는 존재한다"라는 유명한 선언에서 나타나듯이, '나', 즉 인식 주체는 생각하는 존재로서의 주체이며 실체인 정신은 주체를 포함한다. 데카르트의 주체는 비물질적인 존재이기 때문에 연장성을 갖지 않지만 사이버 물리 체계에 생활하는 포스트휴먼은, 데카르트적 주체와는 달리 주체성이 몸의 경계를 넘어 스마트한 기계들과 사물들의 세계로 확장되고 분산된다.

III. 존재와 관계

1. 인간–기계 공진화

4차 산업혁명을 이끄는 여러 가지 과학 기술 중 우리의 주제와 직접적으로 관련되는 대표적인 것은 인공지능, 로봇기술, 유전공학 등이다. 많은 미래학자들이 그중에서도 특히 인공지능을 인간의 미래를 결정짓는 것으로 지목하면서 조만간 인간을 능가하는 능력을 지닌 기계가 등장할 것이라고 주장해 왔다. 예를 들어, 뮐러와 보스트롬 (V. Müller and N. Bostrom, 2014)은 인공지능 연구자들을 대상으로 한 연구 조사를 통해 IQ 34597을 지닌 초인공지능(artificial superintelligence)이

2110년 경에는 등장할 것이라는 견해가 지배적이었다고 보고했다.

커즈와일(R. Kurzweil, 2005) 역시 기술의 빠른 진화 속도를 강조하고 인간과 기계의 경계가 조만간 사라질 것이라고 주장한다. 커즈와일에 따르면 인간을 비롯한 유기체의 진화와 기술의 진화는 동일한 패턴을 따라 진행되어 왔다. 즉, 양자의 경우 진화가 시작되기에는 오랜 시간이 필요하지만 일단 시동이 걸리면 그 양자는 상호 의존적으로 매우 빠른 속도로 진화한다. 특히 정보기술의 발달은 기하급수적으로 이루어진다. 기술의 진보는 수확체증의 법칙(Law of accelerating returns)의 지배를 받기 때문에 기술이 발전할수록 가속도가 붙고, 발전의 산물은 비선형적으로 가속화된다.[6] 그 결과 2045년에는 인공지능이 생물학적 진화를 추월하는 기술적 특이점(technical singularity)이 도래하고 인공지능의 능력은 인간 지능보다 10억 배 정도 높아진다.

초인공지능과 기술적 특이점의 등장은 현인류(호모 사피엔스)의 생존에 어떤 영향을 미치게 될 것인가? 이 질문에 대한 미래학자들의 의견은 다음과 같이 세 가지로 나뉜다. ① 인류 주도적인 삶: 현 인류는 지금과 같은 방식으로 다른 생명체와 기계에 대해 우월적인 지배권을 행사하면서 생존한다. ② 인류의 멸종: 인류는 초인공지능의 지배를 받고 종국에는 멸종하게 된다. ③ 인류·기계의 공진화(co-evolution of human and machine): 인간은 기계와의 결합을 통해 공생하게 된다. 이상의 세 가지 시나리오 중 어느 것이 가장 가능성이 높은지는 중요한 주제이긴 하지만 여기서는 그것을 다루지 않고, 세 번째 시나리오에

---

6 Kurzweil, R., *The Singularity is Near: When Humans Transcend biology,* New York: Penguin Books, 2005, pp.35-43.

초점을 맞추기로 한다. 지금까지 인간은 기계와는 다른 진화 과정을 거쳐 왔는데 그 이유는 말할 필요도 없이 그 양자는 존재론적으로 서로 다른 종이었기 때문이다. 생물학에서 공진화 개념은 한 집단이 진화하면 이와 관련된 다른 집단도 진화하는 현상을 가리킨다.[7] 공진화의 예로서는 상리공생(mutualism)이 있다. 예를 들어, 중앙아메리카에 서식하는 대부분의 아카시아 종은 자기 잎을 갉아 먹는 곤충을 퇴치할 수 있는 화학성분을 갖고 있는데 그 성분이 없는 아카시아 종은 개미와의 공생 관계를 유지한다. 즉 그 종은 개미들에게 집을 지을 수 있는 가시와 개미들이 좋아하는 잎즙을 제공한다. 다른 한편으로 개미들은 아카시아에 접근하는 곤충이나 짐승을 공격하여 아카시아를 보호하거나 아카시아 근처에서 자라는 다른 식물들을 갉아 먹음으로써 아카시아에 도움을 준다.

인간과 기계는 어떻게 공진화할 수 있는가? 이와 관련하여 노먼은[8] 인간-기계의 공진화를 효율적인 인터페이스를 위한 디자인 관점에서 접근한다. 노먼에 따르면 별도의 훈련이나 기술이 필요 없이 인간과 기계의 자연스러운 상호작용이 가능해지려면 인간과 기계의 공생(symbiosis)이 필요하며, 그 경우 공생은 결과적으로 쌍방에게 유익해서 단독으로 가능한 것을 초월하는 결과를 낳는다. 노먼은 인간의 진화와 기계의 진화 사이에 놓인 중요한 유사점을 지적하는 데

---

7 공진화는 공생과는 달리 반드시 관련 생물 간의 상호의존성을 필요로 하지 않는다. 포식자와 먹이, 숙주 기생의 경우처럼 적대적 관계에서도 공진화가 발생할 수 있다. 이 글에서 제시된 공진화는 이러한 차이를 반영하여 공생을 통한 공진화를 의미한다.

8 Norman, D. A., 박창호 옮김, 『미래 세상의 디자인』, 서울: 학지사, 2009, 36쪽.

그것은 바로 양자가 효율적으로 신빙성 있는 세계에서 안전하게 기능해야 한다는 점이다. 이런 요청은 세계 내 모든 존재에게 적용 가능하기 때문에 기계도 그것을 충족해야 하며, 그러기 위해서는 기계는 인간처럼 세계를 지각하고 적절히 행위하고 사고하고 결정을 내리고 문제를 해결하는 능력을 구비해야 한다. 이와 관련하여 노먼은 인간 뇌의 처리 수준을 다음과 같이 세 가지로 구분한다.[9]

① 내장적 수준: 자동적이고 잠재의식적이며, 생물학적 유산에 의해 결정한다.
② 행동적 수준: 대체로 잠재의식적이며 학습된 기술의 장소이다. 대부분의 행동을 야기하고 제어하며 행위 결과에 대한 기대를 다룬다.
③ 숙고적 수준: 의식적이고 자각적 수준이며 자아와 자기 이미지의 장소이다. 우리의 과거와 미래 전망을 분석한다.

이상의 세 가지 수준은 인간과 기계의 공생관계에 적용된다. 예를 들어, '자동차 + 운전자 하이브리드'에서 자동차는 내장적 수준을 담당하고 운전자는 숙고적 수준을 담당하며 양자는 '말 + 기수'와 비슷한 방식으로 행동적 수준을 공유한다. 그러나 점차로 자동차는 숙고적 요소를 담당할 것으로 예상되기 때문에 '차 + 운전자 하이브리드'는 인간의 숙고적 수준을 필요로 하지 않는다.

---

9 Norman, D. A., 『미래 세상의 디자인』, 64-66쪽.

273

2. 포스트휴먼 세계

우리는 앞에서 인류가 트랜스휴먼을 거쳐 포스트휴먼으로 진화한다고 예상했다. 그런 예상이 적중하기 위해서는 인류가 초인공지능과 기술적 특이점의 도래 이후에도 생존해야 할 것이다. 앞에서 논의된 인간-기계 공진화 논제는 바로 그런 전제를 정당화시켜주는 역할을 담당한다. 트랜스휴먼은 과학기술을 이용하여 노화가 제거되고 지적, 신체적, 심리적 능력이 크게 증강된 존재이므로 현(現)인류의 연장선상에 있다. 그러나 트랜스휴먼을 거쳐 등장할 포스트휴먼은 더 이상호모 사피엔스로서의 현인류가 아니라 신(新)인류로 분류되어야 한다.

이 점은 헤일즈(K. Hayles)가 제시한 포스트휴머니즘에 잘 나타나 있다. 헤일즈에 따르면 포스트휴머니즘은 다음과 같은 특징을 갖는다. 첫째, 정보 패턴이 다른 물질적 예화보다도 존재 상태에 더 중요하며, 그 결과 특정한 생물학적 기질로 구현되는 것은 생명의 필연이라기보다는 역사적 우연이다. 둘째, 非물리적인 영혼은 없으며 의식은 부수현상에 불과하다. 셋째, 몸은 우리가 그 조작법을 배우는 최초의 보철물에 불과하며 하나의 보철물을 다른 것으로 확장, 대체하는 것은 그런 관계의 연장선에 있다. 넷째, 인간은 지적 기계와 매끄럽게 연결될 수 있는 존재이다. 포스트휴먼의 경우 신체적 존재와 컴퓨터 모의, 사이버네틱 기제와 생물학적 유기체, 인간과 로봇의 목표 간 어떠한 본질적 차이나 절대적 경계도 없다.[10] 이상에서 볼

---

10 Hayles, N. K., *How We Became Posthuman: Virtual Bodies in Cybernetics, Literature, and Informatics,* Chicago: University of Chicago Press, 1999, pp.2-3.

수 있듯이 포스트휴먼은 결코 호모사피엔스로서의 인류는 아니다. 헤일즈는 현인류는 이미 포스트휴먼시대에 진입했다는 의미에서 포스트휴먼이라는 점을 강조한다. 인간-기계 공진화 논제와 포스트 휴머니즘이 동시에 구현될 수 있는 유력한 방식은 인간과 기계의 결합체인 사이보그일 것이다. 그 결과 포스트휴먼 사회에서는 두 종류의 인류가 있게 된다. 즉, 기계와 결합되지 않은 호모사피엔스로서의 현인류와 기계와 결합한 신인류가 그것이다.

미래사회를 규명하는 데 빠트릴 수 없는 또 한 가지 사항은 '현실' 개념의 변화이다. 우리는 앞에서 미래사회에서 주체 개념이 어떻게 변할 것인지를 살펴보았다. 주체 개념의 변화와 더불어 현실 개념도 지금과는 매우 다른 양상을 갖게 될 것이다. 미래사회에는 적어도 세 가지 이상의 '현실'이 존재할 것이다.

① 현실세계(reality): 전통적인 현실
② 가상현실(virtual reality): 컴퓨터로 구현된 가상세계
③ 증강현실(augmented reality): 현실세계에 가상세계를 합친 혼합현실

지금까지의 논의를 종합해보면 포스트휴먼 시대에는 두 종류의 인류(현인류와 신인류)가 세 가지 종류의 현실 속에서 관계를 맺고 살아 갈 것이다. 논의를 단순화하기 위해 가상현실과 증강현실을 구분하지 않고 '인공현실'이라는 말로 통칭하면, 미래사회의 존재들의 관계는 다음과 같이 여섯 가지 양상으로 정리될 수 있다.

〈표 1〉 포스트휴먼 시대의 존재들의 관계

	현인류 간 관계	현인류–신인류 간 관계	신인류 간 관계
현실세계	a	c	e
인공세계	b	d	f

포스트휴먼이 현인류가 아니라는 점을 감안하면 그 정체성을 논의하기는 사실상 매우 어렵다. 이런 이유로 우리의 논의를 '현인류 간 관계'와 '현인류-신인류 간 관계'로 국한하기로 한다. 이 경우 우리의 검토 대상은 'b', 'c', 'd'이다.

(b) 인공세계에서의 현인류들 간 관계: 인공세계는 현실세계의 자연적이고 발생론적인 한계와 제약을 벗어날 수 있다는 점에서 한편으로는 진정한 '평등'을 보장하는 세계가 될 수 있고 그 결과 현인류의 삶의 질이 향상되고 지구상의 수많은 문제가 해결될 수 있을 것이다. 그러나 현인류가 현재의 인간조건 하에서 인공세계에서 제대로 된 삶을 영위할 수 있는 방법이 개발되지 않는 한 그런 낙관은 시기상조일 것이다.

(c) 현실세계에서 현인류와 신인류 간 관계: 인간-기계 공진화가 진행되면 현인류와 신인류는 공생할 것이다. 그러나 신인류의 신체적, 인지적, 정신적 능력의 우월성을 고려할 때 현인류와 신인류 간 평등은 현재의 현인류 사회에서의 평등의 구현 정도 보다 더 낮을 것으로 판단된다. 신인류는 니체의 의미에서 '주인'이 되고 현인류는 '노예'가 될 가능성이 높으며, 노예들

은 주인에 대해 원한(ressentiment)을 품게 될 것이다.

(d) 인공세계에서의 현인류와 신인류 간 관계: 인공세계가 제공하는 평등성 때문에 현인류와 신인류 간 관계는 현실세계에서의 관계보다 보다 더 '인간적'일 수 있다. 또한 현인류는 신인류에 대한 르상티망을 인공세계에서 어느 정도 해소할 수 있을 것이다. 영화 <Her>(2013)에서 나타나듯이 현인류와 신인류 또는 신인류와 기계 간 우호적 관계가 성립할 수 있다.

이상에서 살펴보았듯이 미래사회에서 인류의 삶은 다양한 방식으로 전개될 것으로 예상되지만 미래사회가 모든 사람들에게 살기 좋은 사회는 될 수 없을 것이다. 현재 세계와 마찬가지로 미래사회에서도 정치적이고 경제적 불평등이 존재할 것이므로 그로 인한 문제 및 고통이 상당할 것으로 예상된다.

Ⅳ. 미래사회에서 요청되는 치유

1. 미래사회의 문제

지금까지 우리는 4차 산업혁명이 가져올 포스트휴먼 사회와 거기에서 이루어질 존재들의 관계에 대해 살펴보았다. 이제 4차 산업혁명 시대에서는 어떤 형태의 치유가 필요한지를 살펴보기로 한다. 그러기 위해서는 먼저 4차 산업혁명 시대에 나타날 것으로 예상되는 삶의 문제와 고통을 검토할 필요가 있다.

이전의 논의로부터 우리는 미래사회에서 나타날 것으로 보이는 문제들을 다음과 같이 가늠해 볼 수 있다.

① 현인류의 생존권 위협
② 신인류와 스마트 기계에 의한 현인류의 소외
③ 새로운 계급의 출현과 현인류의 원한

위에 제시된 문제들은 현인류의 생존을 위협하는 근본 요인들로서 장차 현인류에게 심각한 정신적 압박과 스트레스를 야기할 것이다. 이런 문제는 앞에서 논의된 현인류 생존의 세 가지 시나리오 중 어느 하나에만 국한된 것이 아니라 모든 경우에서 나타날 수 있다는 점에서 근본적이다. 첫 번째 문제는 굳이 여기서 다룰 필요가 없을 정도로 이미 잘 알려져 있으므로 여기서는 나머지 두 가지 문제에 초점을 맞추기로 한다.

4차 산업혁명이 진행될수록 개인은 점차로 사회로부터 고립되고 소외될 것이다. 개인들은 사이버 물리 체계에서 지금보다 더 광범위하고 긴밀하게 연결될 것이지만 역설적으로 초연결성이 심화될수록 인간 간 직접적인 대면의 필요성은 크게 감소하게 될 것이다. 그 결과 인류는 점차 가상현실이나 증강현실 등 현실세계를 대체하는 '인공현실'안에서 생활하게 되고 호모 사피엔스의 '인간성'을 상실하게 된다. 다른 한편으로 4차 산업혁명은 이전의 혁명들이 그랬듯이 빈부 간 격차를 크게 증폭할 것이다. 4차 산업혁명이 제공하는 신체적 증강과 지능의 확장을 향유할 수 있는 집단과 그렇지 못한 집단의 삶은 현재의 부유한 집단과 가난한 집단의 간격과는 비교가 되지 않을 정도로 커다란 차이를 보일 것이다. 4차 산업혁명의 시대에 나타나게 될 근본적 문제들을 해결하고 그로 인한 고통을 치유하기 위해서는 정부 차원을 넘어서 전 인류적인 대책이 마련되어야 한다.

2. 기계치료

이제 4차 산업혁명 시대에서 요청되는 치유에 대해 생각해 보기로 하자. 치유(healing)라는 개념은 다양한 의미로 사용되고 있다. 그 용어는 의학 치료(medical treatment)나 심리치료(psychotherapy)와 구별되는 것으로 사용되기도 하고 경우에 따라서는 그 두 가지를 모두 포함하는 것으로 사용되기도 한다. 배타적 용법에 따르면 의학치료나 심리치료는 그 명칭과 상관없이 이론적으로나 방법론적으로 과학이라는 믿을 수 있는 기반을 갖고 있다는 점에서 여타의 '비과학적' 치유들과 차이가 난다. 이에 반하여 포괄적 용법에 따르면, 치유는 인간의 다양한 질병과 고통을 치료하고 완화시키기 위해 개발된 기법들을 동원하는 분야를 의미한다. 이 경우 치유는 의학치료나 심리치료를 포함하여 다양한 상담 분야, 테라피, 철학치료, 종교치료 등을 포괄한다. 이 글에서는 치유에 대한 포괄적 용법을 따르기로 하고, 치유와 치료를 엄격하게 구분하지 않고 혼용하기로 한다.

기계치료는 인공지능, 기계, 로봇 등이 인간을 치료하는 것이다.

현재 의료 현장에서는 인간 의사들이 기계를 이용하여 검사를 하거나 수술하기도 하는데 그런 경우는 엄밀한 의미에서의 기계치료 라고 볼 수는 없다. 여기서 말하는 기계치료는 인간의 개입 없이 기계가 주체적으로 치료하고 검사나 수술을 진행하는 경우이다.

기계치료에 대한 좋은 예로서 IBM의 왓슨(Watson)이 있다. 왓슨은 원래 자연언어로 제시된 질문에 대답할 수 있는 질문 응답 체계로서, 미국의 유명한 TV 퀴즈쇼인 '제퍼디'(Jeopardy)를 위해 개발되었다. 2011년 왓슨은 '제퍼디'의 전년 챔피언이었던 제닝스와 러터(K. Jennings and B. Rutter)를 꺾고 우승함으로써 그 우수성을 과시했다. 2013년 왓슨은 뉴욕에 소재하고 있는 암 병원(Memorial Sloan Kettering Cancer Center)에서 폐암 치료에 사용되었다. 우리나라의 경우에는 가천대학교 부속 길병원이 최초로 '왓슨 포 온콜로지'(Watson for Oncology)를 도입해 'IBM 왓슨 인공지능 암센터'를 개소하고 진료를 시작했으며, 그 이후 몇 군데 대형병원들이 왓슨 포 온콜로지를 도입했다. 이처럼 왓슨이 진료 분야에 도입되는 주된 이유는 빅데이터를 통해 각종 질병에 대한 방대한 자료를 추출하고 그것을 바탕으로 최적의 진료를 제공하기 때문이다. 왓슨은 현재 주로 암 치료에 적용되고 있지만 시간이 지날수록 거의 모든 의료 분야에 활용될 것으로 예상된다. 이런 현상은 정신과 치료도 예외가 될 수 없으며 뇌의 기능과 관련된 정신질환을 비롯하여 다양한 심리적 장애들이 왓슨의 진료 대상이 될 것으로 예상된다.

기계치료의 두 번째 사례는 대화를 통해 인간의 심리적 문제를 상담하는 분야이다. 이에 대한 대표적인 예로서는 일본 소프트뱅크社

가 2015년에 판매를 시작한 로봇 페퍼(Pepper)가 있다.[11] 페퍼는 사람
들의 표정과 목소리를 감지하는 '감정엔진'을 활용하여 대화 상대의
기분을 수치화하고 대화를 반복하면서 학습하는 기능을 갖추고 있
다. 소프트뱅크社에 따르면 페퍼는 주로 소매점에서의 서비스, 접수
서비스와 관광 안내, 노인 요양 및 의료 서비스, 교육 분야에서의 활
용 등 네 가지 영역에서 활용된다. 페퍼는 독거노인들처럼 대화할
기회가 적은 사람들의 대화 상대자로 활용되어 고독과 대화 부족,
소원한 인간관계로 인한 정신질환을 치유하고 치매를 예방하는 데
큰 성과를 보이고 있다. 페퍼의 자매로봇인 나오(Nao)는 자폐아동들
의 대화상대로 활용되어 높은 치료 효과를 보이는 것으로 보고되고
있다.

　기계치료는 현재로서는 초기 단계에 있고 그것도 일본을 비롯한
일부 국가에서만 상용화되고 있지만 그 향후 활용 가능성은 매우 높
다. 한국은 일본과 비슷한 성장 패턴을 보여 왔으며 저출산율, 고령
화, 높은 자살률과 같은 유사한 사회적 문제들을 갖고 있다는 점에
서 스마트 기계와 로봇은 질병 치료에만 국한되지 않고 상담 분야에
서도 폭넓게 활용될 것이다. 현인류의 정신적 문제의 치료는 주로
정신의학과 심리치료가 담당하고 있는데 그것들이 제공하는 치료
의 대부분은 로봇에 의해 대체될 것으로 예상된다. 이런 예상을 뒷
받침하는 여러 가지 이유들이 있는데, 그중 하나는 로봇은 인간과
달리 시공간적으로 자유로운 대화 가능성을 제공한다는 데 있다. 로

---

11 https://www.ald.softbankrobotics.com/en/robots/pepper.(2018.2.2.검색)

봇은 사람이 원하면 언제, 어디서나, 무제한적으로 자유로운 대화 상대자가 될 수 있고, 한밤중의 대화 요청에 대해서도 화를 내거나 대화 자체를 지루해하지도 않는다. 이런 정신적이고 물리적 특징 보다 더욱 중요한 점은 인간 정신과 의사나 인간 심리치료사와는 달리 로봇은 실시간으로 빅데이터를 활용하여 최적의 치료와 상담을 제공할 수 있다는 것이다. 이처럼 로봇은 인간에 의한 치료에 비해 '양과 질에서 대등하지만 저렴한 치료'를 제공함으로써 미래사회의 치료와 상담을 주도할 가능성이 매우 높다.

3. 기계치료의 문제

미래사회에서 기계와 로봇에 의한 치료와 상담이 성행할 가능성이 높다는 것은 곧 정신적 문제와 고통을 안고 있는 사람들이 인간이 아닌 기계와 로봇으로부터 진료와 상담을 받게 될 것이라는 점을 의미한다. 현인류가 완전히 포스트휴먼으로 진화한 이후에는 기계치료는 더 이상 큰 문제를 야기하지 않을 것이다. 왜냐하면, 앞에서도 언급했듯이 포스트휴먼은 더 이상 인류가 아니며 따라서 포스트휴먼이 기계로부터 치료나 상담을 받는 것은 인간 환자가 인간 의사에게서 진료를 받는 것처럼 동일한 차원에서 이루어진 의료행위로 보이기 때문이다. 그러나 현인류가 기계치료와 로봇상담에 의존하는 것은 그런 치료가 비용 면에서 저렴하고 질적으로 우수하고 대등한 치료 효과를 낳는다고 하더라도 거기에는 커다란 문제가 있다.

기계치료의 문제와 관련된 유명한 이야기가 있다. 엘리자(ELIZA)

프로그램은 최초의 인공지능 대화 프로그램으로서 개발자인 바이 젠바움(J. Weizenbaum)은 간단한 프로그래밍 기법을 사용하여 로저스 (C. Rogers)의 내담자 중심 심리치료를 패러디하고 동시에 인간-기계 간 대화의 피상성을 보이기 위해 개발했다. 그러나 사람들이 컴퓨터 스크린 앞에 앉아서 엘리자에게 자신의 비밀을 털어놓고 프로그램 과 정서적 관계를 시작하고 유지하는 것을 관찰하면서 바이젠바움 은 인공지능이 인간에게 미치는 부정적 영향에 대해 심각하게 생각 하기 시작했다. 또한 그는 1992년 정신분석의인 콜비(K. Colby)가 정 신분열증 환자를 모의하는 페리(PARRY) 프로그램을 개발하는 것을 보고 큰 충격을 받고 인공지능 연구가 인간성을 심각하게 훼손시킬 가능성이 있으므로 그것을 연구하는 데 제한을 두어야 한다고 주장 했다. 바이젠바움은 그런 제한이 필요한 두 가지 분야로서 인간의 존경, 이해, 사랑을 컴퓨터로 대체하려는 연구와 예측 불가능한 부 작용을 초래할 수 있는 연구를 제시했다.[12] 인공지능에 대한 바이젠 바움의 부정적 견해는 결정(deciding)과 선택(choosing)의 구별에 근거를 두고 있다. 그에 따르면 결정은 프로그램이 기능한 계산 능력인 데 비하여 선택은 지혜와 정서가 필요한 판단 능력이다.[13] 선택은 삶에 대한 우리의 태도를 반영하며 지혜를 기반으로 한다는 점에서 컴퓨 터가 모의할 수 없는 능력인데, 예를 들어 심리상담 현장이나 핵무 기 발사 상황에서 내려지는 것은 결정이 아니라 선택이다. 바이젠바

---

12 Weizenbaum, J., *Computer Power and Human Reason,* San Francisco: W. H. Freeman, 1976, p.269.

13 Weizenbaum, J., *Computer Power and Human Reason,* p.259.

움은 이런 구분을 통해 중요한 선택이 내려지는 영역에는 인공지능을 적용해서는 안 된다고 강조했다.

바이젠바움의 견해를 기계치료에 적용하면 기계치료가 안고 있는 근본 문제와 한계가 드러난다. 기계치료는 인간에 의한 치료에 비해 여러 가지 장점이 있다는 점에서 미래사회에서 적극적으로 폭넓게 활용될 가능성이 높다. 그러나 기계치료는 진정으로 인간의 삶의 문제를 이해하고 그것에 대한 공감이나 지혜를 동반하지 않기 때문에, 엘리자 프로그램을 장착한 인공지능 상담 프로그램과 대화를 나눈 내담자가 자신이 컴퓨터 프로그램과 진정한 대화를 나누었고 그것을 통해 자신의 문제가 해결되었다는 느낌을 받았다고 하더라도, 삶의 문제와 고통에 대한 진정한 치유를 제공할 수 없다. 여기서 누군가는 폐암환자가 기계치료를 통하여 정확한 진단을 받고 치료를 받아 완치된 경우처럼 기계상담 역시 동일하게 평가를 받아야 한다는 반론을 제기할 수도 있다. 그러나 이 두 가지 경우에는 중요한 차이점이 있는데 그것은 바로 진정한 치유와 피상적 치유의 차이점이다. 이 두 가지 치유를 구분하는 것은 정신적 문제와 삶의 고통을 이해하는 데에 매우 중요한데 그 이유는 신체적 질병의 경우 기계치료는 진정한 치유를 제공할 수도 있지만, 정신적 문제와 삶의 고통의 경우에는 그렇지 못하기 때문이다. 삶의 고통을 호소하는 사람은 자신의 고통을 체험하고 있으며, 고통을 이해하고 공감하지 못하는 존재가 '인간다운' 치유를 제공하기는 어렵다. 설사 고통의 주체가 로봇상담을 통해 자신의 고통이 치유되었다는 느낌을 받더라도 그 느낌은 '그런 느낌을 발생하도록 의도적으로 프로그램'에 의해 촉발

된 '피상적 느낌'에 불과하다. 진정한 행복과 피상적 행복을 구분하
는 것이 의미가 있다면 치유의 경우에도 그 구분은 적용될 수 있다.
인류가 기계치료와 기계상담을 진정한 치유라고 인정한다면 그것
은 인간성에 대한 전적으로 다른 이해를 바탕으로 성립하는 것이며
그렇기 때문에 그것은 인류가 이미 포스트휴먼화 되었다는 것을 의
미하게 된다.

V. '인간다운' 치유

　지금까지의 논의를 종합하면 4차 산업혁명 시대에서 필요한 치유
는 '인간다운' 치유이다. 물론 '인간다운' 치유가 반드시 인간에 의한
치유일 필요는 없다. 인간에 의한 치유는 정신의학과 심리치료를 비
롯하여 철학실천처럼 그 두 가지 치료의 한계를 극복할 수 있다고
기대되는 치유들로 구성된다. 현재의 정신의학과 심리치료가 인간
의 정신적 고통을 치료하는 데 크게 기여해 왔다는 점을 부인하기는
어렵지만, 그것들은 인간을 물리주의적 관점에서 이해하고, 정신적
질병을 치료하는 것만을 주요 목적으로 삼고, 좋은 삶을 구현하는
능력을 함양하는 것을 간과하는 한계를 드러냄으로써 '인간다운' 치
료를 제공하지 못하고 있다. 정신의학이 신경과학에 의존하면서 치
료 성과를 높이게 되자 심리치료도 정신의학의 뒤를 이어 과학화의
속도를 높이고 점차 삶의 문제와 고통이 갖는 주관적 측면을 외면하
고 있다.

만약 정신의학과 심리치료가 기존의 노선을 계속 추구한다면, 그런 경향은 4차 산업혁명이 진행될수록 점점 더 강화될 것으로 예상되는데, 최종적으로는 기계치료에 의해 대체될 것이다. 그런 비극적 사태를 예방하기 위해 인간에 의한 치유가 취할 수 있는 최선의 방안은 삶의 문제와 고통을 '인간적 이해'를 바탕으로 치유하는 데 있다. 인간의 삶의 문제와 고통은 우리가 익히 알고 있듯이 본질적으로 주관적 차원을 갖고 있기 때문에 객관화되기 어려우며, 그 결과 인공지능 프로그램이나 기계 또는 로봇으로 치유되기도 어렵다. 이런 이유로 4차 산업혁명 시대의 삶의 문제와 고통을 치유하는 데는 다양한 치료들이 동원될 수밖에 없는데 그것들은 기계치료에 비해 '인간다운' 치료를 제공하지만 비용 면에서 고가이면서도 비효율적일 가능성이 높다.

우리는 그동안 인간의 고통을 학문적으로 이해하고 규명하는 데 소홀했다. 기계는 인간의 고통을 이해할 수 없으며 그럴 필요도 없다. 만약 인간 삶의 부정성과 고통을 인간이 아니라 기계가 이해하고 치유해야 한다면, 이것은 현인류의 멸종으로 이어질 것이다. 인간의 삶에는 수많은 부정성이 있다. 실망, 낙담, 슬픔, 절망, 분노와 같은 정서적 부정성 이외에도 불교가 강조하는 생로병사(生老病死)로 대표되는 원초적 부정성은 삶의 긍정성만큼이나 인간 삶의 본질적 구조를 형성한다. 인간의 삶이 쇼펜하우어(A. Schopenhauer)와 같은 염세주의자들이 주장하듯이 본질적으로 부정적인지, 아니면 불교가 주장하듯이 고통으로 채워져 있는지(一切皆苦)와는 별도로 삶은 긍정성만으로 이루어져 있지 않다는 점은 분명하다. 인간의 삶이 현재와는 매우 다른 방식으로 전개될 4차 산업혁명 시대에 요청되는 '인간다운' 치유는 삶의 부정성과 고통에 대한 이해에 바탕을 두어야 한다.

참고문헌

이영의, 「확장된 마음 이론의 쟁점들」, 『철학논집』31, 서울: 서강대학교 철학연구소, 2012, 29-54 쪽.

이영의, 「체화된 인지의 개념 지도: 두뇌의 경계를 넘어서」, 『Trans-Humanities』8(2), 서울: 이화여자대학교 이화인문과학원, 2015, 101-139 쪽.

Aad, G. et al., "Combined Measurement of the Higgs Boson Mass in pp Collisions at s √ =7 and 8 TeV with the ATLAS and CMS Experiments", *Physical Review Letters* 114(19), Maryland: American Physical Society, 2015, pp.1-33.

Bostrom, N., 「The Transhumanist FAQ」 version 2.0, http://www.nickbostrom.com/views/transhumanist.pdf

Clark, A. and Chalmers, D., "The Extended Mind", *Analysis* 58(1), 1998, pp.7-19.

Hayles, N. K., *How We Became Posthuman: Virtual Bodies in Cybernetics, Literature, and Informatics,* Chicago: University of Chicago Press, 1999.

Knorr-Cetina, K, *Epistemic Cultures,* Cambridge, MA: Harvard University Press, 1999.

Kurzweil, R., *The Singularity is Near: When Humans Transcend Biology,* New York: Penguin Books, 2005.

Merleau-Ponty, M., C. Smith trans., *Phenomenology of Perception,* London: Routledge & Keegan Paul, 1945/1962.

Norman, D. A., 박창호 옮김, 『미래 세상의 디자인』, 서울: 학지사, 2009.

Weizenbaum, J., *Computer Power and Human Reason: From Judgment to Calculation,* San Francisco: W. H. Freeman, 1976.

제9장

불교 수행으로서의
마음 챙김과 마음 치유[*]

양정연(한림대 생사학연구소 HK교수)

⊙⊙⊙⊙

Ⅰ. 인문학과 마음 치유

최근에 마음 치유와 관련된 다양한 프로그램이 개발되고 소개되면서 인문학계에서도 문제 해결을 위한 실천성을 강화하고 있다. 기존의 인문학이 학문, 지식, 앎을 목적으로 한다는 점에서 이론 중심의 성격이 강했다면, 인문 치유로 대표되는 '인문학 실천'은 인간성의 가치와 탐구라는 인문학의 특성을 인간의 삶 속에 추구하려는 실제 활동으로 이해할 수 있을 것이다.[1] "인문 치료는 인문학적 정신과 방법으로 마음의 건강과 행복을 위해 인문학 각 분야 및 연계 학문

---

[*] 이 글은 『초등도덕교육』 제56집(2017)에 게재된 내용을 일부 수정한 내용입니다.

[1] 최희봉, 「인문학, 인문학 실천, 그리고 인문치료」, 『인문과학연구』 제25집, 강원대 인문과학연구원, 2010, 331-333쪽.

들의 치료적 내용과 기능을 학제적으로 새롭게 통합하여 사람들의 정신적, 정서적, 사회적 문제들을 예방하고 치유하는 이론적·실천적 활동"이라고 정의된다.[2] 이 내용을 종합해보면, 인문 치유는 철학, 종교, 문학, 예술 등 인문학의 분과 학문들이 현상 세계에서 경험하는 문제들을 실존적 존재의 관점에서 접근하여 해결하고자 하는 실천적인 활동으로 이해할 수 있을 것이다.

마음 치유 프로그램인 MBSR(Mindfulness Based Stress Reduction, 마음 챙김에 근거한 스트레스 완화)은 불교의 수행 과정에서 이뤄지는 마음 챙김(Mindfulness)을 서양의 심리학계에서 수용하여 체계화한 프로그램이라는 점에서 인문학적 성격을 강하게 띠고 있다. 불교계에서도 이를 수용하여 적극적으로 마음 치유 강좌에 활용하고 있다. 그런데, 붓다의 가르침은 내면의 불편함에서 벗어나는 가르침이란 점과 그 치료의 방법으로서 의의를 지닌다는 점[3]을 넘어서 번뇌에서 벗어나 궁극적인 해탈을 제시하는 종교 수행이다. 이런 점에서 마음 챙김에 대한 심리학계와 종교계의 접근 태도는 당연히 다를 수밖에 없을 것이다.

마음 챙김 수행을 마음 치유의 영역으로 확장시키는 데 큰 공헌을 한 잭 콘필드(Jack Kornfield, 1945~) 역시 그의 저서 *The Wise Heart: A Guide to the Universal Teachings of Buddhist Psychology*(New York: Bantam Books, 2009)를 통해 이러한 차이점을 지적하고 있

---

2 이영의, 「마음의 병」, 강원대 인문과학연구소 편, 『인문치료』, 춘천: 강원대학교출판부, 2009, 27쪽.

3 임승택, 「인문치료와 불교 명상」, 『철학연구』 제122집, 대한철학회, 2012, 246쪽.

다. 그는 남방불교 전통에서 출가하여 마음 챙김 수행에 익숙하고 후
에 그 경험을 바탕으로 심리학과 임상 관련 이론과 실천을 적용하여
명상모임과 센터(Insight Meditation Society, Spirit Rock Meditation
Center)를 설립하였다. 그는 종교 수행의 과정에서 이뤄지는 마음
챙김이 심리 치료의 기능적 성격으로 이뤄지는 경우와 동일시될 수
는 없다는 점을 지적한다. 본 글에서는 임상적 관점에서 이뤄지는
심리 치료로서의 마음 챙김과 종교 수행으로 이뤄지는 불교의 마음
챙김의 차이를 그의 지적을 포함하여 구체적으로 검토하고자 한다.[4]

II. 심리 치료로서의 마음 챙김

'Mindfulness'는 빨리어 'sati'에 대한 번역어로써 한국에서는 '마
음 챙김'[5]이라는 용어로 많이 사용되고 있다. sati는 한문 전적에서
'念'으로 번역되어 있다. 영어로는 memory(기억), recognition(인식),
consciousness(의식), intentness(주목), mindfulness(마음 챙김) 등의 의미

---

4 기존의 마음 챙김에 관한 연구들은 심리치료의 임상 활용에 대해 주로 검토하였
다(이필원, 2016). 이자랑(2016)은 계를 중심으로 불교 명상과 명상프로그램의
차이를 검토하고 계의 수지를 통해 명상 지도가 보다 효과를 거둘 수 있다는 의견
을 제시한다.

5 Mindfulness에 대한 한국어 번역 문제나 sati에 대한 이해 등 관련 내용에 대해서
는 임승택, 김재성, 김정호, 정준영, 박성현, 조준호 등 전공 연구자들이 관련 연구
성과를 이미 제시하고 있다. 이에 관해서는 김재성(2012)의 관련 연구자료를 참
고하기 바란다. 본 발표문에서는 Mindfulness를 보편적으로 사용하고 있는 '마음
챙김'으로 사용하였고 한문 전적을 사용하는 경우는 보편적으로 사용되고 있는
'正念'이란 용어를 사용하였다.

로 번역되고 있으며[6], 영어권에서는 Mindfulness를 의미하는 것으로 보통 사용하고 있다.

심리치료는 정서적 괴로움을 완화시키는 것으로서, 스트레스, 불안, 우울, 행동 문제, 대인관계 갈등, 혼란, 절망 등 괴로움에 따른 문제들을 그 대상으로 한다.[7] 심리학계에서는 마음 챙김을 순간에 일어나는 것들에 덜 민감하게 해 주는 기술이고 괴로움의 전반적인 수준을 낮추고 안녕감을 높여 주는 방법[8]으로서 사용하고 있다. 근대 이후 질병 치료의 접근에서 이뤄졌던 심리치료는 질병의 문제를 심리적 영역에서 더욱 확장시켜 왔다. 그런데 의학치료와 심리치료는 마음이 병에 대해 인과적 방법을 취한다는 점에서 삶의 목적과 의미를 강조하는 목적론적 접근을 제공하는 철학치료와는 다르다는 의견이 제기되고 있다.[9]

불교에서 마음 챙김 수행이 심리치료에 임상적으로 사용되기 시작한 것은 카밧진(Kabat-Zinn)의 MBSR 프로그램과 마샤 린네한(Marsha Linehan)이 틱 낫 한 스님의 선과 마음 챙김 명상을 활용한 DBT (Dialectic Behavior Therapy) 등의 영향에 따른다.[10] "우울증에 대한 이해를

---

6 김재성, 「불교명상의 심리치료에의 응용에 대한 연구」, 『불교연구』 제37집, 한국불교연구원, 2012, 186쪽; 김정호, 「마음챙김이란 무엇인가」, 『불교의 마음챙김과 사상의학』, 운주사, 2011, 151쪽.

7 Germer, Christopher K. 외, 김재성 옮김, 『마음챙김과 심리치료』, 학지사, 2012, 25쪽.

8 Germer, Christopher K. 외, 『마음챙김과 심리치료』, 27쪽.

9 이영의, 「철학치료의 본질」, 강원대 인문과학연구소 편, 『인문치료의 이론과 방법』, 강원대학교출판부, 2014, 12쪽.

10 김재성, 「불교명상의 심리치료에의 응용에 대한 연구」, 201쪽.

정서적인 측면에서 이해할 것인가 아니면 뇌의 문제로 이해할 것인
가"에 대한 물음에서도 알 수 있듯이, 신경과학에서는 인간의 마음
을 뇌의 물리적인 작업대에 기초한 복잡한 현상으로 규정한다.[11]그
런데 불교에서는 정서적 측면에서 이 문제에 접근한다. 마음 챙김을
우울증의 재발방지에 적용한 MBCT(Mindfulness-Based Cognitive Therapy)
는 우울증 회복 후에도 항우울제를 계속 복용해야 하는 환자들에게
효과가 있다는 점이 입증되어 이미 임상에서도 널리 활용되고 있
고, 영국의 국립보건임상연구원(NICE)에서도 그 치료법을 공인하고
있다.[12]

마음 챙김의 이론적 모델은 우울증 환자들이 경험하는 슬픈 감정
이나 기분과 부정적 사고의 연관성에 주목한다. 일상적인 생활에서
감정이나 기분의 변화는 정상적인 것임에도 불구하고 우울증 경험
자들의 경우는 훨씬 부정적인 사고로 연결되고 자신의 문제에 몰입
하게 된다. 이것을 인지치료에서는 반추적 사고 양식을 재활성화 시
키고 우울한 기분을 지속하게 만듦으로써 악순환이 이뤄지는 것으
로 설명한다.[13]

아론 벡(Aaron Temkin Beck)이 주창한 인지치료는 우리가 어떻게 지각
하는가에 따라 생각이나 행동이 다르게 나타난다는 점에 기초한다.

11 Bassett, D. S., Gazzaniga, M. S., "Understanding Complexity in the Human Brain," *Trends in Cognitive Sciences,* 15(5), 2011, p. 200.

12 안양규, 「MBCT(Mindfulness-Based Cognitive Therapy, 비파사나 명상에 기초한 인지치료) 프로그램의 치유원리」, 『한국불교상담학회학술대회지』2, 한국불교상담학회, 2009, 25쪽.

13 Baer, Ruth A., 안희영 외 옮김, 『마음챙김에 근거한 심리치료』, 학지사, 2009, 59쪽.

그의 딸 주디스 벡(Judith S. Beck) 역시 인지이론을 토대로 다양한 사례와 구체적인 모델을 제시하고 있다. 인지치료 모델에 따르면, 어떤 상황에 직면했을 때 우리는 어려서부터 경험되고 형성된 신념이나 믿음(핵심믿음, core belief), 그리고 태도나 규칙, 기대감, 가정들로 구성되는 중간믿음(intermediate belief)의 영향을 받아, 자동적인 사고(automatic thinking)가 활성화된다. 그 내용을 구체적인 사례를 통해 재구성해보면 다음과 같다.[14]

'이 책은 정말 내용이 어렵구나. 나는 결코 내용을 이해할 수 없을 거야. 다른 친구들은 잘도 이해하던데…' 나는 책을 덮어버렸다. 갑자기 가슴은 답답해지고 더부룩한 느낌이 들었다.

책을 읽는 상황에서 '나는 결코 내용을 이해할 수 없을 거야'라는 생각이 일어나는 과정을 보면, '나는 무능하다'(핵심믿음)는 생각과 '만약 내가 완전히 이해할 수 없다면 나는 우둔한 것이다.'(중간믿음)라는 신념이나 믿음이 영향을 끼친다.[15]

시걸 등[16]은 마음 이론 모델을 통해 우울증과 관련된 이러한 내용을 심리적인 양식으로 설명한다. 의도적으로 반응하는 심리적인 양

14 Beck, Judith S., 최영희·이정흠 옮김, 『인지치료: 이론과 실제』, 하나의학사, 1997, 27-31쪽.

15 Beck, Judith S., 『인지치료: 이론과 실제』, 30쪽.

16 Segal, Zindel V., Williams, Mark G., Teasdale, John D., *Mindfulness-Based cognitive Therapy for Depression,* New York: The Guilford Press, 2001, pp. 70-75.

식은 '존재양식'(being mode)이고 그 반대로 자동적으로 반응하는 심리적인 양식은 '행동양식'(doing mode)이라고 구분하여 제시한다. 행동양식은 어떤 상황에 직면했을 때, 자신이 예상했던 것이나 기대하는 것 사이에 불일치되었을 경우 일어난다. 이러한 상태에서는 먼저 자동적으로 어떤 부정적인 감정이 일어나고, 두 번째로 현재 또는 기대되는 상태와 소망하는 상태 사이의 차이를 줄이기 위해 어떤 습관적인 마음 형태가 일어난다. 마음은 불일치 상태를 계속 줄이기 위해 노력하는 과정에서 불만족감을 반복적으로 느끼게 되고 자신이 소망하는 것에 대한 표상을 계속 조작하게 된다. 행동양식은 정신적인 습관으로서 작동하며 무엇이 잘못된 것인지를 생각하는 등 과거의 나쁜 기억들이나 불만 등이 떠오른다. 따라서 현재의 상황을 명확히 파악하지 못하게 된다. 반면, 존재양식은 특정한 목표를 성취하기 위해 동기화되지 않는다. 불일치 상태를 줄이기 위해 평가할 필요가 없다. 행동양식은 좋은 것이나 나쁜 것으로 평가되고 마음은 목표를 세워 그러한 감정을 지속시킬 것인지를 확인하려고 하지만, 존재양식은 생각과 감정의 관계를 지속하거나 제거하려고 하는 자동적인 행동을 유발하지 않는다. 존재양식은 생각과 감정과의 관계를 변화시키는 것을 포함하기 때문에 현재 경험하는 것에 대한 집중이 가능하게 되며, 수용과 허용이 이뤄지게 된다. 어떤 부정적인 생각이나 기억 등이 일어나더라도 그에 대한 비판적 사고 대신에 알아차림과 집중이 가능하게 되는 것이다.[17]

---

17 北川嘉野·崇武藤,「マインドフルネスの促進困難への対応方法とは何か」,『心理臨床科學』3-1, Doshisha Clinical Psychology, 2013, 42-43쪽.

심리학자들은 마음 챙김을 현재 경험에 대한 순수한(bare) 자각, 주의 집중, 탐색적 관찰, 경험을 기술하기, 경험을 수용하려는 의도, 비집착, 비판단, 비반응성, 경험에 대한 개방성, 거리두기, 탈중심, 주의 조절, 메타-인지적 기술과 통찰 등 다양한 요소들이 포함된 것으로 정의한다.[18] 이러한 다양한 개념들은 생각이나 감정들에 대한 회피, 부인, 억압 없이 생각으로부터 탈중심화하는[19], 즉 반추적 사고 방식으로 연결되는 것에서 벗어나도록 하는 데 활용되고 있는 마음 챙김의 이론적인 내용에 근거한다. 서양의 심리 치료 관점에서 마음 챙김은 매순간의 경험에 대해 의도적으로 '평가하지 않음'(nonjudgement)이란 의미를 갖는다. 이러한 관찰은 '수용'(acceptance)으로 확장되며, 이것은 우리가 대상을 알게 된 순간의 모습 그대로 그것을 기꺼이 그냥 두려고 하는 의향을 말한다. 이러한 내용을 정리했을 때, 심리치료와 불교의 마음 챙김 수행에서 공통으로 내릴 수 있는 정의는 '① 현재 경험에 대한, ② 수용과 함께 하는, ③ 자각인 알아차림'이다.[20]

MBCT에서 마음 챙김은 자기 영속성 및 부정적이고 반추적인 사고방식에서 벗어나는 데 있다.[21] 반추적인 사고는 현재의 상황에 대해 자신에 대한 부정적인 생각과 사고를 반복적으로 심화시킴으로

---

18 정준영·박성현, 「초기불교의 사띠와 현대심리학의 마음챙김」, 『한국심리학회지 상담 및 심리치료』 제22(1)집, 한국심리학회, 2010, 14쪽.

19 Baer, Ruth A., 『마음챙김에 근거한 심리치료』, 61쪽.

20 Germer, Christopher K. 외, 『마음챙김과 심리치료』, 31-32쪽. 미산 스님도 책의 추천사에서 마음 챙김 명상의 핵심 요소를 '① 과거나 미래가 아니라 현재 순간을 중시하는 태도, ② 판단하거나 평가하지 않는 수용의 자세, ③ 안팎의 대상을 분명하게 파악하는 자각, 즉 알아차림', 세 가지로 말하고 있다.

21 Baer, Ruth A., 『마음챙김에 근거한 심리치료』, 62쪽.

써 자신의 틀 속에 몰입하게 만든다. 따라서 미래에 대해 비관적인 생각을 갖게 되고 자신에 대해 비판적이고 부정적인 평가를 하게 된다.[22]

폴 길버트[23]는 우울증의 문제를 신경 생리학과 불교적 관점 등 통합적인 관점에서 접근하면서, '추동, 욕구, 활력의 시스템', '만족, 안전, 유대의 시스템', 그리고 '분노 불안, 혐오 등의 위협탐지와 대응시스템'인 세 가지 감정조절시스템 간에 긴밀한 상호작용을 통해 제시한다. 그는 여러 가지 관찰과 선행 연구결과를 바탕으로, 수치심과 자기 비판의 수준이 높은 사람들은 자신에게 친절하거나 연민의 감정을 갖기 어려울 수 있다는 점, 외부로부터 거부나 비판의 위협에 매우 민감하게 반응하며 바로 자신에 대해 공격적으로 바뀔 수 있다는 점을 말한다. 그리고 '연민심 중심 치료'(Compassion Focused Therapy)의 핵심은 수치심과 자기 비판의 수준이 높은 사람들의 경우 다른 사람들과의 관계에서도 만족이나 안전, 따뜻한 감정을 내기 어려워할 수 있다고 말한다.[24]

위의 내용들을 종합해보면, 우울증은 부정적인 생각이나 사고를 증폭시키면서 자동적으로 자신에게 몰입하게 되는 과정이 중단되어야 하고 자신의 내부로 향하는 부정적이고 비판적인 성향을 연민과 자애의 성향으로 전환시킴으로써 극복할 수 있게 된다.

---

22 Germer, Christopher K., Siegel, Roanald D., 김나연 옮김, 『(심리치료에서) 지혜와 자비의 역할』, 학지사, 2014, 392쪽.

23 Gilbert, Paul, "Introducing compassion-focused therapy," *Advances in psychiatric treatment,* 15, 2009, p. 200.

24 Gilbert, Paul, "Introducing compassion-focused therapy," p. 199.

마음 챙김은 익숙해져버린 우리의 삶과 사고의 방식이 지속적인 흐름으로 전개되는 것을 막는 역할을 한다는 점에서 인지모델에서 설명하고 있는, 어떤 상황에 대한 자동적 사고에 대한 의문 제기가 가능하도록 한다. 일상생활에서 경험하게 되는 현상이나 대상을 판단하지 않고 관찰할 수 있도록 함으로써 이제까지 대상화하지 못했던 우리의 여러 반응들을 마주대할 수 있도록 하는 것이다. 길버트의 세 가지 감정조절시스템에 따르면, 추동이나 욕구의 시스템이 감소하는 경우 긍정성은 감소되고, 다른 사람과의 관계에서 부담감을 느끼고 쓸모없는 존재로 인식하게 된다. 그리고 이 과정에서 위협에 집중된 생각을 지속적으로 하게 되고 비관적인 생각과 자기 평가에서 벗어나지 못하는 등의 위험 시스템을 계속해서 가동시키게 된다.

관련 연구[25]를 보면, 자기 연민은 불안과 우울증, 반추, 사고의 억압, 회피를 감소시키고, 웰빙과 삶의 만족도, 행복감과는 긍정적인 관계성을 보여준다. 자기 연민이 낮은 경우, 자신의 능력에 대해 과소평가하며 비판적인 성향을 보였고, 자신뿐만 아니라 친구, 사회에서의 친밀도와 긍정적인 관련성을 보여준다. 연민심의 배양은 불교 수행에서뿐만 아니라 서양의 심리치료에서도 마음 챙김을 근거로 한다는 점에서,[26]마음 챙김을 활용한 통합적 관점의 연구와 훈련 프로그램이 활성화될 것으로 보인다.

---

25 Barnard, Laura K., Curry, John. F., "Self-compassion: Conceptualizations, correlates, and interventions," *Review of General Psychology,* 15(4), 2011.

26 Neff, Kristin, "Self-Compassion: An Alternative Conceptualization of a Healthy Attitude Toward Oneself," *Self and Identity,* 2, 2003, p. 88; Germer, Christopher K., Siegel, Roanald D., 『(심리치료에서) 지혜와 자비의 역할』, 406쪽.

III. 잭 콘필드의 불교심리학과 마음 치유

콘필드는 태국에서 출가하였지만 대·소승의 교설과 종파의 가르침을 통합하여 이론적으로 불교심리학을 체계화하고 실천적 측면에서도 자신의 수행 경험을 현대 심리요법의 영역으로 확대시켜 왔다. 그는 26가지 원리로 불교심리학을 정리하고 있는데, 그 가운데 마음 챙김과 관련된 주요 내용을 살펴보면 다음과 같다.

① "인간에게 있는 내면의 고귀성(nobility)과 善性(beauty)을 봐야 한다."
콘필드[27]는 우리의 본질적인 본성을 佛性(Buddha-nature)이라고 하고 그 특성을 고귀함과 선성으로 정의한다. 불성은 '一切衆生 悉有佛性'으로 표현되듯이, 붓다가 될 수 있는 가능성으로써 수행을 통해 종교적 완성을 이루는 전제로도 작용한다. 불성 개념은 대승불교에서 적극적으로 사용되는 용어로서, 그 사상적 의미는 동아시아 불교 전통에서 지속적으로 자리 잡고 있다. 그는 불교심리학의 주된 목표를 우리 본래의 성품인 善(goodness)을 이끌어내는 것이라고 규정한다. 이 것은 다른 원칙들에서도 적용되는 내용이지만, 훈련이나 수행을 통해 우리의 성품이나 성격을 '전환'시키는 것으로 작용한다.

긍정심리학이 그동안 인간의 부정적인 측면을 중심으로 연구하던 심리학의 태도를 비판하고 인간의 긍정적 특성과 그 변화과정이란 측면, 그리고 자기실현적인 모습의 이해와 증진을 이루는 것에

---

27 Kornfield, Jack, *The wise heart:a guide to the universal teachings of Buddhist psychology,* New York: Bantam Books, 2008, p. 21.

주목하듯이[28], 콘필드[29] 역시 서양의 심리학이 의학적 모델에 기반을 두면서 여전히 병리학에 초점을 두고 있다는 점을 비판적으로 지적한다. 그는 인간이 본래 존귀한 이유를 바로 마음의 해탈을 이룰 수 있는 가능성에서 찾고 있으며 인간의 선량한 본성, 그리고 그 진실성을 아는 것이 '신성의 지각'(sacred perception)이라고 하였다.[30]

② "자아에 대한 관념은 동일시함으로써 생겨난다. 我見에 집착하지 않을수록 우리는 더 자유롭고 행복해진다."

불교에서 자아감을 일으키는 심리상태는 我見(self-view)과 분별견(compared view)이다. 전자는 경험하는 어떤 측면을 '나'(我) 또는 '나의 것'(我所)이라고 생각하는 것이고, 후자는 남과 비교하여 우월하거나 열등하다고 인식하는 자아감이다. '나' 또는 '나의 것'이라고 하는 생각은 불교에서 오온의 '無常'과 '無我'란 논리를 통해 논파된다.[31]

콘필드[32]는 이러한 無常과 無我의 가르침이 마음이 안정되지 못한 상태이거나 정신적으로 큰 충격을 받았거나 나약한 마음의 상태에 있는 사람들에게는 오히려 미혹된 마음을 일으키거나 공포감을 일으킬 수도 있다고 지적한다. 이때 요구되는 것은 안정감과 균형 잡힌 마음이며 우리가 함께 하고 있다는 확신을 주고 자비심과 폭넓게

28 권석만, 『긍정심리학: 행복의 과학적 탐구』, 학지사, 2008, 23-24쪽.
29 Kornfield, Jack, The wise heart, p. 15.
30 Kornfield, Jack, The wise heart, pp. 17-20.
31 양정연, 「행복과학에 대한 불교적 성찰」, 『철학연구』 제140집, 대한철학회, 2016, 35쪽 참조.
32 Kornfield, Jack, The wise heart, p. 75.

지각하도록 함으로써 균형감을 유지할 수 있다고 말한다. '나'라는 생각에 사로잡히지 않기 때문에 '一切'와의 관련성을 논의할 수 있고, '나'의 영역을 확대하여 자비심을 배양할 수 있다고 말할 수도 있겠지만, 보다 설득력을 얻기 위해서는 종교 수행의 관점에서 보완할 필요가 있다.

오온을 통해 논파하고자 하는 것은 '나' 또는 '나의 것'이라고 지칭할 것이 없다는 것 그리고 우리가 욕구를 충족하고자 하고 그에 따른 탐착은 의미가 없다는 점을 체득하기 위한 것이다. 이것은 단지 '나'라는 존재의 부정이 아니라, 인연의 화합으로 이뤄진 현상 세계에 대해 염리심을 일으킴으로써 지금의 상태를 초월하여 영원히 윤회 세계에서 벗어나고자 하는 종교성을 배양하려는 것이다.

불교심리학에서 치유는 관념의 영역에서 직접 경험의 세계로 옮겨갈 때 이뤄지는 것으로 말한다. 직접 지각은 사물의 이름을 뚫고 일시적이고 신비한 본질을 나타내 보인다. 따라서 이러한 직접 지각에 주의할 때, 우리는 살아있고 자유롭게 된다.[33] 오온으로서의 '나'에 대한 성찰이 중요한 이유는 존재의 유무란 점 때문이 아니라 무아의 성찰을 통해 종교 수행의 길로 들어설 수 있기 때문이다.

③ "벗어남은 어떤 경험이든 집중하여 관조하는 것이다. 정념은 관점과 균형, 자유를 가져온다."
콘필드[34]는 마음 챙김을 설명하면서, 인내, 수용, 판단을 동반하지

33 Kornfield, Jack, *The wise heart,* p. 88.
34 Kornfield, Jack, *The wise hear,* p. 99.

않는 알아차림(non-judging awareness)이라고 말한다. 그는 프로이트(Sigmund Freud)의 정신분석에서 사용하는 '고르게 떠있는 주의(evenly- hovering attention)'나 칼 로저스(Carl Rogers)의 '무조건적 긍정적 존중(unconditional positive regard)', 형태심리학의 '현재 중심의 알아차림(Present centered awareness)'과 비교하여 서양의 심리학은 치유사의 마음 챙김에 집중을 하지만, 불교심리학은 학생 자신에 대한 마음 챙김의 체계적인 훈련을 강조한다는 점에서 차이가 있다고 말한다.

　　마음 챙김의 전환이 이뤄지는 과정은 네 단계로서, '인식(Recognition)', '수용(Acceptance)', '관찰(Investigation)', '攀緣하지 않음(Non‑identification)'의 네 가지 원칙이 있다.[35] 인식은 알아보는 것이다. 그렇게 함으로써 부정에서 벗어나도록 한다. 자신의 불만이나 분노, 고통, 야망을 부정할 때, 우리는 괴로워한다. 있는 그대로 인식할 수 있을 때, 마음은 환상과 무명에서 벗어나 자유(freedom)를 향하게 된다. 수용은 두 번째 원칙으로서 우리가 대면하는 사실들에 대해 열려 있는 태도를 갖도록 하고 이완시켜준다. 그러나 수용은 수동적인 것이 아니라 의지를 동반한 마음이며 대하는 모든 것들을 포함한다는 점에서 보다 적극적인 것이다. 관찰은 세 번째 원칙으로서 몸(Body), 느낌(Feelings), 마음(Mind), 법(Dharma)에 대한 관찰을 말한다. 이것은 身·受·心·法의 사념처 수행으로서 몸과 갖가지 다양한 느낌, 마음의 상태, 그리고 일체 현상을 관찰 대상으로 하고 분석과 해체의 과정을 통해 경험화하는 것이다. '반연하지 않음'은 경험하는 것을 '나' 또는 '나의 것'

---

35 Kornfield, Jack, *The wise hear,* pp. 101-106.

으로 간주하지 않는 것을 말한다.

④ "몸을 관조함으로써 삶에 충실할 수 있다. 마음 챙김은 치유와 지혜, 자유를 가져온다."

이 원칙은 윤회세계에서 인간의 몸으로 태어난다는 것의 소중함과 함께 제시된 내용이다. 인간은 몸을 통해 해탈과 진정한 행복을 경험할 수 있기 때문에 몸은 수행의 의지처가 된다.

불교에서 육신은 地·水·火·風의 4대 요소가 순차적으로 붕괴된다. 티벳불교의 밀교 전통에서는 五蘊의 소멸과정을 외적인 죽음, 의식의 소멸 과정을 내적인 죽음으로 보다 세분하여 구분한다. 임종과정에서는 오온과 의식이 소멸되면서 신체적이고 생리적인 변화뿐만 아니라 심적인 변화도 일어난다. 특히 의식의 소멸과정에서는 욕심, 우울, 두려움, 아만 등 80가지의 미세한 마음이 신체의 에너지 흐름의 변화와 함께 사라지고, 모든 개념과 분별의 마음이 사라지는 청정한 빛의 마음이 현현하는 단계를 경험하는 것도 가능하게 된다. 물론 이러한 변화와 현상은 너무 미세하기 때문에 범부는 알아차리지 못한다. 죽음의 과정을 깨달음의 성취를 위한 또 하나의 기회로 인식하는 것이 밀교 무상유가딴뜨라의 수행으로서, 수행자는 평소의 수행과 훈련을 통해 임종 과정에서도 매 순간 집중하고 알아차릴 수 있는 내적인 능력을 배양하게 된다.[36]

---

36 양정연, 「죽음과 바르도의 이해를 통한 죽음준비교육」, 『원불교사상과 종교문화』, 원광대학교 원불교사상연구원, 2013, 237-268쪽.

Ⅳ. 불교 수행론에서의 마음 치유

마음 챙김은 수행의 과정에서 현상 세계를 여실하게 바라보고 아는가의 문제와 직접적으로 관계된다. 이러한 점은 인문치유와 관련되어서도 현재 상황에 대한 여실한 인식과 이해라는 점에서 논의된다. 그렇다면 '여실하게 안다'는 것은 심신의 현상과 관련해서 구체적으로 무엇을 말하는 것일까?

> 비구들이여, 그러면 어떤 것이 철저히 알아야할 법들인가? 비구들이여, 色(물질)은 철저히 알아야 할 법이다. 受는 철저히 알아야 할 법이다. 想은 철저히 알아야 할 법이다. 行은 철저히 알아야 할 법이다. 識은 철저히 알아야 할 법이다. 이것들을 철저히 알아야 할 법들이라고 한다.[37]
> 비구들이여, 그러면 근심, 비애, 육체적 고통, 정신적 고통, 절망은 무엇으로부터 생기고 무엇으로부터 발생하는가?
> 비구들이여, 여기에 아직 가르침을 받지 못한 범부는… 色을 자아라고 관찰하고, 색을 가진 것이 자아라고 관찰하고, 색이 자아 안에 있다고 관찰하고, 색 안에 자아가 있다고 관찰한다. 그러나 그런 그의 색은

---

37 Saṃyutta Nikāya(이하 SN) 22.23 "Katame ca, bhikkhave, pariññeyyā dhammā? Rūpaṃ, bhikkhave, pariññeyyo dhammo, vedanā pariññeyyo dhammo, saññā pariññeyyo dhammo, saṅkhārā pariññeyyo dhammo, viññāṇaṃ pariññeyyo dhammo. Ime vuccanti, bhikkhave, pariññeyyā dhammā." 이하 SN의 한역은 각묵(2009) 참조; 「雜阿含經」(大正藏 2) 19a. "當說所知法、智及智者. 諦聽, 善思, 當為汝說.云何所知法？謂五受陰, 何等為五？色受陰、受、想、行、識受陰, 是名所知法."

변하고 다른 상태로 되어간다. 그의 색이 변하고 다른 상태로 되어가기 때문에 그에게는 근심, 탄식, 육체적 고통, 정신적 고통, 절망이 일어난다.… 이런 것들을 끊어버리면 두려워하지 않는다. 두려워하지 않으면 안락에 머문다.[38] (이하 오온의 나머지 受, 想, 行, 識의 경우도 동일 내용)

불교에서 철저히 알아야 하는 것으로 설명되는 것은 자아로 취착하게 되는 오온과 함께 심신에 대한 현상으로 설명되는 六入處이다. 육입처는 眼·耳·鼻·舌·身·意의 육근과 그 공능에 대응하는 色·聲·香·味·觸·法의 관계성에서 다음과 같이 설명된다.

色을 사량하지 말아야 하고, 색 가운데에서 사량하지 말아야 하고, 색으로부터 사량하지 말아야 하고, '색은 나의 것'이라고 사량하지 말아야 한다. 眼識을 사량하지 말아야 하고, 안식 가운데 사량하지 말아야 하고, 안식으로부터 사량하지 말아야 하고, '안식은 나의 것'이라고 사량하지 말아야 한다. 눈의 접촉을 사량하지 말아야 하고, 눈의 접촉 가운데에서 사량하지 말아야 하고, 눈의 접촉으로부터 사량하지 말아

---

38 SN 22,43 "Kiṃjātikā ca, bhikkhave, sokaparidevadukkhadomanassupāyāsā, kiṃpahotikā? Idha, bhikkhave, assutavā puthujjano…rūpaṃ attato samanupassati, rūpavantaṃ vā attānaṃ; attani vā rūpaṃ, rūpasmiṃ vā attānaṃ. Tassa taṃ rūpaṃ vipariṇamati, aññathā ca hoti. Tassa rūpavipariṇāmaññathābhāvā uppajjanti sokaparidevadukkhadomanassu pāyās ā… Tesaṃ pahānā na paritassati, aparitassaṃ sukhaṃ viharati."; 「雜阿含經」(大正藏 2) 8b. "當為汝說. 比丘! 有色、因色、繫著色, 自觀察未生憂悲惱苦而生, 已生而復增長廣大 ; 受、想、行、識亦復如是. 比丘! 頗有色常、恒、不變易、正住耶?…比丘! 色是無常. 若善男子知色是無常、苦、變易, 離欲、滅、寂靜、沒, 從本以來, 一切色無常、苦、變易法知已, 若色因緣生憂悲惱苦斷, 彼斷已無所著, 不著故安隱樂住, 安隱樂住已, 名為涅槃. 受、想、行、識亦復如是."

야 하고, '눈의 접촉은 나의 것'이라고 사량하지 말아야 한다. 눈의 접
촉을 조건으로 생기하는 苦, 樂, 不苦不樂의 受[느낌] 역시 사량하지 말
아야 하고, 그 가운데에서 사량하지 말아야 하고, 그것으로부터 사량
하지 말아야 하고, '이것은 나의 것'라고 사량하지 말아야 한다.… 모
든 것을 사량하지 말아야 하고, 모든 것 가운데에서 사량하지 말아야
하고, 모든 것으로부터 사량하지 말아야 하고, '일체는 나의 것'이라고
사량하지 말아야 한다. 이렇게 사량할 때, 그는 세상에서 어떤 것에도
취착하지 않으며, 취착하지 않으면 두려워하지 않으며, 두려워하지 않
으면 스스로 열반을 증득한다.[39]

이상과 같이 오온과 육입처로 설명되는 일체 현상에 대해 올바로
관찰한다는 것은 바로 무상하다는 것을 아는 것이고, 이렇게 관찰하
는 것은 正見(sammādiṭṭhi)[40]으로서 해탈로 이끄는 바른 견해가 된다.

---

[39] SN 35.90. "rūpe na maññeyya, rūpesu na maññeyya, rūpato na maññeyya, rūpā
meti na maññeyya; cakkhuviññāṇaṃ na maññeyya, cakkhuviññāṇasmiṃ na
maññeyya, cakkhuviññāṇato na maññeyya, cakkhuviññāṇaṃ meti na
maññeyya; cakkhusamphassaṃ na maññeyya, cakkhusamphassasmiṃ na
maññeyya, cakkhusamphassato na maññeyya, cakkhusamphasso meti na
maññeyya. Yampidaṃ cakkhusamphassapaccayā uppajjati vedayitaṃ sukhaṃ
vā dukkhaṃ vā adukkhamasukhaṃ vā tampi na maññeyya, tasmimpi na
maññeyya, tatopi na maññeyya, taṃ meti na maññeyya.···sabbaṃ na maññeyya,
sabbasmiṃ na maññeyya, sabbato na maññeyya, sabbaṃ meti na maññeyya.";「
雜阿含經」(大正藏 2) 55c. "云何不計? 謂不計我見色, 不計眼我所, 不計相屬, 若
色、眼識、眼觸、眼觸因緣生受, 內覺若苦、若樂、不苦不樂, 彼亦不計樂我、我
所, 不計樂相屬 … 如是不計者, 於諸世間常無所取, 無所取故無所著, 無所著故自
覺涅槃."

[40] SN 35.156. "Aniccaṃyeva, bhikkhave, bhikkhu cakkhuṃ aniccanti passati,
sāssa hoti sammādiṭṭhi."(비구들이여, 비구가 눈을 무상하다고 보면, 그것은 바
른 견해이다.);「雜阿含經」(大正藏 2) 49b. "(世尊)告諸比丘 : 當正觀察眼無常. 如是

현상에 대한 올바른 관찰은 바로 자신의 몸을 통해 이뤄지고, 앞에서 살펴보았던 마음 챙김 역시 사념처 수행과 같은 맥락에서 이뤄진다. 受·想·行·識에 대한 관찰은 正念과 正知를 유지함으로써 세간의 근심과 슬픔을 항복시킨다.[41] 팔정도에도 보이는 正念(sammā sati)은 마음의 안정과 통일을 유지하면서 노력을 함께 하는 것을 의미[42]하고 正知(sampajañña)는 정념과 밀접한 관계를 가지면서도 의미적으로는 약간의 차이를 보인다. 정념은 현상계에 대해 명확히 알아차리는 것이고, 이 정념의 힘으로 분명하게 이해하게 되고 인지적인 요소를 추가하게 되는 것이 正知이다. 따라서 수행을 할수록 분명히 이해한다는 것은 더욱 중요하게 되고 결국에는 직접 지각(vipassanā)과 지혜(paññā)로 발전하게 된다.[43] 이 두 가지가 함께 설명되는 이유는, 전자는 '대상을 놓치지 않고 포착하는 마음상태'이고 후자는 '그 대상을 온전히 알거나 알아차리는 마음상태'로서, 마음 챙김과 알아차림 간에 상보적인 관계를 갖기 때문이다.[44]

불교에서 身·口·意로 표현되는 모든 악한 행위들은 탐욕과 진에, 무지 때문에 일어나는 것으로 설명된다.[45] 그러나 보다 더 근원적인

觀者, 是名正見."

41 「雜阿含經」(大正藏 2) 171b. "云何修四念處？謂內身身觀念住, 精勤方便, 正智正念, 調伏世間憂悲."

42 Bhikku Bodhi, "What does mindfulness really mean? A canonical perspective," *Contemporary Buddhism,* 12(1), 2011, p. 20.

43 Bhikku Bodhi, "What does mindfulness really mean? A canonical perspective," p. 22.

44 김재성, 「불교명상의 심리치료에의 응용에 대한 연구」, 『불교연구』 제37집, 196쪽.

45 「瑜伽師地論」(大正藏 30) 370a. "謂由貪瞋癡所生諸惡, 終不造作故."

것으로 설명되는 것이 바로 無明(avijjā)이다.

> 비구들이여, 모든 악은 불선의 법에서 생겨나며, 일체는 무명을 근
> 본으로 한다.… 무명이란 無知로서 선한 것과 선하지 않은 법을 여실하
> 게 알지 못하고,…[46]

> 모든 선법이 생겨나는 경우는, 일체가 모두 明을 근본으로 하고,…
> 明은 선한 법과 선하지 않은 법을 여실하게 아는 것이다.[47]

세존이 비구들에게 설한 이 내용을 보면, 일상적인 생활에서 올바
르고 삿된 행위와 생각들은 근본적으로 '明'(vijjā)과 '無明'(avijjā)에 따
라 이뤄지는 것임을 알 수 있다. 그런데, 명과 무명이 선한 법과 선하
지 않은 법을 일으키는 과정에는 慚愧의 부끄러움이 일어나는가의
차이가 있다.

> 비구들이여, 무명이 앞서고 불선의 법들이 일어남으로써 수치를 모
> 르고[無慚] 죄악을 두려워할 줄 모르게 된다[無愧].… 비구들이여, 명이
> 앞서고 선법이 일어남으로써 수치와 죄악을 두려워할 줄 알게 된다.[48]

---

46 「雜阿含經」(大正藏 2) 198b. "諸惡不善法, 比丘, 一切皆以無明為根本… 無明者無
　知, 於善、不善法不如實知."

47 「雜阿含經」(大正藏 2) 198c. "若諸善法生, 一切皆明為根本… 明, 於善、不善法如實
　知者."

48 SN 45.1 "Avijjā, bhikkhave, pubbaṅgamā akusalānaṃ dhammānaṃ samāpattiyā,
　anvadeva ahirikaṃ anottappaṃ.… Vijjā ca kho, bhikkhave, pubbaṅgamā
　kusalānaṃ dhammānaṃ samāpattiyā, anvadeva hirottappaṃ."; 「雜阿含經」(大正

『상윳따니까야』(SN)의 「無明品」(Avijjāvagga)에는 불선의 법을 저지
르는 것에 대한 부끄러움을 느끼기 때문에, '여덟 가지 구성 요소를
지닌 성스러운 길'(ariya aṭṭhaṅgika magga), 즉 正見, 正思惟, 正語, 正業, 正
命, 正精進, 正念, 正定의 '팔정도'를 닦게 된다는 점이 설명되어 있
다.[49] 이 팔정도의 구성 요소들은 탐욕과 성냄, 어리석음을 조복시켜
종결되도록 한다.[50] 탐욕과 성냄, 어리석음이 모두 멸진될 때를 열반
이라고 하기 때문에,[51] 팔정도를 수습하게 되면 최종적으로 열반에
이르게 된다.[52]

이 팔정도를 포괄하는 것이 불교 전통에서 수행의 전형으로 설명

藏 2) 198b 참조. "世尊告諸比丘 : 「若無明為前相, 故生諸惡不善法. 時, 隨生無慚…
若起明為前相, 生諸善法. 時, 慚愧隨生.」"

49 SN 45.1. "Vijjāgatassa, bhikkhave, viddasuno sammādiṭṭhi pahoti;
sammādiṭṭhissa sammāsaṅkappo pahoti; sammāsaṅkap-passa sammāvācā
pahoti; sammāvācassa sammākammanto pahoti; sammā-kamman- tassa
sammāājīvo pahoti; sammāājīvassa sammāvāyāmo pahoti; sammāvāyāmassa
sammāsati pahoti; sammāsatissa sammāsamādhi pahotī." (비구들이여, '명'을 지
닌 현명한 자에게 바른 견해가 생긴다. 바른 견해가 있는 자에게 바른 사유가 생긴
다. 바른 사유가 있는 자에게 바른 말이 생긴다. 바른 말을 하는 자에게 바른 행위
가 생긴다. 바른 행위를 하는 자에게 바른 생활이 이뤄진다. 바른 생활을 하는 자에
게 바른 정진이 이뤄진다. 바른 정진을 하는 자에게 바른 마음 챙김이 생긴다. 바른
마음 챙김을 하는 자에게 바른 삼매가 생긴다.)

50 SN 45.4. "Sammādiṭṭhi, ānanda, bhāvitā bahulīkatā rāga-vinaya-pari- yosānā
hoti, dosa-vinaya-pari-yosānā hoti, moha-vinaya-pari-yosānā hoti." 세존의 아난
다에게 설명하는 내용으로 正見 이하 다른 구성 요소들도 순서대로 동일하게 설명
된다.

51 SN 38.1 "rāgakkhayo dosakkhayo mohakkhayo ─idaṃ vuccati nibbānan"(탐욕
의 멸진, 성냄의 멸진, 어리석음의 멸진이 이뤄지는 이것을 열반이라고 한다.)

52 SN 45.10 "Aṭṭhime kho, nandiya, dhammā bhāvitā bahulīkatā nibbānaṅgamā
honti nibbānaparāyanā nibbānapariyosānā."(난디야여, 여덟 가지 법들을 수습하
고 많이 수습하였으면, 열반으로 향하게 되고 열반을 피안으로 하게 되며, 열반을
종결점으로 하게 된다.)

되는 戒·定·慧 三學이다. 『청정도론』(Visuddhimagga)에서는 팔정도의 正語, 正業, 正命을 '戒', 正精進, 正念, 正定을 '定', 正見, 正思惟인 두 법은 '慧'에 포함되는 것으로 설명한다.[53] 그런데 계에 굳건히 머무를 때 마음[定]과 지혜를 수습할 수 있다고 설명되듯이,[54] 계를 수지한다는 것은 모든 선법뿐만 아니라 수행의 토대를 마련하는 것[55]이기도 하다.

> 戒는 定을 완성시키는 것이라고 하고, 또 그렇기 때문에 定을 완성시키는 因行인 모든 것들은 戒의 범주에 들어간다고 하셨다.…戒가 없이 定이 생기지 않기 때문에, 戒[의 受持]에 노력해야만 한다.[56]

---

53 Visuddhimagga 16.95. "Na kho, avuso visakha, ariyena atthavgikena maggena tayo khandha savgahita, tihi ca kho, avuso visakha, khandhehi ariyo atthavgiko maggo savgahito. Ya cavuso visakha, sammavaca, yo ca sammakammanto, yo ca samma-ajivo, ime dhamma silakkhandhe savgahita. Yo ca sammavayamo, ya ca sammasati, yo ca sammasamadhi, ime dhamma samadhikkhandhe savgahita. Ya ca sammaditthi, yo ca sammasavkappo, ime dhamma pabbakkhandhe savgahita." (도반인 위사카여, 세 가지 무더기는 여덟 가지 성스러운 도에 포함되지 않지만, 여덟 가지 성스러운 도는 세 가지 무더기에 포함됩니다. 도반인 위사카여, 正語, 正業, 正命인 세 법은 '戒蘊'에 포함됩니다. 正精進, 正念, 正定인 세 법은 '定蘊'에 포함됩니다. 正見, 正思惟인 두 법은 '慧蘊'에 포함됩니다.) khandha는 한역에서 '蘊'으로 번역된다. 여기에서 세 가지 무더기는 戒·定·慧를 뜻하며, 오온과 구분하기 위하여 dhamma-khandha(法蘊)으로 번역되기도 한다. 관련 내용은 대림 옮김 (2004), p. 578 주) 377 참고.

54 Visuddhimagga 1.1. "Sile patitthaya naro sapabbo, cittam pabbabca bhavayam." (현명한 자는 계에 잘 머물러서 마음[定]과 지혜를 수습한다.)

55 이자랑, 「불교명상에서 계율의 역할과 중요성」, 『동아시아불교문화』 제25집, 동아시아불교문화학회, 2016, 467쪽.

56 「菩提道燈難處釋」(Byaṅ chub lam gyi sgron maḥi dkaḥ ḥgrel shes bya ba, D. No. 3948), 272a.5-b.1. "tshul khrims ni ting nge 'dzin 'grub pa yin te zhes pa dang/ yang de bas na ting nge 'dzin gyi rgyu'i sbyor ba gang ci yang rung ba de dag ni tshul khrims kyi nang du 'dus par shes par bya'o/…tshul khrims med pa'i ting nge

라고 아띠샤(Atīśa, 982-1054)가 寂天의 말을 빌어 설명하고 있듯이, 대승에서도 계는 모든 수행을 이끄는 원인으로까지 강조된다. 마음 챙김 수행으로 널리 알려진 고엔카(Goenka) 전통에서도 계를 올바로 수지함으로써 몸의 감각을 관찰하는 수행(위빠사나)과 자애 명상을 진행할 수 있다는 점을 강조하고 있다.[57]

『청정도론』에서 설명된 계의 내용을 보면, 행해야 할 것과 피해야할 것이 있고, 선행과 청정범행의 시작이라는 것, 그리고 절제하는 것과 절제하지 않는 것[58]으로서의 특성 등이 있다. 세존이 정한 것은 행하고 금지한 것에 대해서는 피해야 하고, 살생 등의 악행에 대해서는 절제해야 하지만 의지 등에 대해서는 절제하지 않음이다.[59] 이러한 수행의 과정에서 정신적, 윤리적인 측면에 근거한 심적인 변화가 이뤄지게 된다.[60] 성문계는 수행자 자신을 단속하고 제어하기 위해 제정된 것이지만, 대승의 보살계는 중생을 구제하기 위한 보리심과 보살행의 실천을 위한 것이다.[61] 중생을 구제하겠다는 마음[菩提心]은 모든 수행이 의지하는 것이며, 그 마음이 쇠퇴하지 않고 더욱

'dzin skye bar mi 'gyur bas na/ de'i phyir tshul khrims la 'bad par bya dgos so/"

57 김재성, 「위빠사나 수행의 현대적 위상」, 『선학(한국선학)』, 한국선학회, 2010, 336쪽.

58 Visuddhimagga 1.25. "Carittavarittavasena duvidham. Tatha abhisamacarika-adibrahmacariyakavasena, virati-avirativasena,…"

59 Visuddhimagga, 1.26 참조.

60 안성두, 「불교에서 업의 결정성과 지각작용」, 『인도철학』 제32집, 인도철학회, 2011, 148쪽.

61 「攝大乘論釋」(大正藏 31) 233a. "如來制戒有二種意. 一為聲聞自度故制戒. 二為菩薩自度度他故制戒." 참조.

증가하도록 하는 것이 바로 戒 등을 수습하게 하는 근본이며 유정들에게 해를 끼치는 것을 막는 수승한 것[62]이다. 계는 그 마음의 실천이면서 자신의 역할을 재확인시켜 주기 때문에 대승의 이타 정신과 자비행의 실천을 위해서라도 계는 올바로 수습되어야만 하는 것이다.[63]

종교 수행의 과정에서 올바른 마음 챙김 수행은 '나'와 현상에 대한 근본적인 물음을 통해 있는 그대로 관찰할 것을 요구한다. 수행자는 자신의 존재와 탐착 대상에 대한 무상을 체득함으로써 자신의 욕망을 억제하는 윤리적인 마음가짐을 지니고 실천할 수 있어야 한다. 이 과정이 종교적 완성을 위한 여정이 될 수 있는 것은 윤회 세계를 전전하는 근본 원인으로서의 '無明'을 어떻게 올바른 지혜로 관찰하고 실천을 통해 할 것인가에 대한 이론과 실천이 붓다의 가르침에서 제시되고 있기 때문이다.

V. '나'의 존재에 대한 통찰

우리는 삶의 과정에서 자신의 욕구와 추동에 따른 만족과 불만족을 경험한다. 일의 과정과 결과가 원래 기대했던 것과 달리 만족감을 주지 못할 때, 그 부족감을 줄이고자 하는 과정에서 자신의 현 상

---

62 *Lamrim Chenmo* Ka.210b6-7. "spyod pa'i rten byang chub kyi sems mi nyams shing je 'phel du gtong ba ni tshul khrims la sogs pa'i spyod pa la 'jug pa'i rtsa ba yin zhing sems can thams cad la gnod pa las ldog pa'i yang mchog yin la/"

63 양정연, 「쫑카빠의 대승보살계사상 연구」, 동국대학교대학원 박사학위논문, 2008, 133쪽.

황을 올바로 파악하지 못하기도 한다. 심한 경우는 일상적인 삶을 영위할 수 없는 상태에 놓이기도 한다.

심리치료에서는 이러한 경우, 유사한 상황에서 과거에는 어떻게 대처하고 어떤 태도와 생각들을 가져왔는지 등에 대한 다양한 자료를 검토하고 그 내용을 분석하고 이해하는 방식을 제시한다. 현재의 상황에 대한 마음가짐과 태도에 대해 그 원인(cause)을 찾고자 하고 '나'의 긍정성을 활성화시킴으로써 사고나 행위, 표현을 긍정적으로 변화시키고자 한다. 이 과정에서 심리적으로 부정적인 믿음이 활성화되고 자신에 대한 몰입으로 이어지는 반추적 사고 방식을 중단시키는 유용한 방법으로 마음 챙김이 활용된다.

그런데, 불교 수행에서는 마음 챙김을 통해 개인뿐만 아니라 현상 세계까지 그 관찰 대상을 확장하고 '나'의 존재에 대한 근원적인 통찰이 이뤄지도록 한다. 그 과정에서 '無常'을 경험하고 '나의 문제'는 '인간의 근본적인 문제'에 따른 것임을 체득하게 된다. 불교에서는 그 문제들의 원인을 무명에 따른 것으로 인식하고 윤회 세계에서 벗어나기 위한 종교적 수행의 길을 제시한다.

콘필드는 인간의 부정적 측면을 긍정적으로 전환시키는 보다 근본적인 가능성을 불성에서 찾는다. 불교 수행은 이러한 전환의 가능성이 모든 인간에게 있다는 점을 전제로 한다. 그 과정이 삼학으로 대표되는 종교 수행이며 마음 챙김은 바로 욕망 추구의 삶을 의미 추구의 삶으로 전환시키는 근본적인 인간성 전환의 방법으로 제시된다.

참고문헌

「攝大乘論釋」(大正藏 31).

「瑜伽師地論」(大正藏 30).

「雜阿含經」(大正藏 2).

「菩提道燈難處釋」(Byaṅ chub lam gyi sgron maḥi dkaḥ ḥgrel shes bya ba) D. No. 3948.

Lamrim Chenmo([Skyes-bu gsum-gyi ñams-su blaṅ-baḥi] rim-pa thams-cad tshaṅ-bar ston-paḥi byaṅ-chub lam-gyi rim-pa) P. No. 6001.

Saṃyutta Nikāya(PTS).

Visuddhimagga(PTS).

권석만, 『긍정심리학: 행복의 과학적 탐구』, 학지사, 2008.

김정호, 「마음챙김이란 무엇인가」, 『불교의 마음챙김과 사상의학』, 운주사, 2011, 149-190쪽.

김재성, 「불교명상의 심리치료에의 응용에 대한 연구」, 『불교연구』 제37집, 한국불교연구원, 2012, 171-230쪽.

김재성, 「위빠사나 수행의 현대적 위상」, 『선학(한국선학)』, 한국선학회, 2010, 299-359쪽.

안성두, 「불교에서 업의 결정성과 지각작용」, 『인도철학』 제32집, 인도철학회, 2011, 133-165쪽.

안양규, 「MBCT(Mindfulness-Based Cognitive Therapy, 비파사나 명상에 기초한 인지치료) 프로그램의 치유원리」, 『한국불교상담학회학술대회지』2, 한국불교상담학회, 2009, 25-49쪽.

양정연, 「죽음과 바르도의 이해를 통한 죽음준비교육」, 『원불교사상과 종교문화』, 원광대학교 원불교사상연구원, 2013, 237-268쪽.

양정연, 「쫑카빠의 대승보살계사상 연구」, 동국대학교대학원 박사학위논문, 2008.

양정연, 「행복과학에 대한 불교적 성찰」, 『철학연구』 제140집, 대한철학회, 2016, 25-43쪽.

이영의, 「마음의 병」, 강원대 인문과학연구소 편, 『인문치료』, 강원대학교출판부, 2009, 27-44쪽.

이영의, 「철학치료의 본질」, 강원대 인문과학연구소 편, 『인문치료의 이론과 방법』, 강원대학교출판부, 2014, 11-38쪽.

이자랑, 「불교명상에서 계율의 역할과 중요성」, 『동아시아불교문화』 제25집, 동아시아불교문화학회, 2016, 461-482쪽.

이필원, 「불교철학과 명상의 인문치료적 활용 방안 모색」, 『불교학보』 제77집, 동국대 불교문화연구원, 2016, 359-380쪽.

임승택, 「인문치료와 불교 명상」, 『철학연구』 제122집, 대한철학회, 2012, 245-269쪽.

정준영·박성현, 「초기불교의 사띠와 현대심리학의 마음챙김」, 『한국심리학회지 상담 및 심리치료』 제22(1)집, 한국심리학회, 2010, 1-32쪽.

최희봉, 「인문학, 인문학 실천, 그리고 인문치료」, 『인문과학연구』 제25집, 강원대 인문과학연구원, 2010, 331-333쪽.

北川嘉野・崇武藤, 「マインドフルネスの促進困難への対応方法とは何か」, 『心理臨床科學』 3-1, Doshisha Clinical Psychology, 2013, 41-51쪽.

Baer, Ruth A., 안희영 외 옮김, 『마음챙김에 근거한 심리치료』, 학지사, 2009.

Barnard, Laura K., Curry, John. F., "Self-compassion: Conceptualizations, correlates, and interventions," *Review of General Psychology,* 15(4), 2011, pp. 289-303.

Bassett, D. S., Gazzaniga, M. S., "Understanding Complexity in the Human Brain," *Trends in Cognitive Sciences,* 15(5), 2011, pp. 200-209.

Beck, Judith S., 최영희, 이정흠 옮김, 『인지치료: 이론과 실제』, 하나의학사, 1997.

Bhikku Bodhi, "What does mindfulness really mean? A canonical perspective," *Contemporary Buddhism,* 12(1), 2011, pp.19-39.

Buddhaghosa(5th A.D.), Visuddhimagga, 대림 옮김, 『청정도론』2, 초기불전연구원, 2004.

Germer, Christopher K. 외 2인, 김재성 옮김, 『마음챙김과 심리치료』, 학지사, 2012.

Germer, Christopher K., Siegel, Roanald D., 김나연 옮김, 『(심리치료에서) 지혜와 자비의 역할』, 학지사, 2014.

Gilbert, Paul, "Introducing compassion-focused therapy," *Advances in psychiatric treatment* 15, 2009, pp. 199-208.

Kornfield, Jack, *The wise heart:a guide to the universal teachings of Buddhist psychology,* New York: Bantam Books, 2008.

Neff, Kristin, "Self-Compassion: An Alternative Conceptualization of a Healthy Attitude Toward Oneself," *Self and Identity* 2, 2003, pp. 85-101.

Segal, Zindel V., Williams, Mark G., Teasdale, John D., *Mindfulness-Based cognitive Therapy for Depression,* New York: The Guilford Press, 2001.

저자소개

이수인	한림대 생사학연구소 HK연구교수
정진영	한림대 임상역학연구소 HK연구교수
김성진	한림대학교 철학과 명예교수
모토하시 유타카	자살종합대책추진센터 센터장
존 리드	사우스이스턴 오클라호마 주립대 심리상담학과 교수
하은하	서울여대 국문과 교수
호리에 노리치카	도쿄대 사생학·응용윤리센터 교수
이영의	강원대 인문과학연구소 HK교수
양정연	한림대 생사학연구소 HK교수

생사학연구총서 4

자살예방과 치유

초 판 인 쇄	2018년 05월 17일
초 판 발 행	2018년 05월 25일
엮 은 이	한림대학교 생사학연구소
저　　　자	이수인·정진영·김성진·모토하시 유타카·존 리드·하은하· 호리에 노리치카·이영의·양정연
발 행 인	윤석현
발 행 처	도서출판 박문사
책 임 편 집	최인노
등 록 번 호	제2009-11호
우 편 주 소	서울시 도봉구 우이천로 353 성주빌딩 3층
대 표 전 화	02) 992 / 3253
전　　　송	02) 991 / 1285
홈 페 이 지	http://www.jncbms.co.kr
전 자 우 편	bakmunsa@hanmail.net

ⓒ 한림대학교 생사학연구소 2018 Printed in KOREA.

ISBN 979-11-87425-98-4　93100　　　　　　　　　　　정가 23,000원